リスク論のルーマン

Niklas Luhmanns Theorie des Risikos

小松丈晃
KOMATSU Takeaki

keiso shobo

まえがき

本書は、ドイツの社会学者ニクラス・ルーマン(Niklas Luhmann, 1927-1998)の自己準拠的システム論あるいはオートポイエティック・システム論と呼ばれる理論枠組みを踏まえて、現代社会において見いだされるリスク現象に着目し、社会学的な観点からリスク研究を推し進める糸口を得ることを課題としている。

ルーマン理論に対してはこれまで社会学の内外で数々の批判が投げかけられてきている。一般に流布している、テクノクラートのイデオローグという彼の生活歴から類推したルーマン像を吟味なしに受容し(「不確かさ吸収」!)読まずに済ますための口実を探し求める語り口は論外としても、わたしは、これらの批判に対して、ルーマンはそんなことを言っていない、と後ろ向きにのみ弁護することにさしたる意味を感じない。本書がこうしたルーマン批判への反批判を所々で試みているとすれば、それは、せっかくルーマン理論の中に胚胎しているポテンシャルを、これらの(しばしば誤解に基づく)批判が掩蔽し、充分に展開するための道を閉ざしてしまうそのかぎりにおいて、である。言うまでもなく、「ルーマン批判」が確かな意味を持つのは、ルーマン理論についての内在的な検討を経た後でなくてはならない。

さて、本書は、今日多様な領域でキータームの一つとなりつつある「リスク」をテーマとしている。おそらく、リスクを安全工学や保険数理等の領域に特有の術語であると考えるむきには、リスクを社会学的な議論の俎上に載せようとする本書の試みは、奇異なものに映るであろう。だが、「環境リスク」の名の下で語られる多様な問題に対して、今日、社会システムがいかに対処していけばよいのかの問いはすぐれて社会学的なものである。自身の身体的な健康がいかなる被害にさらされているのか、そもそも「被害」を特定することが可能なのかどうか、などの点で従来の「公害問題」とは質的に異なる対応をわれわれに迫る「環境問題」(1)、たとえば、われわれの五感では把握しきれないほど微量の、しかも直ちに健康被害をもたらすわけでもないうえに被害の可能性ですら曖昧な化学物質が、日々の台所や食卓に紛れ込んだり、廃棄物処理に伴う汚染物質が徐々に、しかも確固たる因果関係を突き止めることもできないかたちで、われわれの健康をむしばんでいく可能性というものは、こんにち、われわれを多大な「不安」に陥れている。あるいは、グローバリゼーションによる農と食をめぐる事情の変化を背景にした、人体や生態系への影響が不確かな遺伝子組み替え作物の問題や、近年のBSE騒動も、こうした「不可視のリスク」の問題の一つをなすだろう。そのなかで、近年のフランス農民連盟の動きや、あるいは日本においても、農産物の直売所の設置等によって自前での加工・流通の仕組みを模索したり生産者と消費者との新たな関係を試行錯誤したりといった、(必ずしも自覚的ではないにせよ)食の安全性問題を生み出すグローバリゼーションへの地域的なレベルでの抵抗の潮流の意義は、決して過小評価されてはならないだろう。いずれにしても、不可視の、また多様な(しかも必ずしも収斂していくとは限らない)状況定義の競合を許すこのような問題に起因する「不安」のコミュニケーションの頻出という事態に対して、社会システムはいかに対処しうるのであり、また、そうした対処法にはどういった問題が孕まれているのだろうか。そもそも、そのような社会システムの作動は、いかに記述しうるものだろうか。このような問いには、決して安全工学に特化された観点のみではこたえられない側面が含まれている。社会学の視点からのリスク論が必要とされるゆえんである。

本書は、こんにち現れつつあるこうした「リスク」問題を社会学的に記述し分析していくさいには、社会システムを自己準拠的システムあるいはオートポイエティック・システムとして捉えるルーマンの理論的立場が有効であろうという認識によって、支えられている。ルーマンは、一九八〇年代半ばからすでに、環境リスクを主題にして、スイスのザンクトガレン大学大講堂で講演をおこなったり『フランクフルター・アルゲマイネ』紙に寄稿するなど、積極的にこの問題に関して発言するとともに、関連する数多くの著作を世に問うている。ドイツでは、エコロジー問題を論ずる左派リベラルの論壇の中にも、ルーマンの社会システム理論によるエコロジー論の必要性を主張する論者も少なくない。にもかかわらず、日本においては、彼のこの領域での貢献に関する検討は、法や政治、教育の分野と比較して格段に少ないといわなければならない。もちろん、それは、彼の理論的営為の多くが機能システムに焦点をあてたものであり、リスク論に関する刊行物が個々の機能システム論に比べれば量的にきわめて少ないからでもあろう。しかし、これから明らかにされるとおり、今日的なリスク現象は、システムの「パラドックス」とその解決(「パラドックスの展開」)を基軸にすえ、システムの内的構成にそくした解釈による「批判」を旨とするルーマンの社会システム理論を、経験的に確かめる試金石でもあるといえよう。リスク問題は、社会システムの決定の——こういってよければ——正統性を問題化せずにはいられない。しかもそれは根本的に「解決」することの困難な問題である。それぞれの社会システムはいったいいかにして解決不可能な問題を「解決」しシステムとして作動していくのだろうか。またその作動には、どのようなパラドックスが孕まれ、かついかにそれが隠蔽されているのだろうか。本書は、こうしたシステムの内的構成を明らかにするというルーマンの視点のもとではじめて、「社会学的リスク研究」が実り豊かに展開しうると考えている。そのためにも、本書はきわめて不十分ながらも、できるだけドイツやEUにおける経験的な事例に引き合わせながらルーマン理論の可能性を探ることを試みている。

それにしても、近年の日本での学の内外におけるリスク論の急激な高まりには目を見張るものがある。「リスク」という言葉自体が今日われわれの抱える多様な「不安」と容易に共鳴しやすいという事情が、やはりその背景にあるだろう。しかし、本書はそのような不安のコミュニケーション、あるいはセキュリティへの熱烈な願望に単純な意味で乗じるものではない。これまで社会学において展開されてきたリスク論は、事故や失敗といった例外事例を針小棒大に語り「不確実性」や「揺らぎ」を一面的に強調するきらいがあった。確かに、「リスク」の計算可能性という点にのみ着眼する立論では捉えきれない右に述べたような問題は、不確かさや予測不可能性をその大きな特徴としている。(2)「リスク」の計算可能性を力説するあまり、その計算不可能性という側面に注目するこれらの議論を、原理主義的なエコロジー論者の妄言や不安に駆り立てられた大衆の情動的反応に与するだけのものとして斥けてしまっては、「リスク社会」の描写のための手がかりを逸する結果になる。われわれは、このような不安のコミュニケーション、あるいは情動的な反応が少なからず、つねにすでに生じてしまっていることから出発し、それがもたらす、あるいはそれをもたらした社会的なダイナミズムを記述していくという手順を踏まなくてはならない。

こうした事態を背景としてみれば、確かに、不確実性や揺らぎに光を当てる言説が、多くの人々の漠然たる不安感と共振しつつ受容されていくことは充分に頷けよう。だが、当然のことながら、われわれの社会はなにも不確実性や揺らぎだけに支配されているわけではない。個々人の目から見れば極度に複雑で全体の動向を見通すことの至難な現代社会ではあるが、しかし当然のことながら、それでもある程度の「秩序」は維持されわれわれ自身確かさをあてにしながら日常生活を過ごしている。例外を極大化し不安と共鳴するために言葉を尽くすだけでは、おそらく現代社会における社会システムの作動を説明することはほとんどできないであろう。じじつ、一九八〇年代半ばに「技術の失敗」を主題にスリーマイル島の原発事故に関する分析をおこなった組織社会学者のチャールズ・ペローは、一九九〇年代になると、システムが現にいかに機能作用しえているのかは、例外事例によってはほとんど説明しえないとして、失敗や不確かさにのみ特権性を与えるアプローチを放棄したのであった。

したがって本書は、むしろ今日的な状況の中である程度の「確かさ」をもってシステムが現に作動しえていることとに「驚く」という視点に立つ。不確かだから驚くのではなく確かだから驚くのである。「ありそうにない」ことがなぜ「ありそうな」こととして成立しえているのか。ある種の問題やパラドックスを抱えつつもある程度の確かさをシステムが確保しえているとしたら、そのメカニズムはどうなっているのか。このように、不確かさを特権化しそれを確かさと対比させるのではなく、また逆に、不確かさがありつつも信頼をもって振る舞いうる慎慮と徳をもった市民たるべしと社会学的見地からその行動指針を示すのでももちろんなく、むしろ、確かさと不確かさとの捻れた関係を複眼的視点から追究しようとすることこそ、現象学をそのうちに取り込んだルーマンの社会システム理論の基本的な意想にほかならない。本書がルーマンの社会システム理論に依拠する理由はここにある。

リスク論のルーマン

目次

第二部　決定者とリスク

序論　リスクの社会学の展開とルーマンのシステム論

一　リスク研究の現在

右に述べたとおり、一九八〇年代の後半以降、とりわけドイツや合州国を中心にして、いわゆる「リスク社会論」が一つの大きなうねりになりつつある。(3) 日本においても、遺伝子組み替え作物や農薬、ＢＳＥ問題など「食」に関わる問題、東海村のＪＣＯ事故、化学物質汚染といった環境や健康に関わる深刻な問題、あるいは企業経営や保険のような経済領域における諸問題、さらには刑法学の脈絡での予防指向・結果指向の傾向の問題、政治学の分野でのセキュリティへの関心など、実に多様な事象が「リスク」という一つのタームのもとで語られるようになったことも一つの契機となり、一九九〇年代末になってようやく、「リスク」論が社会学の内外で議論されつつある。ウルリッヒ・ベックの『危険社会』(Beck 1986=1998)が日本語に訳されたことも一つの大きな弾みとなっているといえよう。

まず、本書での議論において背景とされる「リスク社会」論がいかなるものであるのかのおおよその輪郭を知る上でも――すでに日本でもかなりの程度知られてはいるものの――ベックの産業社会からリスク社会へという時代診断について一瞥しておこう。

ベックの研究テーマは、大きく、環境リスクを主眼としたリスク社会論と、それと連動した個人化論という二つの柱から成り立っている。この二つは、一九八〇年代の後半以降に、ドイツ内外でそれぞれ大きな反響を呼ぶことになった。ベックの個人化論は、一九八〇年代ドイツの、大量失業等による「労働（中心）社会（Arbeitsgesellschaft）」の危機を背景として立論されたものであり、マルティン・コーリやカール・ウルリッヒ・マイヤーといったドイツのライフコース研究者をも巻き込んだ「個人化論争」へと、発展していくことになる。[4] ベックの「リスク社会」論は、産業社会の構造転換の認識に根ざしている点では、個人化論と密接に関連している。

まず、ベックによれば、「リスク社会」は、（1）前近代社会（伝統）、（2）単純な近代、（3）第二の（「再帰的な」）近代、という三つの段階の最後の段階に位置づけられる。[5] 内容的には、（2）は従来の「産業社会」であり、（3）の段階では、（2）の発展の結果とその過失が顕在化し、産業社会それ自体がそのことを問題化し、克服せざるをえない時代となる。産業社会が、みずからのよって立つ基盤を問い直されるようになるのは、この産業社会それ自体が生み出す副次的結果（意図せざる結果）のゆえである。

ベックによれば、今日の「リスク社会」においては、（一）もはや（産業社会を支える重要な制度の一つである）保険制度による補償がほとんど不可能な損害が現出する。[6] 産業社会において見られるリスク、たとえば、収入の減少や支出の増大をもたらす疾病、失業などといったリスクであれば、ある程度までは、保険制度によってカバーされてきた。ところが、現代的リスク、たとえば原発事故などの大規模な事故のリスクや生態系破壊のリスクは、個人補償の可能性を超えてしまっている。[7] のみならず、（二）そうしたリスクは、そもそも直接に知覚することができない。ダイオキシンや放射能汚染は、日常的な知覚によっては把握することができない。これを、ベックは、「非知」という概念によって特徴づけている。また、（三）日常的な感覚では知覚することができないので、ある状況・物体・出来事がリスクであるかどうかの定義は、科学的知見に大きく依存せざるをえない（Beck 1986：35=1998：35）。

(四)さらに、こうしたリスクは、不可避的に、半ば「宿命的」に関わってしまわざるを得ないもの、である。通常、リスクとは、みずからの利益になることと引き替えに関わりあうことになる将来的損害の可能性のことを指す。そうした損害の可能性を見越した上で、それでもなおあえて積極的に挑戦し、何かに賭けるという意味合いがそこには含まれている。だが、今日的なリスクの場合には、人々は、受動的にそれに巻き込まれ、損害の可能性に「さらされる」(Beck 1986:53-54=1998:58-60)。いわば、「宿命としてのリスク」というパラドクシカルな特徴を帯びることになる。(8)

(五)とはいっても、そうしたリスクは、誰かある一人の人間が作り出したものではないにしても、何らかの人間の行為(の集積)によって作り出されたものである。人間がみずから作り出したリスクに、みずからが被害者としてさらされてしまうことになるのである。このように、「作為者と犠牲者とが一体化」する現象を、ベックは、「ブーメラン効果」と呼ぶ(Beck 1986:48-50=1998:52-53)。

(六)このようなリスクは、国民国家の枠を容易に飛び越えいわば「グローバル化」する。つまり「世界リスク社会」が到来する(Beck 1996)。こうしたグローバル化するリスク社会においては、「他者」は「終焉」を迎える。これまで、ある人間が別のある種の人間に対して苦痛や暴力を与える場合には、つねに「他者というカテゴリー」が必要であった(Beck 1986:7=1998:1)。苦痛や暴力の対象は、たとえば、ユダヤ人、黒人、女性、難民、異端者、共産主義者であって、彼らは、「垣根の中や収容所、居住区、占領地帯という空間」に囲い込まれ、このような空間の外部で安寧に暮らす者にとっての「他者」「異質者」、というカテゴリーによって一括されていた。いわば秩序維持のための「スケープゴート」である。ところが、チェルノブイリ以降、このような空間や壁は「実質的にはもはや存在しなくなったも同然である」。というのは、原子力のリスクは、このような空間や壁によって排除するわけにはいかないからである(a. a. O.)。こうしたリスクは、空間的に限定されないだけでなく、長期的な潜伏期間をへて、世代をもこえて蓄積され人体に影響をもたらすことになる。

(七)もっとも、世界はこうして「等しくリスクにさらされる」ことになるのだが、「それだからといって、リスクに巻き込まれた場合、その内部で新たな社会的不平等が生まれていることを隠すことはできない」(Beck 1986:54=1998:60)。ベックによれば、そこに、新しい国際間の不平等が生ずることになる。要するに、「リスクの行き先を決める操車場では、『開発の遅れた田舎の路線』の駅[=第三世界]がとくに優先的に選ばれ」、「危険な産業は労働力の安価な国々へと疎開」することになる(Beck 1986:55=1998:60. ただし[　]は引用者)。たとえば、第三世界では、殺虫剤や農薬といった化学物質を大量に使用しなければ、田畑の収穫量が落ち、目に見えるリスクである餓死に直面することになる。その一方で、化学物質による中毒という目に見えないリスクは、過小評価され、取るに足らない問題として片づけられる。物質的で可視的な困窮が、不可視のリスクをなおざりにさせそれを結果的に増大させてしまっている。

(八)こうした事情にともなって、リスクによる被害状況と社会階級との関係もまた切り離されることになる。産業社会においては、富の分配が問題とされていたのだが、リスク社会においては、(富の分配問題がなくなるわけではないが)原発立地問題に典型的なように、リスクという「毒入りパイ」の分配が問題とされるようになる。そのことと相俟って、階級状況とリスクによる被害状況とが必ずしも重なり合わなくなる(Beck 1986:52-53=1998:57-58)。産業社会の段階においては、労働災害や疾病や失業といったリスクは、比較的経済的地位の低い人々に割り当てられていた。要するに、富の分配とリスクの分配とがかつては重なり合っていたのだが、リスク社会においては、リスクの分配の問題は、富の分配の論理からは自立することになる。したがって、社会的コンフリクトは、階級を基盤にした富の分配をめぐるものから、リスクを記述し評価するための知識を動員することをとおしたコンフリクトへ、リスクをめぐるコンフリクトへと、変化することになる(「貧困による連帯から不安による連帯へ」)(Beck 1986:65=

1998:75)。

こうした富の分配の論理ではなくリスクの分配の論理によるコンフリクトへの移行は、(九)個人化をその背景としている。社会的な生活世界における再生産単位は、いまや階級でもまた家族ですらなく、個人そのものとなっている。このことは外見上、諸個人の「解放」として現象しはするものの、他方で、逆説的に、解放された個人は、「労働市場に依存しており、そのために、教育や消費や社会保障法の規定や給付に依存し、交通計画や消費財の供給に依存し、医学や心理学や教育学の助言や助力の能力や型に依存」することになる(Beck 1986:119=1998:142)。また、さまざまな社会的な問題もいまや、階級などの集団による媒介なしに、直接に個人の上に降りかかり、個人がライフコース上で出会う数々のリスクは、個人が引き受けるべきものとされ、リスク管理の私事化が進行する。このように、個人化と標準化とが連動して現れることがリスク社会の大きな特徴をなしているが、その連動は、逆に、それがもたらす数々の矛盾を個人に知覚させることになり、これが環境運動や女性運動をはじめとした抗議運動の発展の基盤をなす。

　またリスクの分配をめぐるコンフリクトが支配的になるリスク社会においては、(一〇)これまで非政治的な領域とされてきた領域も、非知の問題と関わり合うようになり、次々と政治化していくことになる。これまで「非政治的」とみなされてきた領域、たとえば、企業活動、科学的研究、司法、メディア等々といったものが、政治的な意味合いを帯びてくることになり、政治と非政治の概念の境界が曖昧になる(Beck 1986:303=1998:380)[9]。政治的決定が科学における専門家の助言に基づくものとなり、司法の審査手続きもまた、いまや、「大衆が不信を抱く行政行為(たとえば原子力発電所をそもそも建設すべきか、どのような発電所にすべきか、立地をどこにするのかという決定)の一つとなってしまった」(Beck 1986:319=1998:398)。つまり、リスク社会においては、これまでの公式的な「政治」に加えて「サブ政治」が台頭し(Beck 1986:304=1998:381)、「新しい政治文化」が確立することになる、というのである。

(一一)このことに相応して、科学もまた、「真理」を独占することができなくなる。新しいリスクは、科学的に因果関係を測定することが困難なので、科学的知識を備えた対抗専門家や法的な評価などの公的な議論にさらされることになる。その結果、科学において低く評価されても、他方(たとえば対抗専門家)が高く評価すれば、場合によっては大きなリスクとして社会的に問題視されうるようになる。そのさい、リスクの知識を科学が独占することは許されず、たえず一般にそれを公開することが求められ(「情報公開」)、リスクの知識の分配ということが、コンフリクトの一つの争点ともなる。

こうしたベックの時代診断にならって、現在われわれの生きている社会を「リスク社会(Risikogesellschaft)」として記述する企ては、今日深刻化しつつあるエコロジー的危機に鑑みるだけでもかなりの説得力をもつ。もっとも、原発事故や遺伝子工学の分野における高度に発達したテクノロジーの抱えるリスクといったエコロジー問題だけがリスク概念のもとで述べられているわけではない。確かに、「リスク研究」と称されるものが一九六〇年代の終わり頃にアングロサクソン圏において生じてきたのは、原子力技術をめぐる論争がきっかけであった(Bonß 1991: 258)が、たとえば、経済的な投機にともなうリスク、エイズに罹患するおそれのあるセックス行動、犯罪など、「リスクに満ちた」ものとして取り上げることのできる事態は、エコロジー問題以外にも、枚挙にいとまがない。ルーマンも述べるとおり、リスク概念は任意に一般化可能なのである(*SR*:36)。現代の日常生活のほとんどすべての局面においてわれわれは何らかの意味での「リスク」と関わらざるをえない、といっても決して過言ではない。

とはいえ、「リスク」に関する社会学的分析は、近年ようやく試みられ始めたばかりである。もちろん、ジェイムズ・ショートが、一九八四年の時点で、「社会学の側からのリスク分析に対する貢献はまだ少なく、また、広く承認されてもいない」と述べ、「リスク状況にある社会構造」を積極的に社会学的なテーマにすべきであると主張していた(Short 1984)ころと比べれば、状況はかなり変化してきている。社会学的リスク研究を進めるうえで手がかりとなる論考もいくつか現れ始めている。とくに、クラウス・ヤップが述べているとおり(Japp 1996:8)、人類学者メアリー・ダグラスと政治学者アロン・ウィルダフスキーの一九八二年の共著『リスクと文化』を代表作とする文化論的リスク研究、ならびに、ルーマンの社会システム理論による研究[10]は、社会学的リスク論[11]に対して決定的な影響を与えたといえよう。本書では、ベックのリスク論というよりもむしろルーマンのリスク論が、一九八〇年代半ば以降の社会学的なリスク研究にとっての重要なスプリングボードとなっていると見ているが、とはいえ、リスク研究は言うまでもなく、社会(科)学を越えた広範囲な、まさに見通すことが容易でないほどの拡がりを見せているので、まずは、こうしたリスク研究の諸分野を、オートウィン・レン(Renn 1992:53-79)にならって整理してみよう。

　レンの分類によれば、リスク研究は、(1)保険数理アプローチ、(2)毒物学や疫学、(3)確率論的なリスク分析、(4)リスクの経済学、(5)リスクの心理学、(6)リスクの社会理論、(7)リスクの文化理論に区分できる(Renn 1992:57)。(6)の代表例の一つとしてあげられているのが、ルーマンであり(Luhmann 1990, 1991)、(7)の代表例が、先のダグラスとウィルダフスキーの研究(Douglas & Wildavsky 1982)である。レンは、こうした七つの研究分野のそれぞれについて、①その分析のさいの基本単位、②その研究領域で支配的な方法、③リスク概念の視野(scope)、④基本的な問題領域、⑤主たる応用分野、⑥その道具的機能/社会的機能に即して説明している。また、(1)から(3)をまとめて「技術的なリスク分析」とも名付けている。

　今日でも、リスク論といえば、まずは右に述べた(1)から(4)まで、あるいはせいぜい(5)までのことが一般に想起されることが多く、社会学、文化理論の領域でリスクが議論の対象にされていることに思い至ることのできる人は相対的に少ない。また一般に流布しているリスク研究の印象もまずは、安全工学や意思決定のさいの基準を提供するための確率論的なリスク論やミクロ経済学に依拠したリスク論であろう。しかしレンのこうした分類は、このようなリスク研究以外にも多様なアプローチが存在しうることを告げている。実際、レンが挙げた七分野の他に、たとえば、保険技術をミッシェル・フーコーのガバメンタリティ(統治性)論の観点から議論するフランソワ・エヴァルド(Ewald 1993)やロベール・カステル(Castel 1991)らの——確かに右に述べたアプローチと同じ意味で「リスク論」と呼ぶのはややためらわれるもののリスクの社会学にとって非常に重要な示唆を与えている——研究を付け加えることも可能だろう。

では、これらのアプローチはそれぞれどのように異なるのか。こうした相違点の確認は当然何を基準にするのかにも拠るが、レンのように、右に述べた六点を指標にしつつその相違点を浮き彫りにするのも一つの方途であろう。たとえば、そこでレンは、それぞれのリスク研究が、(1)は保険に、(2)は環境保護や健康確保に、(3)は安全工学、(4)は意思決定のための判断基準に、(5)から(7)までは、政策決定や紛争解決(紛争調停)、リスクコミュニケーションに、それぞれ適用・応用されていると整理する。また、それぞれの社会的機能に関しては、主として「リスクアセスメント」に主眼があるものとして、保険数理分析と疫学が、「リスクの減少ならびに政策選択」に重きをおくものとしては確率論的リスク分析とリスクの経済学とリスクの心理学が、さらに、「政治的正当性」の賦与という点に重点を置くものとしては、リスクの社会理論とリスクの文化理論が、それぞれ挙げられている。道具的機能という観点からみてみると、保険数理分析が「リスクの共有」に、疫学や確率論的リスク分析が「基準の設定」や「初期警告」あるいは「システムの改善」に、リスクの経済学は「資源の配置」に、リスクの心理学は「個人的なアセスメント」、リスクの社会理論は「公平性や公正性の確保」や「リスクの政治的な受容」の促進に、最後に、リスクの文化理論は「文化的アイデンティティ」に、それぞれ力点をおくものとして、分類されている。

だがこのレンの分類では、ルーマンのリスクの社会学の位置づけが困難になる。もっとも、レンによるルーマンのリスク論についての記述(Renn 1992:70)はごく簡単なものであるので即断はできないが、その道具的機能として

「政治的受容」を、またその社会的機能として「政治的正当性」を想定し、主たる応用分野として、政策決定や規制、紛争解決といったものを割り当てるような整理の仕方は、妥当とは言いがたい[12]。多様なリスク研究の体系的な整理を急ぐあまり、ルーマンのリスクの社会理論を、右に述べた六つの指標で性格づけるのは、やはり無理がありそうである。たとえば、ルーマンのリスク論はそもそも何かに「応用」するためのものではないし、また、何かに「役立つ」という意味で道具的「機能」や社会的「機能」を云々するのもルーマンの議論の趣旨に適合的であるとは必ずしもいえないように思われる[13]。

そこで、ルーマンの位置づけを確認するためには、レンではなくヤップにならって、コンテキストに中立的な立場かコンテキストへの依存性を強調する立場か、という単純な区別に依拠したほうが、むしろ有益だろう(Japp 1996:12)[14]。この観点からすると、右に述べたレンの分類のうち、(1)から(4)までは前者に、(5)から(7)までは後者に、ほぼ相当しよう。以下、(4)から(7)に限定して、やや立ち入って見てみよう。

合理的選択に関するミクロ経済学理論に依拠する「リスクに関する経済学的パースペクティブ」の中心に位置しているのは、「合理的選択」概念である。ごく大掴みにいって、ここでは諸個人の選好は、「十分な」情報が与えられていれば安定しており確実に「合理的に」整序されうる、と仮定されている。レンによれば、確かにこのアプローチは、多様な決定の選択肢の各々がいかなる効用上のロスやゲインがあるかを測定したり比較したりするための技術や手段を提供し、また、(各々の選択肢に随伴する効用がいかなるものかに関して当事者間で合意があれば、という条件つきでだが)「合理的な決定」のためのモデルを内包しており、その点では、リスク政策決定にとって枢要な役割を果たしうると評価できる(Renn 1992:63-64)。だが、個人が確固たる選好を有しているとか、未来の諸結果を適切に評価しうるとか、諸選択肢に関して「合理的」に判断することができるといった仮定は、実際には維持されえないし、そもそも諸個人が、「合理的に」判断できるのみならず、「合理的に判断」しようと欲している、という前提も一般に妥当するものとはみなしえない(Japp 1996:9)。しかも、たとえば確固たる選好を有していないとか、未来についての決定を適切に評価できない、あるいは、そもそも合理的に判断しようとしないという「逸脱」事例は、「合理的選択」という仮定のゆえに、専門家／素人という図式に引きつけて解釈されてしまうことになる。つまり、素人は、専門家が仮定する合理性から逸脱して、非合理的に行動しがちだとされる(a. a. O.)。だが、今日的なリスク現象を伴う状況のもとではこの見解を維持しつづけるのは困難であり、また近年の科学社会学でもこのような立場は「欠如モデル」として厳しい批判に晒されている[15]。

次に、「心理学的パースペクティブ」の場合には、このような専門家／素人の区別を合理的／非合理的の区別と重ねてしまう考え方や、諸個人は確固たる選好を有しているといった仮定から、ある程度解放されている。心理学的なリスク研究の場合、専門家ではない者が、固有の仕方でリスク評価を構成しているという点が適切に取り扱われている(Japp 1996:9)。個々人の選好は行為に先立って明示化されているというよりも、しばしば行為してしまった後になってから発見されたりするものであるし、また、カール・ワイクが言っているように(Weick 1979=1997)、選好は不安定で多義的である。時間が経てば選好を逆転させるかもしれない。諸個人は状況に大いに依存したかたちで、決定を下すのであり、それゆえその選好も不安定にならざるをえない。こうしてみると、心理学のアプローチは、コンテキスト依存性を、それゆえリスク(知覚)の「構成」的側面にもしかるべき目配りをおこないうる枠組みであると言えそうである。

しかし、ヤップによれば、このような認知心理学的なリスク研究は、「すべてのリスクに関する知識が、社会的に相対的で解釈に基づいた知識であり、したがってまた専門家のリスクに関する知識もまたそのような知識であるという結論を引き出すことはなかった。むしろ、この研究は、客観的な事実に関する知識というカテゴリーに固執してしまっていた」(a. a. O.)。このヤップの心理学的リスク研究の評価は正しいだろうか。ヤップがこのような判断を下す理由は、認知心理学的なリスク研究では、どのような原因により「認知バイアス」が生ずるのかに焦点があてられがちだから、というものである。つまり、この研究のねらいは、何らかの損害や望ましくない事象を発生させる「客観的な」リスクを（明示的にであれ暗黙裡にであれ）仮定しておいて、人々のリスク認知が（つまり「主観的リスク」が）、いかに、またいかなる原因のゆえに、そうした「客観的リスク」からずれていくのか（「パーセプション・ギャップ」）を探求することである。リスク認知が個々人の主観ごとに構成されていることがいかに力説されているとしても、主観的リスク／客観的リスクという区別が基盤に据えられているかぎり、ヤップの述べるとおり、この立場は、あくまでも「客観的な事実に関する知識というカテゴリーに固執」しているといわざるをえないだろう。しかし、今日の心理学的リスク研究においては、必ずしもこのようなヤップの批判が妥当するとは限らない議論も存在する。たとえば、客観的なリスクと主観的リスクとの区別を認めず、「客観的リスク」なるものは存在しないと主張するポール・スロヴィックの立場などがそうである（たとえば Slovic 1992:119）。

また、社会心理学の分野から現れてきた「リスク・コミュニケーション論」は、必ずしも、このような認知心理学の分野でのリスク研究に関するヤップの特徴づけにはなじまない。現在のリスク研究の主流の一つとなりつつあるこのリスク・コミュニケーション論においては、構成主義的な見地が明示的に採用されていると見ることもできるし、また、第二章で詳述する「新しいリスク」の問題性も明確に視野に収められているといえるからである。今日のリスク現象を前にしたときもはや単純なリスクアセスメントによってはリスク政策を滞りなくおこないえないのではないか、という問題意識からこの議論が注目されてきたという経緯からして、このことは当然ともいえよう。したがって、同じく構成主義の立場に立ち「新しいリスク」を背景として理論構築をおこなっているルーマンを、多様なリスク研究の中に位置づけるさいには、とりわけこのリスク・コミュニケーション論との対比も重要なものといえるだろう。これについては、本書第三章で取り上げることにしたい。

(4)の社会学的なリスク研究と、(5)の文化的パースペクティブによるリスク研究は、以上の立論と比較するとき、どのような特徴づけが可能だろうか。

(4)や(5)の立場が明確なかたちで現れてくるのは、一九八〇年代に入ってからである。これらの立場は、リスクは誰がどのようにみても「客観的」なかたちで存在する、といったそれまでのリスク研究において素朴に共有されていた前提を覆し、リスク選好、リスク認知、リスク受容／リスク拒否等がいずれも、社会的・文化的にいわば構成されるものであるという「構成主義」によって特徴づけられる。その一つが、先に挙げたダグラスとウィルダフスキーの、リスク知覚と文化との相関に関する研究(Douglas & Wildavsky 1982)であり、もう一つが、社会システム理論の立場からするルーマンのリスク研究(Luhmann 1986b；1990；1991；1991a；1992a；1992b；1993；1996a；1996b；1996c；1997a)である。

ダグラスとウィルダフスキーの研究によれば、生活様式ごとにリスク認知やリスク処理がきわめて異なることが強調される。彼らはグリッド-グループモデル[16]なる枠組みに依拠しながら(Douglas & Wildavsky 1982:138-139)、四つの文化的傾向を区別する。すなわち、ヒエラルヒー(たとえば官僚の生活様式はこれである)、運命論、平等主義(たとえば「新しい社会運動」の生活様式)、個人主義、がそれである。これら四つの文化的傾向は、それぞれに異なった事態を「リスク」として知覚する傾向にある、というのが彼らの議論の骨子である。たとえば官僚は逸脱行為に、社会運動は各種テクノロジーに、個人主義者は官僚によるヒエラルヒー的な規制に、それぞれリスクを見いだし、運命論者は運命に身をゆだねるのみ、というわけである。もちろん、グリッド-グループ分析それ自体の妥当性や四つの文化的傾向についてのそれぞれの特徴づけは、かなりの異論の余地があるだろうが、何をリスクとして知覚するかは文化的バイアスに大きく依存するという明らかに構成主義的な基本的な発想そのものは高く評価されてよいだろう。

とはいえ――数々の異論(17)をさしあたりここでは措くとしても――彼らの立場は、ルーマン自身が批判するとおり、「個人主義的な出発点を前提として」おり、社会学的なパースペクティブにはいたっていない。ここで問題となっているのは、何らかの文化的コンテキストの中に置かれたある一人の人間のリスク認知あるいは一つの集団のリスク処理の仕方の問題だからである(*SR*:12)。社会学的分析と呼べるものへと飛躍するには、同じ出来事に対して立場の異なる複数の者が、異なった意味づけをおこなっており、それをめぐって何らかの(コンフリクトをも含めた)関係が、つまりはコミュニケーションが、進行していることをつまびらかにしうる枠組みが必要になる。その枠組みを呈示するのが、ルーマンのリスク研究なのだが、それはいかなる意味で「社会学的な」リスク分析の道を拓いたと言えるのか。これについての詳論は次章以降にゆだねるが、さしあたりここでは、リスクに関する「厳密に社会学的なアプローチとは、リスクという現象を、コミュニケーションの意味――そのさい、当然のことながら、個々人が下した決定についてのコミュニケーションも含まれるが――を手がかりにしてのみ捉えようとするアプローチのことである」(*SR*:13)というルーマンの叙述が重要である点だけを銘記しておきたい。

因みに、リスク研究の中でのルーマンの位置づけということであれば、ベックやアンソニー・ギデンズ(Giddens 1990=1993 など)、あるいはルーマンに対して厳しい(しかし的をはずした)批判を投げかけているリヒャルト・ミュンヒ(Münch 1996)のような、社会学の内部でリスク現象に論及する代表的な論者との対比も必要であろうが、次章以降において個々の論点と関わらせるかたちで、適宜触れることにしたい。

一九九〇年代には、ルーマンのリスク論の刺激を受けた多様な研究が次々と刊行されている。たとえば、前述した、ビーレフェルト大学社会学部教授のクラウス・ヤップ(18)が社会運動論や組織論等の領域でリスク研究を進捗させているのをはじめとして、ディルク・ベッカー(Baecker 1988；1989；1991；1993；1999)が経済システム論や組織論の分野で、ゲオルク・クリュッケン(Krücken 1997；1997a)が政治システム論の分野で、また、アルミン・ナセヒ

(Nassehi 1993; 1997; 1997a)が主として時間論に焦点をあてつつ、さらには、グンター・トイプナーやカール・ハインツ・ラデーアなどが法システム論の分野で、それぞれ、リスク現象に着目した議論を展開させている。[19] また、一九九〇年代初頭までの学際的なリスク研究を集めた集大成的な論文集が、ゴットハルト・ベヒマンによって編纂され、『リスクと社会』と題して刊行されている(Bechmann, hrsg., 1993)。もちろんこれにはベックの論文も掲載されている。この論文集には、社会学のみならず、政治学、法学、心理学、経済学といった幅広い論者が寄稿しているのだが、一読して、ルーマンのリスク論がこの時点ですでにかなりの影響を及ぼしていることがわかる。

もとより、システムの「自律性」(オートポイエーシス)や「機能分化」を基軸にしたルーマン理論がはたして、「科学者や専門家による真理の独占要求」が破綻し公式的な「政治」から従来排除されていた人々からなる「サブ政治」が活性化している「リスク社会」の中で、その意義を維持しうるのかという疑念は相変わらず多い。たとえば、それは、ドイツでベックと同じくリスク社会論を展開しているライナー・グルントマンの中にも見いだすことができる。「システム理論は、個々の行為者が全体社会に対して触媒的な作用を発揮しうるという理論的可能性を排除しているように思える。科学者は、社会的政治的行為者として科学的文脈と政治的文脈との間を媒介し、そのことによって、グローバルな環境問題のテーマ化とその解決とに対して決定的な役割を果たしうる」(Grundmann 1999:56. ただし傍点は引用者)。一見すると、これらの議論は、科学は科学、政治は政治、という「機能分化」を論ずるルーマンに対する手厳しい批判を投げかけるものであるように思える。しかし、このような批判においては、あたかもルーマンのいう「自己準拠的システム」(諸機能システム)が「純粋に科学的な人間」、「純粋に経済的な人間」、「純粋に政治的な人間」から成り立っているかのような像が前提とされている。だがすでにタルコット・パーソンズが明確に論じていたとおり、企業にせよ個人にせよ具体的な単位で「純粋に経済的なもの」などどこにもない(Parsons 1956:13-15=1958:23-25)。いかなる具体的単位や集合体も、経済的側面とともに政治的側面や統合的側面を有している。この理由から、パーソンズは、「分析的リアリズム」の立場にたち、社会の下位システムを、特定の観点から「分析的」に析出されたシステムとして考えたのであった。[20]

「純粋に経済的なもの」などは現実にありえないというこのパーソンズの見解を踏襲し、かつ、しかしその分析的リアリズムを退けながら社会システム理論をいかにして構想するか。思うに、社会システムの「要素」を「個人」や「人間」ではなく「コミュニケーション」とし人間や個人はむしろ社会システムの「環境」であると位置づけるルーマンの考え方の背景には、まさにこうした問題意識があるといえる。個人は、社会システムよりも大きな可能性を有する(「複雑」な)「環境」として、多様な諸個人との多様なコミュニケーションをとおして、社会の中の諸機能システムへと関与し、社会システムに対してたえず新たに「意外さ」を提供する。[21] こうしていわば複数の社会システムに「多元的に包摂」(Nassehi 1993:350)されることになる。個人や人間を社会システムの「環境」に位置づけることは、あたかも「自動機械」のように諸個人の寄与なしでもシステムが維持されていくなどといった半ば戯画化された「システム」像とはまったく無縁である。[22]「科学者」が科学的研究に携わりつつ政治的発言をすることは、ルーマン理論から排除されていないどころか、ルーマンの自己準拠的システム理論はそういった事態をこそ把握しようとするものであると見るべきであろう。こういった点はさらに、「構造的カップリング」や「包摂／排除」に関する説明とも絡めて展開すべきところではあるが、ここではとりあえず、右のような単純な誤解をあらかじめ防ぐための指摘だけにとどめておく。

二　ルーマンのシステム論の学的スタンス
――「ありそうになさの公理」

以下の本書の叙述は、すでに述べたように、自己準拠的システム論あるいはオートポイエティック・システム論と呼ばれる理論枠組みに依拠している。周知のとおり、この「オートポイエーシス(Autopoiesis)」という概念自体は、チリの生物学者であるウンベルト・マトゥラーナとフランシスコ・バレーラによる造語である[23]。彼らが、この概念をはじめて使用したのは、一九七二年に公刊された二人の共同執筆による論文「オートポイエーシス――生命の有機構成」においてであった(Maturana & Valera 1980=1991)。こんにちではすでに、このオートポイエーシスの考え方は、生物学だけでなくきわめて多くの領域において導入が企図されている。ルーマンが社会学に導入したほかに、ルーマンとともにグンター・トイプナーらが法社会学へ、ルック・チオムピやフリッツ・ジーモン、ウォルフガング・ブランケンブルクらが精神医学へ、テリー・ウィノグラードやフェルナンド・フローレスらが認知科学へ、エルンスト・フォン・グラーザースフェルトによって発達心理学へ、ゲルハルト・ロートらが神経生理学へ、といった具合に、じつに多様な展開を見せている[24]。

この概念をルーマンがはじめて明示的に採用したのは、一九八二年に『社会学雑誌』(*Zeitschrift für Soziologie*)に掲載された「オートポイエーシス・行為・コミュニケーション的意思疎通」論文においてである(Luhmann 1982a)。その後、一九八四年には、「オートポイエーシス」を社会システムを記述するための概念として取り入れた最初の浩瀚な単行本が刊行される。それが、「一般システム理論要綱」という副題を持つ『社会システム理論』である[25]。彼の理論上の発展過程をみてみると、この『社会システム理論』が一つの大きな転機となり、以後、一九九八年一一月に逝去するまで、彼は、このオートポイエーシス概念に基づいた一連の「社会の理論(Gesellschafts-theorie)」の彫琢に没頭した。一九八八年の『社会の経済』を嚆矢として、一九九〇年の『社会の科学』、一九九三年の『社会の法』、一九九五年の『社会の芸術』、一九九七年の『社会の社会』と、ほぼ二年おきに、一連の『社会の～』シリーズが次々と刊行された。政治と宗教、教育に関しても、『社会の政治』と『社会の宗教』『社会の教育システム』が、未完の遺稿ながらも近年刊行された。また、社会システムのみならず個人の意識にまでオートポイエーシス概念の適用を試みた「意識のオートポイエーシス」と題する論文も、一九八五年に公表されている(Luhmann 1985)。一九八〇年代の前半を転換点として、「ルーマンの変貌」(馬場 1988)、あるいは「オートポイエーティック・ターン」(Knodt 1995)が論じられるゆえんである。[26]

このオートポイエーシス概念を社会システム理論に組み入れていく作業とほぼ並行して、ルーマンは、積極的にエコロジー問題やリスク論を議論しはじめる。彼がエコロジー論を展開しはじめるのは、チェルノブイリ原発事故が世界に大きな衝撃を与えた一九八六年以降である。一九八六年以前にはほとんどエコロジー問題に対する発言は見あたらず、この年になってはじめて、ライン・ヴェストファーレン科学アカデミーの招待によっておこなった講演をもとにした『エコロジカル・コミュニケーション』を刊行し、さらに、後のリスク論に直結する論文(Luhmann 1986b)も公表している。

ライナー・グルントマンならびに坪郷實によれば、エコロジー問題という観点からみるとき、この一九八六年という年は、当時の西ドイツにとって一つの転換点をなしている(Grundmann 1999:44；坪郷 1989:27)。もちろん、環境保護行政という点からみれば、一九六〇年代末までの連邦・各州における不十分な公害規制に代わり、すでに一九七〇年代以降個別分野ごとに連邦の環境行政に関する法体制が整備されるようになってきてはいた。しかしドイツ社会全体を見わたすと、一九八六年という年には、未曾有のチェルノブイリ原発事故の衝撃をはじめ、年初頭の、バイエルン州バッカースドルフで核廃棄物再処理工場への建設反対運動、また、南極のオゾンホールへの西ドイツのマスメディアの注目、といった出来事が目に付く。さらに、ライン川の化学物質による汚染が全国的な問題として取り上げられ、連邦レベルで環境問題を担当する連邦環境・自然保護・原子炉安全省(Bundesministerium für Umwelt, Naturschutz und Reaktorsicherheit)もこの年に設けられている。社会学の分野でも、ベックが、世界的な評判を呼んだ『リスク社会』を世に問い(一九九二年に同書の英訳に序文を寄せているスコット・ラッシュとブライアン・ウィンによれば一九九一年までにドイツ語圏だけで六万部もの売り上げを記録している)、ルーマンの『エコロジカル・コミュニケーション』の出版もこの年である。奇しくもこの同じ年にエコロジーに関する著作を刊行したこの二人の社会学者が、その後現在まで、リスク論の中心的論客としてそれぞれに固有の影響力をドイツの論壇に及ぼしていくことになる。エコロジー問題をめぐる、政治的・制度上の動きが活発化するとともに、それに関する社会科学による分析が広い範囲でおこなわれるようになったのである。こうしたドイツの事情の中でルーマンがエコロジー問題について積極的に発言しはじめたのは、おそらく、みずからの社会システム理論が、エコロジー問題を記述していく上で有効であることに気づいていたからであろう。だが同時に、このようにルーマン理論に基づいて「テクノロジー的-エコロジー的リスク」というごく具体的な問題を考察していくことは、ルーマンの社会システム理論の、これまで社会学においてはあまりかえりみられてこなかった可能性を析出することにもつながっていくものと思われる。

ルーマン理論は、もともと「コンティンジェンシー(別様の可能性)」や「機能的等価性」に主眼をおくものであり、(詳しくは本論の中で触れるが)現状をいわば批判的に捉え返していく視点を内包している。しかし残念ながらこのようなルーマン理論の批判的ポテンシャルは、こんにちの日本の社会学の中において盛んに強調されてきた、とはやはりいいがたい。ルーマン理論を内在的に紹介・検討する論者の間においてすら、この点を前面に押し出すような研究はまだ数少ないといわざるをえない。(27) いまだにテクノクラートのイデオロギーとして機能するルーマン理論というイメージで彼の社会システム理論を捉えるむきには、このような読み方は、木に竹を接ぐようなものに思えるかもしれない。しかし、本書のような読解は、読み手の側の勝手な思い込みに基づくものでは決してなく、ルーマン自身、みずからのそもそもの学問的スタンスを、「ありそうになさの公理」として、システムの論理に内在した現状批判という点から説明しているのである。

ルーマンによれば、おおよそ何らかの学問を開始するにあたっての、いわば「学的関心の『ハビトゥス』」には、二つの方向性があり(Luhmann 1987a:310=1993:113; SS:162-163=1993:176-178; 1981:11-12, 25-26)、ルーマンはその一方に積極的にコミットする。まず、(1)「正しいもの」を仮定しておいて、そこから逸脱する現実に目を向けるというやり方であり、(2)もう一つは、現にあるものがそのようなかたちで現にあることにまず驚き、現にそのようにあることのありそうになさ(Unwahrscheinlichkeit)を仮定することから始めて、そうであるにもかかわらず、なぜ形式(秩序、構造など)が現に可能となっているのか、と探求するやり方、である。この第二の立場が、ルーマンによって、「ありそうになさの公理(Unwahrscheinlichkeitstheorem)」と呼ばれているものであり(SS:162-6=1993:176-180)、ルーマンの社会システム理論が依拠する「ハビトゥス」にほかならない。

第一の立場は、「ある」と仮定されるはずの「秩序」が「世界」には実際には欠落しているので、それを科学の力で是正していこうとする姿勢であり、「安定性の危機状態や規範からの逸脱、危険度の著しい上昇や犯罪行為を手がかり」(SS:162=1993:176)とするアプローチである。それに対して、第二の立場は、「ありそうなことの中に、ありそうになさの痕跡を見いだそうとする」(Luhmann 1987a:310=1993:113)アプローチである。つまり、当事者にとっては当然のことで半ば「自然」なことと思われていることが、いかに「ありそうにない」ものであるのかを明らかにするわけである。要するに、「[当事者にとって]ノーマルな状態の仮象を打破すること、現行の経験や習慣について批判的に考察すること」が問題となる。これはまさに現象学を彷彿とする言明だが、じっさい、ルーマン自身がこうした「ありそうになさの公理」を説明するにあたって、「(超越論的な意味合いにおいてではないが)現象学的還元が、重要なのである」と述べている(SS:162=1993:176)。つまりこの公理には——ということはルーマンのそもそもの「学的関心」の中に——現象学の影響が色濃く反映されている。

したがって、ルーマンのシステム理論の力点は、もともとから、「[当該システムの外部の視点からすると]いかにもありそうにない(unwahrscheinlich)ことが、いかにして当該システムにとってはしごく当然の、ありうべき、見込みあること(wahrscheinlich)として、妥当してしまっているのか」を明らかにする点にある。つまり、こうした「ありそうにない」ことが、いかにして、(そのシステムにとっては)「ノーマルなこと」、「自然なこと」として「前提」とされてしまっているのかがその論述の基軸となる。たとえば、本書でもしばしば言及する組織における「不確かさ吸収」のメカニズムなどは、いかにも「ありそうにない」ことが、当該システムの視点からすれば、至極当然な「ノーマルなこと」として現出する、ということの典型的な事例であろう。なぜ、そのありそうにないことが、現に「ありそうなこと」として現象してしまっているのか。そこにはどんなメカニズムがはたらいているのか。ひょっとするとある種の「問題」を抱えつつも、その問題をたえず「隠蔽」することで、当該システムの作動が保証されているのではないか[28]。

ルーマンによれば、こういった視点は、彼が理論的営為を開始した一九六〇年代後半以降から主張しつづけている等価機能主義の立場によって可能になる。いわば、現象学に示唆を受けた「ありそうになさの公理」を、現象学とはおおよそ対極にあると思われている「機能主義」のパースペクティブと結合させるわけである[29]。ありそうになさの公理という「こうした企ては、機能主義のパースペクティブから、生活世界のノーマルな経験というものが、これまでいつでもうまくいった問題解決であると同時に、おそらく別様にもなしえた問題解決である、というふうに描き出すことによって可能になる」（*SS*:162=1993:177）のである。言うまでもなく、ここで述べている「機能主義」とは、ルーマン独自の「等価機能主義」、すなわち、ある一定の観点のもとで、別様の可能性を探求し（機能的等価物の索出）、「現にあるものをコンティンジェントなものとして捉えるとともに、相異なるものを比較可能なものとして捉える」ことをめざす方法(30)（*SS*:83=1993:83. ただし［　］内は引用者）、のことである。

ルーマンのこのような基本的な姿勢は、リスク論の論脈においても、もちろん貫徹されている。それどころか、このテーマにおいてこそ、この「公理」が大きな意味をもってくるものと思われる。以下、この公理を「導きの糸」にしつつ、社会システム理論に依拠したリスク現象の記述へと、議論を進めることにしよう。

まずは、オートポイエティック・システム論を取り入れたルーマンの社会システム理論を本書なりに解釈しつつ、リスクと危険（またそれに相応した決定者／被影響者）という、日本のリスク論の中でもほぼ周知になりつつある区別に依拠するルーマンのリスクの概念、ならびにその基本的視座を明確にしておこう（第一章）。ついで、今日のエコロジー問題の背景の一つである「非知」の問題を取り上げ、知／非知の区別と並んで非知そのものの内容的な区別をも問題にすべきであることが、主張される（第二章）。その後、まずは主として「決定者」の立場に立脚しつつ（第三章、第四章）、信頼の技法、リスク変換について論じ、続いて、主として「被影響者」の立場に立脚しつつ（第五章）、ルーマンの社会システム理論の視角からする抗議運動について、また、「包摂／排除」概念のリスク論にとっての含意について論ずる。

第一部　システム論的リスク論

第一章　社会システム理論によるリスク研究

——ルーマンの基礎視角

一　リスク概念

リスクという概念は実に多様に使用されており、その単純な整理を許さない。たとえば経済学的なリスク研究はフランク・ナイトの古典的業績(Knight 1921=1959)に負うところが大きいが、ナイトの場合、リスクは不確実性(Uncertainty)とは区別されるべきものとして概念構成されている。彼のこの区別の背後にあるのは、利子と利潤の区別である。ナイトによれば、利潤は、予期し得ない動的変化の結果による不確実性のゆえに生ずるのであり、このような不確実性は企業者によって引き受けられるものであるから、利潤は、(資本家にではなく)企業者に帰属する。因みに、このように利潤を企業者に帰属させるナイトの考え方は、所有と経営の分離を念頭におきつつ「生産の四要素」とされるものの内の「資本家」と「企業職能」に、それぞれ「所得の四範疇」とされるものの内の「利子」と「利潤」を、関連づけ、前者を経済システムにおけるA(適応)下位システム(資本ー利子)、後者をI(統合)下位システム(組織または企業職能ー利潤)として理論化したタルコット・パーソンズのそれと類似している。[31] ともあれ、ナイトはこのような意味での不確実性とリスクとを明確に区別し、リスクを、測定しうる不確実性、つまり理論的にあるいは統計的に確率として知られているものとして定義し、測定できる以上、リスクは事実上、確実性へと転換できるので、固定的な諸原費へと変換されうるとした(Knight 1921=1959)。ケインズに由来するとされナイトによって明確化されたこのリスク／不確実性の区別は、ヤン・エルスター(Elster 1979)などにも引き継がれ、リスク研究の中では重要な論点となっている。(32)

一般に、経済学や心理学における意思決定論においては、リスクは、損害が生ずる確率と定義される。またこれとは異なり、損害を生じる発生源の事象そのものがリスクと言われたり、あるいは、損失の大きさと損失の発生確率の積として定義されることもある。たとえば、合州国の科学技術政策の諮問機関である国立研究審議会におけるリスク・コミュニケーションに関する報告書(National Research Council 1989=1997)では、リスクとハザードが区別され、ハザードが「ある行動や現象がある人間や物に害を与える、あるいはその他の望ましくない結果を与える可能性」とされているのに対して、リスクは、ハザードの危害が実際に生じるかもしれない可能性の確率を段階ごとに加味し、数量化したものとして定義されている。この区別の意味は、リスクと言う場合に確率が明確に意識されている点にある。また、リスクを確率と損害の重大性との積として定義する場合、たとえ発生確率が低くとも損害が重大であることが見込まれればリスクは高いものになり、逆に損害が微少なものであっても発生確率が高ければリスクは大きいものとして算定されることになる。(33) したがって、たとえば毒性をもった物質そのものが問題なのではなく、それが人体にとっていかなる健康被害をもたらしうるのか、またその確率はいかほどのものなのかこそが問題となる。

総じて言えばこのような脈絡では「リスク」は、(1)損害を生ずる確率、(2)個人の生命や健康に対して危害を生ずる発生源の事象(この場合には通常はハザード、あるいは保険学ではペリルというタームが使用されることがある)、(3)損失の大きさと損害が生じる確率との積、のいずれかあるいはこれらの意味内容の組み合わせを表す概念として使用すると、各分野の定義を集約できるといえそうである。(34)

このように一応はまとめることができるとはいえ、観察の対象世界のある事象、またその事象の生起確率やそれが惹起する損害の重大さに焦点を当てるリスクやハザードについての多様な定義を整理するだけでは、本書で議論の対象とするルーマンのリスクの概念を位置づけるべき場所がうまく確保できない。ここでは、観察の対象世界のある事象・生起確率・惹起する損害の重大さに着目したリスク概念の整理ではなく、ルーマン自身の区別に倣って、別の仕方で整理してみよう。すなわち、ファースト・オーダーの観察のレベルに依拠したリスク概念か、それとも、セカンド・オーダーの観察のレベルに依拠したリスク概念か、の区別である。

おおむね、序論でレンに従って述べた分類にそくしていえば、(1)の保険数理アプローチから(5)の心理学的なリスク分析までは、主としてファースト・オーダーの観察レベルに依拠したリスク概念を、(6)のリスクの社会理論や(7)のリスク文化論は、セカンド・オーダーの観察のレベルに依拠したリスク概念を採用する。ルーマンは、後者である。そうすると、この区別は、リスクをコンテキスト中立的に捉えようとする立場かコンテキスト依存的に、すなわち「構成主義的」に捉える立場かの区別ともある程度重なるように思える。しかしたとえばベックは明らかに構成主義的立場だが、セカンド・オーダーの観察のレベルに依拠しているとは言い難い。この二つの観察レベルの区別について、以下、若干立ち入って考えてみよう。まずベックのリスクの概念からはじめよう。

すでに述べたように、ベックは、「リスク」を、人間の五感によっては捉えがたい「非知」として描いている。[35] しかし、それは日常的な知覚では捉えられないだけであり、知覚を越えたところにいわば客観的にリスクは伏在しているという認識が、ベックのリスク論の根幹にある。このようなベックのリスク概念に対して、たとえば、ジェフリー・アレグザンダーとフィリップ・スミスは、ベックにおいては、リスク社会の諸脅威が、技術的‐経済的な発展そのものから出現するとは述べているものの、何らかの「広汎な文化的な枠組み」に媒介されて生ずるものであるとは考えられていない、と批判する(Alexander & Smith 1996)。「『リスク』がいつ、いかにして感知されるのか、という問い、また、これらのリスクがいかにして社会的なアジェンダへと位置づけられていくのかという問いは、提起されない。リスクが重大なものであるということそれ自体だけによって、リスクについての統覚が作り出されるとされているのである」(Alexander & Smith 1996 : 254)。確かにベックは、「客観的リスク」が「自動的に」人々に認識されると単純に考えているわけではない。今世紀初頭の石炭の燃焼に依存している諸都市ではスモッグが当然あったわけだし、ロンドンの「黄色い濃霧(pea-souper)」も数多くの人々の呼吸器系統の機能不全をもたらしていた。つまり、「客観的リスク」は産業社会の当初から「存在」してはいた。しかし、アレグザンダーらによれば、問題は、なぜいまになって「リスク社会」として問題視されるようになっているのか、である。ベックは、このような「客観的リスク」とリスク認知との間にある時間的ラグに気付いてはいたし、実際、その点について所々で説明してはいる。しかし、リスク概念の不首尾さのゆえに、こうした「時間的ラグ」についてのきわめて単純化された理解に帰してしまっている、とアレグザンダーらはベックを批判する(Alexander & Smith 1996 : 254-256)。

また、彼らによれば、ベックは、確かに、人々の最低限度の富が達成されたから、富の分配をめぐるコンフリクトからリスクをめぐるコンフリクトへと変化したのだと説明するが、しかし、「このタイムラグの説明は、物質上の安楽さが、『自然に』また『自動的に』生物学的な健康とか環境上の安楽さに先行するのだという未調査の仮定に依拠している。……この説明は、さらに、一度富が獲得されれば、リスクについての知覚が社会的に媒介されずに作動するのだということを仮定してしまっている」(Alexander & Smith 1996 : 254-255)。さらに、確かにベックは、不可視の、非知のリスクが人々の日常的な感覚によって捉えられるまでには科学の知見やマスメディアの働きが必要であることを認識している。しかしベックは、ここでも「メディアがこうした環境リスクに焦点をますます置くようになっていることの結果として、[リスクに関する]客観的な情報も増大し、そのことによってこうした情報が現代の人々の意識に自動的に記録されるものだと確信をもって考えてしまっている」(Alexander & Smith 1996 : 255.

ただし［　］は引用者）。

こうしたベックの「自動作用（automatism）」の仮定を批判する彼らの視線は、つまるところ、ベック自身が明確に構成主義的立場を掲げながらも、リスク知覚に及ぼす社会的・文化的媒介要因への着目が欠如している点に向けられている。ベックの立場は「半分にされた構成主義」（Japp 1997）だと揶揄されるゆえんである。

なぜこうなってしまったのだろうか。それは、ベックの場合、リスクの概念が社会的行為の概念と（あるいはルーマンに倣って言えばコミュニケーション概念と）結びつけられていないからである。この点について明確な示唆を与えているのが、ウォルフガング・ボンス（Bonß 1991）である。彼によれば、ベックの場合、リスク概念が、はじめからテクノロジーの帰結にのみ焦点が当てられており、それがもたらす脅威、というような意味へと還元されている（Bonß 1991：260）。その意味では（またその意味でのみ）、ベックの用いるリスク概念は、リスクマネジメント論にいうところのリスクの概念に近いともいえる。ただしこのボンスのベック批判の核心は、ベックが「客観的リスク」概念を採用しているという点にではなく（そもそもベックは「客観的リスク論」者ではない）、あるテクノロジーや化学物質に備わるある種の（損害をもたらしうるような）属性そのものとしてリスク概念を組み立てているという点にある。[36] ベックが社会学においてリスク論議を高める契機を作り出しはしたものの、やはり「社会学的」な論考の端緒を切り拓いたとまでは評価しがたい理由は、（構成主義かそうでないのか、ということによるのではなく）社会的行為の概念、あるいはコミュニケーションの概念と、リスクの概念とが適切に結合されていないからだといってよい。「半分にされた構成主義」という論難も、ここから派生してくる。

では、コミュニケーションの概念とリスク概念とを結びつけるとはどういうことであり、また、そのことは、右に述べたファースト・オーダーの観察のレベルとセカンド・オーダーの観察のレベルとどのように関わるのだろうか。そのことによってどんな利点がもたらされるのか。[37] 節をあらため、ルーマンのリスクの概念を取り上げながらこの点を考えてみることにしよう。

二　ルーマンのリスクの概念

ルーマンは、リスクという概念を、「決定(Entscheidung)」と関連づけて把握する。[38] リスクの反対概念を「安全(Sicherheit)」として捉える思考法は広く見いだされる。この図式がなければ、そもそも各種のリスク規制政策はおこなわれえないだろうし、企業のリスク管理もままならない。もちろん、安全とリスクを区別するからといって、「リスクのない絶対的な安全」などという表象が、この区別に含意されているというわけではない。むしろたとえば安全工学の分野でなされているのは、絶対的安全などありえないという想定のもとで、このリスクの概念を利用しつつ測定と計算によってできるだけ安全を目指す努力でありまたその算定を精緻化する試みである。そうであるからこそ、決定に付随する多少のリスクは甘受すべきだというしばしばイデオロギー的な含みを持った言説も可能となる。また、この区別によって、リスキーな企図に反対表明をする者は、リスクの反対の側面すなわち「安全」という一般的に受容されうる価値を切実に遵守しようとする者として立ち現れることになる(*SR*:28)。このような意味では、このリスク／安全の区別は非常に重要な区別なのであるが、ルーマンはこの区別をリスクの社会学の出発点としない。とはいっても当然、この区別が無意味であるとルーマンが言っているわけではないことに注意したい。ルーマンも、この区別の有用性を認めるのに吝かではなく、それはたとえば「この[リスク／安全という]形式は、リスク形式を普遍化するという疑いようもない功績を有している」(*SR*:29)と述べているとおりである。にもかかわらずこの区別を採用しないのは、まず、安全性をめざす制御の試みそのものがリスクを不可避的に再生産してしまわざるをえない事態が少なくなく、[39] また、なによりも、この区別では、コミュニケーション概念との関連が不明確になるからである。

彼にとって重要な区別は、リスク／危険（Gefahr）という区別である。この区別を用いることによってはじめて、リスクに関する社会学的分析の可能性が開示されるというのが、ルーマンの考え方である。とはいえ、「リスク」も「危険」も、日常用語としてはほとんど同じ意味内容に思える。

リスク／安全という区別が用いられる場合には、リスクの概念は、対象世界のある事象（テクノロジーや物質、出来事、状態）の属性と関連づけられる。それは、ルーマンの言葉でいえば、「何が（was）」という水準に位置する。ダイオキシンのリスク、とか、投資のリスクとかいうときのリスク概念はこの水準に属する。ベックのリスクの概念はその意味でここに属するだろう。また、序論で述べたリスク研究の諸領域でいえば、（1）から（3）までの「技術的なリスク分析」や（4）の「経済学的アプローチ」はこういったリスク概念を採用する（そうでなければ分析はできない）。このように、対象世界における「何が」の水準でなされる観察を、ルーマンは「ファースト・オーダーの観察」と呼ぶ。「安全確保のための専門家も、そういう専門家たちが安全確保の義務を怠ったといって非難する人々も、ファースト・オーダーの観察者である」（*SR*：30）。

さて、これに対して、こうしたファースト・オーダーの観察者たちを観察する「セカンド・オーダーの観察」の水準に位置する観察者の場合には、ある観察者が将来に起こりうる損害を「どのように」（wie）観察したり説明したりしているのか、ということに焦点があてられる（観察の観察）。そのさい、このような未来の損害の可能性を説明するにあたって、二つの方途がある。一つは、未来の損害の可能性が、みずからでおこなった「決定」の帰結とみなされ、そのような決定に未来の損害が帰属されるという場合であり、もう一つは、そのような未来の損害の可能性が、自分以外の誰かや何か（社会システムも含む）によって引き起こされたものだとみなされ、そのように帰属される場合である。ルーマンによれば、未来の損害の可能性がリスクであるとされるのは、いまのべた前者のケースであり、後者の場合には、未来の損害の可能性は、危険と規定される(*SR*:30-31)。敷衍して言えば、未来において起こりうる損害が自分自身のコントロールの及ばない原因に帰属される場合、またその場合にかぎり、「危険」が問題になる。[40] わかりやすい例でいうなら、たとえば、建物が地震に弱い作りになっていることを知っていて引っ越すこともできたのにあえてそこにとどまり、ありうべき損害が自分の決定に帰属できる(自己帰属)なら、それは「リスク」である。[41] 他方、建物の倒壊によって被るさまざまな損害を、地震が起こったという「自然」の出来事に帰する(外部帰属)のなら、未来における建物の倒壊の可能性は、「危険」である。繰り返して確認しておくが、このリスク／危険という概念は、将来的損害を説明するためのタームであり、ベック(Beck 1988)が考えているように、たんにリスクや危険が決定に依存しているという事態だけを言い表しているのではなく、帰属の差異を問題にしている。したがって、将来の可能性をリスクとして描写しそのことによって損害の責任を当事者に帰属させようとする戦略もまた、このタームによって描写可能となる。それゆえ、このリスク／危険という区別においては、「観察すること」から独立に、いわば「客観的に」存している物事の安全さやリスク性の如何が問われるわけではない。

ここで、フリッツ・ハイダーらの社会心理学的帰属研究に依拠したこのルーマンのリスク／危険の区別について若干補足説明しておこう。

まず、このルーマンの区別は、結局、能動的に、あるいは自分の選択によって関わる場合の危険性と、受動的に、みずからの自由意思や選択によらずに関わってしまわざるをえない危険性との区別と同じであろう、という解釈は十分ありうる。[42] しかしこの区別が、(社会的な)帰属の仕方の違いであって、ある個人の「構え」や「態度」の違いではない、という点に注意したい。たとえ自分の選択によって関わることになった危険性だとしても、それを(戦略的に)「危険」として構成する(外部帰属する)ことは十分可能である。たとえば古い家屋が建ち並ぶ歩道を、屋根瓦が落ちてくる可能性を十分知りつつも、あえてジョギングをする場合。このとき、別の歩道を選択すれば怪我はしえないと思いつつも(その意味で怪我を自分自身の選択に帰属されうることを十分認識しつつも)、その怪我の可能性を、当該家屋の家主による屋根瓦の管理不行届きに帰属させ、「危険」として観察する(あるいはコミュニケーションする)ことは十分ありうる。あるいは逆に、自分としては突然の「不運」(「危険」)のつもりでいても、その後のコミュニケーション過程の中で、社会的に「それはあなたの選択のせいである」というかたちで「リスク」として構成されるなどという事態も半ば日常茶飯事である。したがって、リスク／危険の区別は、単に能動的か／受動的かということではなく、(社会的な)観察の様式の相違であるということをまず銘記しておきたい。

したがって第二に、リスク／危険の区別でいうところのリスクの概念には、「虎穴に入らずんば虎児を得ず」、逆に言えば、「行為を差し控えればリスクを冒すこともない」という意味あいはない。かつてアンソニー・ギデンズは、ルーマンのリスク概念をこのような事態を記述するものとして解釈した上で、今日の社会においては、行為をおこなわないことこそがリスクに満ちている場合が多いではないかと異論を唱えた(Giddens 1990:32=1993:48)が、以上のルーマンの概念構成に鑑みればこのギデンズの異論は、いささか性急なものであったといわねばならない。いまや、何もおこなわないこと、何も決定しないことも、一つの「決定」として「帰属」される。

第三にルーマンは、リスク／安全の区別をファースト・オーダーの観察の水準、リスク／危険をセカンド・オーダーの観察の水準に位置づけているが、そのさい、前者よりも後者のセカンド・オーダーの観察に拠るほうが相対的に「優れた」観察が可能だ、などという含意はここにはまったくない点に留意しておきたい。この区別は、たんに、何を対象にしているのかの区別にすぎない。つまり、前者が対象世界の中のあるテクノロジー、物質、出来事、状態の属性とその属性が人体等に及ぼす影響を観察しているのに対して、後者は、そのように観察している者を観察している、という違いしかない(しかしこの違いは実は非常に重要なのだが、それについてはこれから触れていくことになるだろう)。したがってリスク／安全の区別よりもリスク／危険の区別のほうが「より有効」で「より優れた」観察図式だというのでは決してない。ただ、リスク／危険という区別を使用することによって、日常的に使用されるリスク／安全の区別では見えてこないものを、観察しようというのが、ルーマンのリスク論のねらいである。ルーマンも述べているとおり、すべての観察には「盲点」がある(これについては後述)。どんな観察も、ある区別を使用して観察をおこなう以上、その区別によっては見えないものはあくまでも見えない。見えるものしか見えない。それはファースト・オーダーの観察でもセカンド・オーダーの観察でも同じなのであり、それゆえセカンド・オーダーの観察もまた別な意味でのファースト・オーダーの観察であり、固有の「盲点」を抱えている。

第四に――これは重要なことなのだが――今日的な環境問題のもとでは、誰かある人、社会システムの決定にある損害を帰属することが不可能なケースが典型的である以上、このような自己帰属／外部帰属による概念構成は今日的な「環境リスク」現象を考えていく上では重大な欠陥を抱え込むことになるのではないか、という疑問は当然にありうる。しかし、一義的に帰属することができないからこそ、帰属をめぐる争いが激化したり被害についての自己定義が余儀なくされるわけであり、まさにこのような事態こそ、社会心理学的な「帰属」の概念に依拠したリスク／危険の区別の観察対象となる。

この点と関わって、第五に、この区別(あるいは後述する決定者／被影響者の区別)は、いわゆる受益圏／受苦圏の区別(梶田 1988など)と重なりそうであるが、決定者と受益者は必ずしも同じではない。また、受益圏／受苦圏の区別は、誰がいずれの圏に属するかが比較的明瞭であることを前提にするが、リスク／危険の区別は、誰が被害者なのかそれ自体が論争の的になるという今日的問題を考慮に入れている点で、前者とは区別される。

またこのリスク／危険の区別は、「する」論理と「である」論理、あるいはパーソンズのパタン変数で言うところの「業績本位」と「属性本位」と対応しており、前者が「近代」に、後者が「前近代」に位置づけられているという理解も成立しそうである。じじつルーマンもまた、旧来の社会ではどちらかといえば危険のほうが、他方、近代社会ではリスクのほうが「マーキング」されている、と述べている（SR:34）。「脱魔術化」された近代においては、災いを神や宿命といった神秘的なものによって説明するよりもむしろ人為的なものとして、したがって十分な対策をおこなっていれば回避されえたであろう（その意味でコンティンジェントな）ものとして説明されうる、という議論はなるほど説得力がある。だが、注意しておきたいのは、ルーマンのリスク／危険の区別の力点は、パーソンズのパタン変数もそうであるように、両者をこのように近代／前近代に割り振るところにだけあるわけではない。むしろ、重要なのは、リスク／危険という区別そのものであり、差異それ自体なのであって、どちらか一方だけに焦点をあてることではない。

リスクと危険を概念として使い分けるのは、ルーマンにかぎったことではない。たとえばドイツの環境法・技術法においても（こうした区別それ自体に対する問題提起も若干あるものの）「危険（Gefahr）」「リスク」「残余リスク」といった区別が古くから使われている。しかし、ここでルーマンが提起している概念的区別は、同一の概念を使用してはいても、この脈絡での区別とは根本的に異なるものであることに、最後に注目しておきたい。さしあたり、人間の認識能力では事前に考慮しておくことができず甘受せざるをえないリスクを意味する残余リスク概念は、ここでの脈絡では措いておくとして[43]、ドイツ環境法・技術法における「危険」と「リスク」の概念は次のような意味において使用されている[44]。「危険」とは、十分な蓋然性をもって、公の安全・秩序の保護法益（Schutzgut）に対して一定レベル以上の損害をもたらすような危険性のことである。ここで「十分な蓋然性」という場合、それはたんなる発生確率のことではなく、ある行為や状態が、重大な損害をもたらすものであればあるほど、発生確率が低くても「危険」として認定されたり、あるいは逆に、損害がそれほど重大なものでなければ、それが「危険」として認定されるためには発生確率が高いものでなくてはならない、というように、所謂「反比例原則」が適用される。他方、「リスク」は、右に述べたような意味で「危険」とは認定されないものの、しかし、人間の認識能力によって予測可能な危険性、つまり、損害発生が可能性としてありうるような危険性のことを意味している。危険として認定され危険防御(Gefahrenabwehr)の措置が採られるためには、経験的知や科学的知見によって十分な根拠が提示されなければならないが、リスクの場合にはまだそうした根拠を提示できる段階にはなく、因果関係を確定させたり責任帰属が明示化されえないなど、状況が不確実な場合を指す。したがって、この場合のリスクの概念は、先述したナイトやエルスターのリスク概念とは逆に、計算不可能をその特徴としている。(45) この脈絡でのリスクと危険の区別は、当然のことながら損害の蓋然性や損害の大小といった当該対象(行為や状態)の性質(右に述べたwasのレベル)に立脚した区別であり、ルーマンのようにセカンド・オーダーの観察のレベルでの区別ではない。それゆえ、概念のレベルでは両者は截然と区別されるべきだが、しかし、一九八〇年代以降のドイツ環境行政法におけるリスク事前配慮義務による規制手法の登場は、当然、ルーマンがリスクや「非知」の問題を社会学的に展開していく過程と、軌を一にしているのであり、これには十分な目配りが必要であろう。

さて、このようなルーマンのリスクと危険との区別は、社会の複雑性の増大という事態に相応したものであると言える。ここで、複雑性(Komplexität)とは、やや抽象的に定式化しておくと、次のようなことを指す。(46) システム内部であるいはシステムの外部(環境)において結合されるべき要素の数が増大すると、これらのそれぞれの要素が他のすべての要素と関係するなどということがもはやできなくなる閾にまで達するが、このとき、すなわち、それぞれの要素がその他のすべての要素と結合することができない状態にあるとき、現に結合している諸要素の集合が複雑なもの(komplex)、として表現される。つまり、現に結合している諸要素が、それ以外の諸要素との結合諸可能性を多分に有していればいるほど、複雑性が増大している、と表現されることになる(SS: 45-51=36-43)。端的にいえば、可能性の増大、といってもいいだろう。それゆえ、複雑に機能分化した近代社会は、このような意味で、複雑な社会である。

このようにして、社会がますます複雑になり、現在において考えられる選択肢の数が著しく増大すると、(当人が意図していようと意図していまいと)そうした選択肢の中で何らかの「決定」を下すことがいわば「強制」されてしまう(「選択」の強制)。そうなると、かつては、生活の過程において多かれ少なかれいわば「おのずから」「自然に」生起するものであると考えられていた多くのことが、いまや、(誰かあるいは何らかのシステムの)決定によってはじめて生起するものとして(しばしば事後的に)把握されるようになる(*SR*:52)。これは、自然の社会内部化という、社会学においてもしばしば指摘される事態と対応していることは、いうまでもない。

リスクとしての描写が選択肢の増大と連動している例としては、たとえば、結婚が、家の存続のためという(各人からすれば外部から与えられるものでしかない、したがって外部帰属されていた)目的から解放され、二者の親密さを基盤として締結されるものになればなるほど、結婚における失敗は、各人の決定へと帰属され「リスク」として意味づけられる。身分に拘束されず、誰でもが自分の結婚のパートナーになりうる(それゆえ二者の出会いが「偶然」というメタファーで語られるようになる)という選択肢の増大が、結婚の失敗という未来の帰結を「リスク」として意味づけるわけである(*SR*:53)。また——右に述べたように——さまざまな対処法が考えられたのに何もせずにじっと静観していた、言い換えれば積極的には何も「決定」しなかったということもまた、一つの「決定」となる(*SR*:37)。

ともあれ、こういった事例には枚挙にいとまがない。決定の潜勢力が拡大したことによって、(従来「危険」として意味づけられていたものが)「リスク」として描写されるのである。このように将来的損害が「リスク」として説明され、誰かある人(または何らかの社会システム)にある損害の原因が帰属されると、そうした未来の(損害をもたらす)結果が、コンティンジェントなものとして見なされるようになる(*SR*:25)。未来の損害が、たとえば「宿命」や「運の悪さ」「自然」といったタームで説明される場合とはちがって、その人(または社会システム)が別様の選択をしていれば別様の結果がもたらされたに違いない、という意味でのコンティンジェンシーが顕在化する。

　こうしてみると、リスク概念は確かに、すぐれて近代的な概念である。論者によっては、近代とはすなわちリスク社会であると主張されることもある。[47] もっとも、ルーマンの指摘を待つまでもなく(Luhmann 1993:327)、近代社会に生きることが、前近代に生きることよりも、重大な災害に見舞われ生命を失ったり健康を害したりする可能性が高い、というわけでは決してない。イナゴの襲撃や洪水、ハリケーンの被害は、今日の化学物質汚染などにおとらず人々の脅威の的であった。したがってここでは社会がさらされている脅威の量や程度が問題なのではなく、その損害の帰結を、「自然」や「宿命」や「神」にではなく、誰か、あるいは何らかの社会システムのおこなったある種の決定に帰属することへの感受性がきわめて高まっている、ということが、近代と「リスク」とをきわめて密なかたちで結びつけているのである。ただし、ルーマンが焦点を当てているのは、こうしたリスクとしての観察が危険としての観察と表裏一体の関係にあるという点であることは重ねて銘記しておきたいところである。

　こうして、リスク/危険が、帰属の相違による区別であることが明らかにされたが、しかし、リスクという概念には、もう一つ重大な問題が含まれている。先に、ルーマンはリスクを「決定」と結びつけていると述べたが、リスクが未来の損害可能性にかかわるものである一方、決定はつねにこの現在においてしか下せない。つまり、未来と現在との関係が問われているのだが、ここには、「結局は未来のことは現在の時点ではよくわからない」という単純な事実以上のことが含意されているように思われる。次にこれを、時間論にやや立ち入って考えてみることにしたい。

三　リスクと時間

　まず、ルーマンの「時間」の概念を一瞥しておく必要があろう。

ルーマン理論における「時間」の概念[48]を把握するさいまずもって明確にしておかなければならないのは、ルーマンが、「そもそも時間とはなにか」といった問いを立てているのではない、ということである。時間の通歴史的な「本質」が問題となっているのではない。彼の関心の的となっているのは、いかにして時間が観察されているのか、である。

さて、日常用語法においても「リスクを引き受ける」とか「リスクを顧みず」といった言い方がなされることから明らかなとおり、「リスク」とはたんに、予期されなかった事故が起こったり損害がもたらされたりするということそのものではなく、未来において生起するかもしれない何らかの損害を現在の時点において見積もることである。一見するとごく当然のことのように思えるこの事態が含意することは決して小さくない。とくに、ルーマンのリスク論にとっては、「現在」という時点との関わりが重要なものとされている。つまり、「リスク」とは本来的に知り得ないはずの「未来」について「現在」の時点で描写するということなのであり、この含意をわれわれはもっと汲み取らなくてはならない。そのためにはルーマンの捉える「現在」概念についての詳論が必要である。時間論(あるいはそれと密接に結びついた空間論)が、リスク社会学の典型的な主題である今日的な環境問題を論ずる上で不可欠の論域であるとする議論は、ルーマンに限らず、近年とみに増加しているように思われる。しかもそうした論者のいうところの「時間論」は今述べたほかならぬ「現在」という時点に焦点を当てている。

ごく大づかみな要約が許されるなら、従来の社会学においては、「時間」は、構造／過程、共時態／通時態、維持／変動、といった変化しないもの／変化するものという対立軸の中で論じられ、主として「シークエンス性」とか「過程性」といったことが、「時間」的側面であると(明示的であれ暗黙裡にであれ)考えられていた。これと対照的に、今日の社会学における時間論は、「同時性(simultaneity)」や「現在」といったものへの着目を論述の中心に据える傾向がある。たとえば、バーバラ・アダムは、エコロジーをテーマとした社会科学パースペクティヴにおける時間論の中心性を論じ、ある出来事がほとんど同時的、全世界的に影響を及ぼす事実に着目し、空間を横断する運動と時間との関係が根本的に変化した、と述べる(Adam 1996)。いまや「現在」というものが、空間的に地球全体を覆うほどまでに拡大し「グローバルな現在」とでも呼ぶべきものに変容しつつある。ローカルとグローバルの連結、世界の同時性への着目、といったことを議論の中心にすえながら時間/空間論を展開するという点では、「現代の世界システムは、人間の歴史上はじめて、空間における不在がシステムの調整を妨げることのないシステムとなっている」という指摘をするギデンズも、共通した認識に立脚しているといってよいだろう(Giddens 1984:185)。

ルーマンもまた、この現在という時点を「同時性(Gleichzeitigkeit)」概念との関わりにおいて議論しているのだが(Luhmann 1990a)、しかしルーマンの「同時性」の考え方は、アダムらの同時性についての考え方と根を同じくするものではなく(もちろんこうした考え方をも含むものではあるが)、むしろ、同時性概念を、近代の時間構造を把握する上で不可欠なものとして、より根本的なところに位置づけるものである。

ルーマンの「時間」概念の核心は、「過去と未来の差異」という点にある(*SR*:46 ; *GG*:1004)。これはルーマンの時間把握の中でかねてより一貫している主張である(Luhmann 1973a ; [1976]1982)。ルーマンは、機能的に分化した近代社会へと移行するのに伴って「時間」概念もまた変化するという仮定のもとで、「かつてなかったほどにわれわれの時代は、過去と未来との連続性が断絶してしまっている」という時代診断をおこなう(*RG*:136)。過去と未来との差異が著しく大きくなっているというこの見解は、変化のテンポが速くなりこれまであったこととこれからあることとの間に著しい差異がみられるようになっていること、それゆえ未来はもはや過去からの類推によっては把握できないということ、を意味している(*GG*:85)。

ここで銘記しておきたいのは、すでに述べたとおり、時間ということによって、観察から独立した何ものかが意味されているわけではないということである(*SR*:41)。つまり、観察しようが観察しまいが、あるいは誰がどのように観察しようが、とにかくそこにまぎれもなく「客観的に」「流れている」時間のことが問題となっているのではない。ルーマンによれば、時間についての把握はあくまでも、どういう社会の中でどのように観察されるのかということから切り離して論ずるわけにはいかない。

「旧ヨーロッパ的」な――とルーマンは表現するのだが――存在論の伝統の中では、時間は、流れるもの／固定されているもの、運動しているもの／運動していないもの、といった区別によって観察されていた。しかも旧ヨーロッパの形而上学的思考の常として、このような区別はいわばヒエラルキー的に考案されており、区別された一方の側面、すなわち「固定されているもの」あるいは「運動しないもの」が優位に取り扱われている。

だが、一七世紀になると、「時間はすべてのものを変化させる」という想定が現れてくる。時間は、「天国さえも変えてしまうのであり、時間の終わりをも、さらにはそうした終わりの後になってようやく始まる無時間的な時代をも変えてしまうのである」(Luhmann 1995:84)。言い換えると、時間の捉え方の変化とともに「天国」「時間の終わり」「時間の終わりの後に来るべき無時間的な時代」ですら次々と新しい意味づけがなされ、別様なものに変化する。この段階にいたって、流れるもの／流れない固定されたもの、といった区別に代わって、過去／未来の差異が、時間を観察するさいに不可欠の区別として導入されることになる。この過去／未来の区別は、さしあたっては、神の永遠の時間を意味するaeternitasと瞬間的に過ぎ去り移りゆくはかない世俗の時間を意味するtempsという二つの時間観念のうち、tempsという時間観念の中にのみ取り入れられたが、しかし次第に、aeternitasという時間観念の中にも浸透し、それをぐらつかせるようになった結果、存在論的伝統に依拠する、流れている／固定されているという区別が放棄されることになる。したがって、ルーマンによれば、近代社会においては、時間は、過去と未来との画然とした差異によって特徴づけられる。「時間は、事前と事後の区別によってのみ指し示されうる(＝観察されうる、＝生み出されうる)。その場合にのみ、またこのような区別がおこなわれる瞬間にのみ、時間は観察されるのである」(Luhmann 1995:83)。

さて、近代社会が過去／未来の区別に基づいて時間を観察しているのだとしても、時間的モダリティの一つとしての「現在」にはどのような位置づけが与えられるのだろうか。

ルーマン理論における「現在」概念の位置づけは、意外なほど簡潔な言明によってまとめられている。つまり、「現在とは、過去と未来との差異以外のなにものでもない」(Luhmann 1995:84；*GG*:1004)。過去と未来とを区別するまさにその時点こそ現在であるというわけである[49]。けれども、こうした表現上の簡潔さとは裏腹にこのテーゼの含意するところは決して小さくない。

過去／未来の差異としての現在という考え方は、未来を過去からの類推に基づいて確定することがもはやできない、という近代における経験を背景にしていることは容易に推測できる。未来は過去とはたえず別様に現象する。そのさい、その都度顕在化している「現在」という時点は、これまでの過去とは違った未来を作り出していくさいのいわば「転轍点(Schaltpunkt)」にほかならない[50]。未来は、まさに、それぞれの現在ごとに作り出される。さらに敷衍すれば、そのさい把握される未来は、現在における決定のいかんに依存している。「近代に移行するにつれて、未来の、[現在における]決定への依存性、したがって未来に対する注目度が、増大する」(*SR*:52. ただし[　]は引用者)。現在の決定のいかんが未来を左右するだけに、現在どのような決定が下されるのかへの注目が大きな意味を有するようになる。この点は、リスク論にとって重要なので、本節の最後にもう一度立ち返ることにする。

ところで、右に述べたとおり、ルーマンは、この「現在」という時点を「同時性」との関わりにおいても記述している(Luhmann 1990a:98)。ルーマンによれば、「同時性」の概念が意味しているのは、「生起するものはすべて、同時的に生起する」ということである(a.a.O.)。これは少々わかりにくい表現だが、まず、システムと環境(の中のシステム)とは不可避的に同時的に作動している、ということを意味している。システムにおいてもその環境においても実に多種多様な出来事が生起しているのであるが、これらの出来事が生起する場合にはつねに、ある現在において同時的にのみ、生起する。端的に言えば、「『システムと環境』とが同時的に与えられている」(Luhmann 1990a:101)ということであり、「システムはつねに、阻止できないかたちでその環境と同時的にオペレーションしているのである」(Luhmann 1990a:105)[51]。したがって、「生起しているものそれ自体が、システムと環境という異なったものを異なったものとして生み出し区別している[システムと環境との]境界をまたいで[双方の側で顕在化して]いる場合でも、生起するものはすべて同時に生起する」(Luhmann 1990a:101. ただし[　]は引用者)。

さらに、この「生起するものはすべて同時に生起する」というテーゼは次のことも含意する。つまり、われわれが「過去」の出来事として想起しているものも、「未来」の出来事として予期しているものもすべて、想起・予期しているその現在においてしか現れえない、つまり過去と未来が現在と同時的に構成されるということである(a. a. O.)。この観点から、右の定式を再定式化するならば、「運動や変化、したがって過去の地平や未来の地平を、現に生起しているものから読みとっていける場合でも、生起するものはすべて同時的に生起する」(a. a. O.)。確かに、「あの人は未来を先取りしている」とか「過去の世界に生きている」といった言い方は可能だが、しかし誰も、文字通りの意味で未来を「先取り」したり過去の世界に「生きたり」はできない。アルフレート・シュッツに倣って言えば「人は皆、歩みを等しくして年をとる」。過去も未来も、あくまでもこの現在からみた過去や未来なのであり、しかもそれぞれの現在からみた過去・未来なのである。過去にせよ未来にせよ、「現在」にはないものが、現在においてしか現出しえない。端的に言えば、「今でないものは、今なのである(das Nichtjetzt ist jetzt)」(Luhmann 1990a:109)。過去や未来というその時点では顕在的ではないもの、同時的ではないものが、現在において同時的にのみ顕在化しうる、ということであるから、ここには「非同時的なものの同時性」というパラドックスが孕まれている。

因みに言い添えておけば、このパラドックスを「隠蔽」し「解決」する装置が、たとえば、カレンダー、時計、クロノロジー、普遍的に適用可能な世界時間測定器にほかならない(a. a. O.)。たとえばカレンダーは、そのカレンダーを見ている観察者からは独立に過去や未来が生起したということ、また生起するであろうことを、人々に納得させる。それぞれの観察者は、その都度の現在ごとに、固有の仕方で過去と未来を意味づけているのだが、カレンダーや時計は、そうした観察者の事情とはいっさいかかわりなく、つまりは、その観察者がカレンダーを見ているその現在とは何らかかわりなく、時間が経過したこと、経過するであろうことを、告げている。そのことによって、カレンダーは、過去や未来が現在という時点からみられてはじめて顕在化するものであること、したがって、瞬間毎に過去や未来の地平が大きく変動していくものであることを、隠蔽している。抽象的な時間測定は、観察者を除外し不可視化することによって、「非同時的なものの同時性」というパラドックスを覆い隠している。

このように、それぞれの現在から過去や未来を捉えるということは、現在が刻々と変化するごとに、現在の「地平」である過去や未来も変化するということである。「それぞれの現在における時間はことごとく[それぞれの現在ごとに]別様に現象するのであり、どんな時間でもそれぞれの現在に特有の仕方で過去と未来……が割り振られて現象する」(*SR*: 48. ただし[　]内は引用者)。つまり、それぞれ固有の過去と未来の地平を伴う現在とともに時間全体そのものが、その当の時間それ自体の進行によって、変化させられてしまうわけである(「時間の自己準拠」)。

さらに、このような時間の把握にしたがえば、かつてルーマンが述べていた「時間的モダリティの反復的使用」(Luhmann [1976]1982: 278)をとおしての複雑な時間の観察が可能になる。すなわち、現在からみた過去のある時点にもその時点に特有の過去と未来が伴われており、したがって、この「現在」がそうした過去の時点からみた未来として意味づけられる。同様に、現在からみた未来の中に、未来のある時点における現在が見いだされ、その未来的現在にも、その時点に特有の過去と未来が伴われうる。したがって、いま顕在化している現在(「現在的現在」)は、未来からみた過去として位置づけることも可能となる。

以上みてきたルーマンの時間論は、言うまでもなく右に述べたリスク概念と深く関連する。リスクとは、未来の何らかの不確かさのことだが、そのように不確かであるのは、未来のことを現在において確言することができないという単純な理由のみによるのではなく(それは自明のことである)、未来がまさに、いま下そうとしている現在における決定に依存しているからである。ある決定を下すことそれ自体が、その決定を下す前に見積もられていた未来とは別様の未来を作り出してしまう。

このことは、現在的未来(＝現在からみた未来 gegenwärtige Zukunft)と未来的現在(未来における現在 zukünftige Gegenwart)との間の差異が拡大することを意味する(*SR*:83)。現在において見積もられている未来と、未来において顕在化するであろう現在とが異なるということである。かつてであれば、この二つの時間的モダリティの乖離は、人間の認識能力の限界へと帰すことができた(a. a. O.)。しかしルーマンによれば、この乖離を認識能力の限界にのみ帰してしまうと、今日的なリスク状況を見誤ってしまうことになる。たとえば、今日では、ある決定を下す時点において計算しきれない重大なリスクを「残余リスク」として処理し(したがって人間の認識能力の限界に帰属し)、いわば社会の発展にとっての必要悪として正当化する論理は、それだけでは、否定的な副次的結果の出来をもはや正当化できない[52]。

現在的未来と未来的現在との差異が現出するのは、したがって単に、人間はつまるところ未来のことは精確にはわからないといった単純な理由にのみよるものではない。右に述べたように、「未来が規定不可能であるのは、ただたんに、これから生起することがらが、あまりにも多くの既知のあるいは未知の諸要因に依拠しているからではなく、とりわけ、未来が、決定という出来事それ自体と循環的に結びついている、つまり、現在においてどのように決定が下されるのかということに依存しているから、なのである」(*SR*:84. ただし傍点は引用者)。ある決定を下することによって達成しようともくろまれていた事態は、まさに、その当の決定を下すことそれ自体によって新しい未来が切り開かれてしまうことで、実現されえなくなりうる。たとえば、ある未来状態を回避すべく下された決定それ自体が、新しい未来地平を切り開いてしまうことで、そのまさに回避しようとしていた未来を現実化してしまう、といった事態を念頭におけばよいであろう。このような、決定によって生み出されようとしていた未来と決定それ自体との「循環的な」関係こそが、未来的現在と現在的未来との差異を拡大してしまう当のものなのである。

この現在的未来と未来的現在との差異は、確かに、過去と未来との差異という近代的な時間観察の図式から派生するものではあるが、しかし、今日的なリスク現象を背景にすることでその含意がより明らかになるものと思われる。一九世紀においては、現在的未来と未来的現在との差異が過小に見積もられていたことにより、「因果法則」や「進歩」への信頼といったものが、ある程度まで保持されえていた。つまり、因果法則や進歩(時間次元)への信頼について人々の間である程度のコンセンサス(社会的次元)が見込まれていたので、現在的未来と未来的現在との差異がそれほど深刻なかたちで顕在化しないですんでいた。要するに、「一九世紀と二〇世紀の世界の統一性の核心は、時間次元と社会的次元との同盟関係(Allianz)に存していた」のである(*SR*:58)。思うに、たとえば、いわゆる企業城下町のように地域住民と企業とが密接な結びつきを持つところでは、煙を出す煙突が「進歩」の象徴とされ、その大気汚染の被害を被る地域はいわば運命共同体となり、こうした汚染を避けられ得ない運命として甘受せざるをえなくなる、といった事態は、まさにこうした「同盟関係」を具現化する典型であろう。ユルゲン・コッカ(Kocka 1973)が描き出しているような、企業を労働者も含めた一つの家族として定義する、一九世紀の産業化初期段階におけるドイツ企業のパターナリスティックな企業家哲学も、このような同盟関係を正当化する論理を提供しえていたとみることもできよう。(53)

ところが、ルーマンは、二〇世紀の終わりにあたって、「こういった事態がわれわれの「今日の」世界でも見られるのか？　われわれはこのようなかたちでことがらを続行させることができるのか？」ということが問われなくてはならないと述べる(*SR*:58)。もちろん、その答えは否である。つまり、時間次元と社会的次元とは、今日、深刻な「緊張関係」に陥りつつある、というわけである。

四　決定者と被影響者

ルーマンは、リスク／危険の区別に相応して、決定者(Entscheider)と、決定に関与しえず決定結果を甘受するほかない被影響者(Betroffene)とを区別している(*SR*:111ff.)。つまり、ある出来事が、「決定者」にとってはリスクに満ちたものでも、その決定に関与できない被影響者(Betroffene)にとっては危険にほかならないわけである。ここで重要なのは、同じある一つの出来事が、一方にとっては「リスク」に満ちたものとして現象しても他方の人にとっては「危険」として現れうる、という点である。つまり一つの同じことがらがリスクであると同時に危険なのである。「リスクは危険であり危険はリスクである」(*SR*:117)。

決定者の下す決定という出来事が決定者以外の他者を「危険」にさらす。この、決定者／決定に参加しえない被影響者、という二つの立場は、あらゆる決定にともなって必ず作り出される。それは、すべての人が決定に参加するわけにはいかない、というごく単純な理由に起因する。しかも、この二つの立場のどちらから見るのかによって、下された決定が別様にみえることになる。

ここで問題となっているのは、意味の時間次元と社会的次元の一種の「緊張関係」である。つまり、決定者がある時点において決定を下したことによって、他方の人々の未来が、「危険」に満ちたものとして現象してしまう。決定を下す側の人々が、決定の「リスク」に鑑みながらその決定に対しておこなう意味づけと、その決定には参加することができない被影響者が、その決定によって自分たちが被ることになる「危険」のことを鑑みながら、その決定に対しておこなう意味づけとが、決定的に異なったものになりうるのである。

決定を下すことで未来がリスクとして現在において立ち現れることをとおして、このような、決定者と被影響者との間のパースペクティヴの不一致、ディッセンサスという社会的次元における問題が、その決定によって作り出されてしまう。(54) このような同じ一つの出来事に対する意味づけの相違は、その出来事によって引き起こされる損害の可能性を人々が協力しあって回避するさいの形式をも、変化させてしまうことにつながる。ルーマンによれば、「未来がリスクのアスペクトで知覚されるのかそれとも危険というアスペクトのもとで知覚されるのかに応じて、異なった社会的連帯の形式が発展することになる」(*SR*:112)。たとえば、エイズ患者が、エイズを、みずからの性行動(決定)によって引き起こされる「リスク」として知覚するのか、それともたとえば血液製剤などによってもたらされた「危険」として把握するのかに応じて、それぞれに異なった社会的連帯が発展するという事態を考慮に入れるとわかりやすいだろう。(55)

ルーマンはさらに、以上のような、時間次元と社会的次元との緊張関係を、「時間結合(Zeitbindung, time-binding)」という、合州国の「一般意味論」の提唱者として知られるアルフレッド・ハブダンク・コーズィブスキーに由来する概念によって、説明している。ルーマンによれば、こうした緊張関係を生じせしめるものは、「リスク」にとどまらない。たとえば、「規範」や「稀少性」もまた、そうしたものの一つである。この「時間結合」概念を使用することの利点は、リスク以外の、時間次元と社会的次元の緊張関係をもたらすもの(「規範」と「稀少性」)とリスクとを比較し、今日のリスク問題の特質を浮き彫りにできる点にある。

ルーマンは、「時間結合」概念(56)を、ごく一般的に、現在的なオペレーションによって未来の選択可能性が影響を受けるという事態を指すものとして理解している(*RG*:142； *SR*:60)。そのさいに念頭におかれているのは、たんに、未来に影響が及ぼされるというだけにとどまらず、生成するやいなや消滅する現在の出来事（たとえば決定を下すこと）がただ消滅していくのではなく一つの「構造としての価値」を生み出す、という事態である。ルーマンのシステム理論のタームで言い換えると、「システムの継続的な自己更新というオートポイエーシス的な過程において構造が発生すること」（*SR*：61）が、時間結合概念によって言い表される。もっとも、単に、現在と未来との関係そのものが問題なのではなく、そのような現在と未来との関係が、社会的次元との緊張関係をもたらすものとして把握されている点が、重要である。

まず、ある現在の時点での出来事がいわば一つの「条件」となり次に接続するオペレーションの可能性を限定していく（これが、今述べた「構造としての価値」を生み出す出来事ということの意味なのだが）という事態が何を含意しているのかを見ておくことにしたい。これに関しては、出来事のレベルでの自己準拠、すなわち「基底的自己準拠（basale Selbstreferenz）」概念が手がかりとなる。

この基底的自己準拠は、アルフレッド・ノース・ホワイトヘッドの「活動的生起（actual occasion）」概念と深い関わりをもっており、これもまた、先にみた時間についてのルーマンの所説、つまり、現在の「地平」としての過去と未来という考え方を抜きには理解しえない。未来はあくまでも現在の「地平」であり、現在によっていわば構成されたものであるのだが、しかし、現在によって構成されるこの地平は、逆に、当の現在を意味づけている。同様のことは過去についてもあてはまる。過去は確かに現在の時点からたえず書き換えられる可能性を有したものであり、あくまでもそれぞれの現在の時点からみた過去である。だが、そのように「現在」の時点から書き換えられた過去が当の「現在」それ自体を逆に条件づけてしまいうるのである。(57) 当の現在が構成する地平が翻ってその現在の諸オペレーションを規定するというこの事態を、ルーマンは、システムの要素のレベルでの「基底的自己準拠」と呼ぶ（*SS*：600-601=1995：807-808）。ところで、このとき、現在のオペレーションは、引き続くオペレーションにとって重要な「過去」となり（それを重要な過去として構成するのもまさにこの引き続くオペレーションである）、そのオペレーションに対して「条件づけ」をおこなうものとされることによって、接続するオペレーションの可能性を限定する。(58) ある一つの言葉が発せられればその発言を条件としたかたちでしか事態が進行しなくなり、「何でも可能」というわけにはいかなくなる。

こうした基底的自己準拠のゆえに、すぐに消滅していく出来事と次に生起する出来事との「接続」が可能となる。しかしこのような出来事と出来事との時間次元における接続は、意味の「社会的次元」における問題を惹起しうる。ある出来事（行為や決定）が生起し、未来の出来事が、すでに生起しているこの現在の出来事を前提にしてしか考えられなくなると、時間次元における「不可逆性」がもたらされ、そうした時間次元での不可逆性の内実について、その出来事（行為や決定）をもたらしたとされる側（自我）とその決定の影響を被る側（他我）との間で意見の一致が保証されているわけではない。

こうした時間結合を引き起こすものとして典型的に考えられるのが、「規範」と「稀少性」である（*RG*:143-144；*SR*:61-74）(59)。

ルーマンによれば、規範つまりは「規範的期待」の核心は、期待に反した出来事が出来してもなおかつその期待を保持し続けるという点にある。このような期待の抗事実的な保持をその特徴とする規範的期待が動員されるとき、誤った期待を抱いていたのではなく誤って行為がなされたのだ、と考えられるわけである。このような規範は、自明のものであることに対して適用されることはありえない。たとえば一定の空間的な距離を移動するにはしかじかの時間がかかるということについて「規範」を云々するわけにはいかない。また、「不可能性と必然性」の否定としてのコンティンジェンシーということも、規範が成立するためには必要である。どうしても必要なこと、不可避なことに対して規範を適用してもほとんど意味がない。総じて言えば、規範は、別様の行動可能性がみられる場合に、その可能性を制限するときにこそ、規範としての意味を持つ。言い換えると、規範は可能性の制限という点にその核心を有している。「いかなる規範でも、それを動員すれば必ず他者の［未来の］行動を制限することになる」(*SR*:66. ただし［　］は引用者)。

稀少性の場合には、こうした規範の場合とは異なったかたちで、時間次元と社会的次元の緊張関係が問題となる。稀少性は、ある対象が量的に少ない、というそれだけでもって成立するものではない。つまり、たんに財の量が限定されているという事象次元の問題にとどまらない。世界にただ一つしかないものでも、一つしかないという事実だけでそのものが稀少なものとなるのではない。ある対象を一定量占取したことによって、他者が未来においてその対象に接近し利用する可能性が制限されてしまう場合に、その対象が稀少であるという社会的な意味づけが発生するのである。稀少性とはしたがって社会的問題である。

ところが、ルーマンによると、「リスク」の場合には、こうした規範や稀少性とは異なった時間結合が問題になる。このことは、今日生起している「リスク」が、法や道徳によっても経済によっても(根本的には)解決することは困難である、ということを意味する。たとえば、核エネルギーの利用に関するリスクや遺伝子工学のリスクといったものを合法／不法といった図式で一義的に決定することはできない。また、道徳を引き合いに出しても、なんらリスク問題の解決には役には立たず、むしろ道徳は他者との対立を先鋭化させてしまう。確かに、危険の大きさに鑑みつつ災害を最小限に食い止めようとするのであれば、人はなにがしかの仕方で、自分が道徳的に何を期待しているのかについて意見をはっきりと述べるように促されていると感じるかもしれない。しかし、「コミュニケーションに対して道徳的な脚色を施すことそれ自体が、リスクに満ちている。なぜなら、道徳的な脚色を施すと直ちに立場が固定され不寛容とコンフリクトを招くからである」(Luhmann 1993:331)(「道徳のリスク」)。貨幣的な補償によってリスクをめぐるコンフリクトを首尾よい「解決」へと導くことも難しい。

さらに、このようなリスクと、規範・稀少性との乖離に相応して、ルーマンは、リスクをめぐるコンフリクトが、簒奪や不当な権力行使に対する抵抗権を基軸とした西欧近代初期の規範的なコンフリクトや、一九世紀西欧における不平等分配によって惹起される社会主義運動や労働運動をその典型とする経済的コンフリクト[60]とは、異なっている点に注意を促す。規範への指向性によっても稀少な財の分配への指向性によっても記述されえない今日的抗議運動は、リスクに満ちた他者の行動の犠牲となりうるような状況を拒否することをその際だった特徴としている。またこうした抗議運動のテーマも、環境、女性、平和から外国人排斥運動[61]にいたるまで多様性を極め、従来の運動のようにテーマによる特徴づけも殆ど不可能である。こうした運動は、何らかの決定の影響を被る者自身として、またそうした者たちを代弁する者として、惹起されるものなのである（抗議運動に関しては、本書第五章で詳述する）。このような事態に鑑みれば、このような今日のリスクの問題が、「規範問題としても稀少性の問題としても適切に取り扱うことができない」(*RG*:145) というルーマンの主張は説得力をもつ。

五　「新しいリスク」とルーマンのリスク論

決定に関与しえない被影響者はあらゆる決定に——ということはあらゆる種類のリスク回避のための決定にも——伴って必ず作り出される。右に述べた二つのパースペクティヴの食い違い (Diskrepanz) は、ルーマンからすれば、決して克服しえないものであり、決定結果について何らかの意味でコンセンサスにいたると期待することもできない[62]。ややもすると、「リスク」をめぐって社会的亀裂が生じている、と述べると、条件反射的に、ではその「溝」はどのようにしたら「架橋」しうるのかという問いがたてられるかもしれない。しかし、「ありそうになさの公理」に依拠するルーマンのリスクの社会学は、そうした「架橋」の試み（たとえば、参加や情報提供による、決定者や専門家と部外者や「素人」との格差を埋め合わせようとする試み）それ自体がまたもや、何らかのリスクを生み出す点に、むしろ、議論の力点をおく。「合意」もまた、それ自体がリスクに満ちたものにならざるをえないというのである。この点については、本書の第三章以降においてあらためて考えてみることにしよう。

もとより、ルーマンは、このようなディッセンサスを否定的にのみ捉えているというわけではない点をここでとくに銘記しておくべきだろう。ルーマンは、リスク／危険をめぐって生み出される今日的な抗議運動が、個々の機能システムによる社会の自己描写とは異なる、社会に関する自己描写をおこなっているのだ、と明確に認めており、つまりは、「近代社会の再帰の欠陥を埋め合わせている」（*SR*:153）と述べる。要するに、機能システムはそれぞれに、固有にこの「社会」についての像をみずからで作りだしているのだが、そうした機能システムによる社会像だけでは捉えきれない社会像が、この抗議運動によって把捉されていることにルーマンは留意している。一九八六年の『エコロジカル・コミュニケーション』において社会運動についてのいささか冷笑的な記述を展開していたルーマン、というイメージにとらわれた者（Grundmann 1999:46；Barben 1996:176ff.）の目には、これは、抗議運動に対するルーマンの態度の変化として映るかもしれない。だが、とくに本書第五章において明らかにするとおり、抗議運動については、ルーマンは、初期のころから一貫してじつはある程度積極的な評価をおこなっている（当然、その限界あるいはそれが抱える固有のパラドックスに対する冷徹な観察とともに、だが）。

ともあれ、このような決定者と被影響者の間のパースペクティヴの不一致とそれのもつ意味に着目するルーマンのリスクの社会学は、明らかに、こんにち顕著に現れてきている「新しいリスク」の特徴とそれの孕む問題性を背景としたものであるといえる。

リスクに関する議論のさいに頻繁に引き合いにだされ、またルーマン自身も一九九一年の『リスクの社会学』において決定者／被影響者に関して論及するさいに（*SR*:119）参照を促しているクリストフ・ラウは、リスクを、「伝統的なリスク」、「産業社会的-福祉国家的リスク」、そして「新しいリスク」という三つに区分している(Lau 1989:420-426)。ここで「新しいリスク」として考えられているのは典型的にはエコロジー問題であるが、しかし、この「新しいリスク」の新しさは、たんに、考えられる損害の規模の大きさやその影響を被る領域の広さといった対象の属性にあるのではない。そうではなく、決定とその決定による影響領域との間の関係という点に、その「新しさ」がある。[63] すなわち、伝統的なリスク、たとえば、リスクに満ちた遠隔地貿易をおこなう商人の場合、自分で下した決定をとおして利益獲得をめざすことと引き替えに、被る損害もまたみずから引き受けざるをえない。産業社会的-福祉国家的リスク、典型的には、賃労働にともなうリスク、たとえば失業や労働災害などの場合は、リスクがある一定の階層や個人に集中することを回避するリスク分散としての機能を果たす福祉国家により、ある決定によってもたらされる損害の(貨幣的な)コストは、保険制度によって「社会的に」補償される。また、この産業社会的-福祉国家的リスクの場合には、その損害の規模や影響の及ぶ範囲や期間が明確に限定されており、ある程度計算しうること、が前提とされている。未来の損害を確率計算などによって予期し、計算可能であるという考え方が、こうした(保険可能な)リスクの背後に存している。先述した、現在から見積もられた未来と未来において現実化するであろう現在の差異が、ここではきわめて小さく見積もられているわけである。未来において実際に現実化するであろう現在が、現在の時点で予期できる(つまり計算できる)ことが、こうした保険制度の前提となる。[64]

保険をリスク技術として位置づけるフランソワ・エヴァルド[65]も述べているとおり、保険とは、パスカルが「偶然の幾何学」と呼びケトレが「社会物理学」と呼んだものと相関関係にある制度である(Ewald 1991:201)。エヴァルドによれば、保険において使用される意味でのリスクは、(1)計算可能であること、(2)集合的であること、(3)資本であること、という三つの特徴を有する(Ewald 1991:201ff.)。計算可能であるという点は、保険が想定するリスクの核心に位置づけられるべきものである。これによって保険は籤や賭とは根本的に区別される。リスクとなるべき出来事に関しては、その確率を算定できなければならない。また、このようなリスクは、貨幣的に補償可能であることを前提としており、[66]つまり(3)資本であり、さらに、単に個人に帰属されるだけのものでもない、つまり(2)集合的なものである。ある一定の社会の「人口に、リスクが広く行き渡っている」ときにリスクは計算可能となるのであって、逆に言えば、保険は、当該社会の中に生きる人間であれば一定の確率で被りうるものという想定を媒介することによって、その社会(国民国家)の「人口を作り上げる」。つまり、「保険者の課題は、リスクを選択したりリスクを分散したりすることによって、その人口を構成すること」であり、それゆえ、「保険はリスクを社会化(socialize)することによって作動」している。したがって、保険という観点から見た諸個人の「個体性」は、「保険がかけられている人口のそれ以外の成員の個体性と相関的な個体性であり、つまりは、平均的な社会学的個体性、なのである」(Ewald 1991:203)。これは、産業社会における個人化が「標準化」と同義である、というベックの叙述と符合する観察であろう。もちろん、このような保険技術は、「この社会に生きることは災害のリスクを一定の確率で被ることである」という想定に基づくものであるため、一種の「連帯」を可能にし、「社会的なもの」の形成に資していたことは言うまでもない。労災保険あるいは労働者保険ならびにそれを起源とする各種の社会保険[67]は、損害が発生したときのその責任の所在を、個人から集合体(社会)へと転換させたのであった[68]。

これに対して、「新しいリスク」の場合には、これらのリスクとは異なり、右に述べたように、現在からみた未来／未来において現実化される現在との差異がきわめて大きい。すなわち、当初予期することのできなかった損害が帰結としてもたらされるということが、もはや例外ではなくなる。これらの災害は十分な「頻度」を持つものではなく一回限りの、あるいは非常に発生確率の低いものであり、いつ、誰に対して、どのような規模での結果・損害をもたらすかということを、まえもって計算することは困難であるため、それに対して保険をかけることはきわめて難しい[69]。これらの損害を完全に貨幣によって補償することもできない。したがって、「新しいリスク」は、産業社会を支えていた保険制度によっては十分カバーしきれない側面を持つ。ルーマンも述べているとおり(Luhmann 1996b)、今日では、リスクに備えるための保険そのものが、リスキーなものとなりつつある。(70)

このことに加えて、右に述べたとおり、こうした「新しいリスク」の場合、ある社会に生きる人間であれば平均して被りうる災害という特徴、つまりリスクの「集合性」という側面を欠落させているため、エヴァルドが述べるような「社会的なもの」の形成に与ることはありえない。むしろ、このリスクは、「社会的なもの」や「連帯」を形作るというよりも、決定を下す者と、その決定によって損害を被る者とを分離してしまう。(71) たとえばエコロジー的なリスクの場合、自分が関与したわけではない決定の帰結によって、多大な損害を被る人々が現れる。このような人々にとってはそうした損害が「危険」として現出するという点については右に述べたとおりである。「リスクか危険か、連帯かコンフリクトか」なるタイトルの論文(Luhmann 1996a)を世に問うているルーマンのリスク論は、右に述べたとおり、「リスク／危険」の区別、ならびに「決定者／決定に関与しえない被影響者」という区別に依拠したものであり、こうした「新しいリスク」の顕在化を背景にした分析用具となっていることは、ここであらためて強調するまでもないだろう。(72)

もっとも、そうはいっても、いまのべた「新しいリスク」と呼ばれるものが具体的にいかなる状況を指しているのかは、まだ必ずしも明らかとはいえない。この点について、次章では、「非知(Nichtwissen)」という問題と関連づけつつ検討してみることにしたい。

第二章　非知

一　「知らない」ことの分析

本章では、前章の最後に触れた論点と関わって、非知（Nichtwissen）[73]の問題を主題とすることにしたい。知が「ない」ことについての社会学的な分析、つまり非知の社会学は、知が「ある」ことについての社会学的な分析、つまり知識の社会学と比較して十分展開されてきたとは、やはり言い難い[74]。

非知とは言うまでもなく「知らない」ということである。この一見ネガティブな含みを持つ概念こそが、リスク論議の中心に据えられるべきタームの一つであり今日的リスク状況の描写にとってむしろ積極的な意義をもつものとして評価されなくてはならない。というのは、以下で詳細にみるように、エコロジーに関するコミュニケーションは、このような非知を重要な契機としつつ進捗しているからである。

もっとも、非知と一口に言っても、それをどのような区別を通して把握すべきかに関しては、十分な慎重さを期すべきである。これまで、社会学において非知を取り扱うさいには、非知は何かネガティブなもの、知へと変換されるべき暫定的で克服されるべき状態として理解されてきた。マイケル・スミッソンが適切に指摘しているとおり（Smithson 1989）、初期の知識社会学、科学社会学では、非知は単に、客観的な知の不在として把握されていた。

蓄積的な科学の進展は非知が縮減されるその程度によって測られるはずだというわけである。ここでは、非知は、知との対比において、つまり知／非知という区別に基づいて把握されていたのであり、常識的に考えても、非知（わからないこと）を知（わかっていること）の反対概念として捉えるこの発想は直ちに首肯しうるものであろう。しかし今日議論の対象とされている非知は、こうしたものとはいささか異なる。それは、単純に「知」と対比されるものではなく、むしろ、非知それ自体の内部での区別、すなわち特定化される非知と特定化されない非知との対比においてこそ問題にされるべきものである。そもそも、今日、（とくにエコロジー的脈絡において）「非知」が問題とされているのは、非知が知それ自体の産物でありその帰結であることが認識されたこと（たとえば化学的専門知の発展により生み出された化学物質が、それへの暴露に関する非知をもたらしているとか、遺伝子工学上の専門知の発展が遺伝子組み替え作物についての非知を生み出すなどといった事態がそれである）、また、そうした数々の非知を認識・評価・修正するのに十分な知が、科学においても（むしろ科学においてこそ）欠落しているという洞察が一般化してきたためである（Wehling 2001:467）。知の増大は決して、非知の減少を意味するのではなく、逆に、非知の増大を招きうる。(75)

このような状況に鑑みるとき、知か／さもなくば非知か、という区別にのみ焦点をあてる枠組みでは、ここで捉えようとしている（とりわけエコロジー的な脈絡での）非知を充分に議論の俎上に載せることができない。もちろん、知／非知の区別が無意味になるなどということではない。むしろ、非知は、知／（特定化される）非知、特定化される非知／特定化されない非知、という二重の区別において、複眼的な仕方で把握されるべきであるというのが、本章での主張の骨子である。

ところで、このような非知をリスクの社会学の観点から、エコロジー問題と関わって議論を展開している代表的論者として、ベックとルーマンを挙げることには、さしあたり異論はないであろう。非知の社会学の議論状況は、（とりわけドイツにおいては）この二人の立論を軸にして展開してきているが、現在、両者は対照的ともいえる立場にある。この二つの考え方を適宜対比させながら考察を進めることは、非知の問題を把握する上でも有益であろうと思われる。まず、ルーマンの「非知」についての考え方を確認し(第二節)、第三節ではベックのルーマン批判を一瞥し、知/特定化される非知、特定化される非知/特定化されない非知という二重の区別を援用しつつ、今日的な非知の問題の所在を明らかにすることを試みることにしたい。

二　機能分化による非知の産出

ルーマンの非知の捉え方においてもっとも特徴的なことは、彼が、たとえば有毒物質の将来的な健康被害の可能性に関する非知などといった仕方で内容的な次元において非知を論じようとしているのではなく、それがコミュニケーションのテーマとして取り上げられているという事態、つまり非知のコミュニケーションに即して議論を展開しているということである。コミュニケーションとして、という点は、後にみるベックとの対比のさいに重要になるのだが、このことを見る前に、まず、非知のコミュニケーションがこんにち社会の中で頻出するにいたった事由を、ルーマンがいかに考えているのかを、彼の叙述に即して確かめておこう。

ルーマンの指摘を待つまでもなく、エコロジー問題は社会(Gesellschaft)とその環境との関係という点にその核心がある(ÖN:153=2003:112)。社会学は今日、技術がもたらす帰結やリスク、危険に対してますます注意を喚起するよう、求めている。しかしルーマンがここで問題にするのは、このような警告を発することそのものよりも、エコロジー問題が出来する「その背後には何が存しているのか」という問いである。ルーマンによれば、社会とその環境との関係が深刻化するその背後にある社会の側での条件とは、「近代社会の分化の形式、すなわち機能分化」である(a. a. O.)。

なぜ機能分化がエコロジー問題の「背後にある」ものなのか。それは、「機能的特殊化という形式のもとでは、社会のコミュニケーションが環境に対して及ぼす影響は増大している一方で、しかし同時に、こうした［機能分化という］秩序においては問題はその問題が生じたところで処理されるのではなくそれぞれの問題に該当する機能システムの中で処理されるがゆえに、そうした環境への影響に対して社会の内部で反作用する可能性のほうは、もはや追いつけなくなる」からである(a. a. O. ただし［　］は引用者)(76)。

エコロジー問題が出来するその理由を、機能分化に帰するこうした考え方は、すでに一九八六年の『エコロジカル・コミュニケーション』において個々の機能システムに即して述べられていたが、一九九一年の『リスクの社会学』においては、「観察することのリスクと機能システムのコーディング」という問題設定のもとに議論が展開されている(*SR*: 83ff.)。

近代の機能システムは、法／不法、支払い／不支払い(あるいは所有／非所有)、真／偽、統治／反対、健康／病気、といった「二元的コード」を使用している。ルーマンによれば、こうした機能システムの二元的コーディングは、システムの作動のリスク性を著しく高める(*SR*: 90)。まず、機能システムは、それぞれに固有の二元的コードを用いてすべての物事を処理している。システムの「映像面」に現れるものはすべて、そのシステムに固有のコードでもって取り扱われるので、「ある一つのテーマがシステムの境界を越えるとともに、そのコードをも取り替えることになるのであり、そのことによって新しい意味づけのもとにおかれる」(*SR*: 91)。

そのさい、このような二元的コードは、肯定的な値(法、支払い、統治、真理など)も否定的な値(不法、不支払い、反対、偽など)もいずれの値をもとりうることを前提とするものである。そうであってはじめて、機能システムは、「みずからのコードによって方向づけられているすべての作動をそのシステム自体の作動に属するものと認識し、その他の作動はみずからの作動ではないものと認識することができるようになる」(a. a. O.)。ここで「作動」とは、人々の相互的な「コミュニケーション」のことである。ある作動が法か不法か、と問いうる場合にのみ(したがってそのいずれも可能性としてありうる場合にのみ)、あるコミュニケーションは、法システムに属するものとして、法的なコミュニケーションとして認識されうる。肯定的値も否定的値もともに同程度に可能であることで、機能システムはそれぞれのコードとしっかりと関連づけられるわけである。ところが他方、このようにコードの値が未規定であるがゆえに、「こうした未規定性は決定を強いる」(*SR*:89)。一方の値かそれとも他方の値かという問いが立てられているとき、システムはそれに無関心でいるわけにはいかない。いずれかに決定しなければならない。決定が強制されるということは、当然、その決定に伴うリスクを引き受けることでもある。もちろん、事態がまだ充分判明していないため決定を後回しにするとか十分な討議にかける(という決定を下す)こともできるが、そのさいでも、一つの決定であることに変わりはなく、たとえば決定を下すべき適切な時点を逃すというリスクを背負う。このように、二元的コードは、「事後的に振り返ってみると、[その作動において選択されなかった]他方の値もまた顧慮されえたかもしれないし、実際そうすることができた」という想定をいつでも可能にするため、システムの内部の作動のリスク性を高めているわけである。

しかし、こうしたリスク性は、この個々のコードに限定されたリスク性である。偽であるかもしれないというリスクは、真/偽というコードの内部でのみ処理可能なリスクであって、いわばシステム内的なリスクである。より問題となるのは、あるシステムにおいて正常な作動によって処理可能なリスクでも、その環境(物理的-生物学的-心理的条件や、その他の機能システムも含めて)に対して、予測不可能な甚大な影響を及ぼしうるという点であり、これが、社会というシステムとその環境との関係に由来するエコロジー問題の「背後にある」事態なのである。ある一つのシステムの内部での作動は、その環境(の中の諸システム)によってはまえもって見通すことのできない「偶然」として処理される(*SR*:90)。あるシステムの作動は他方のシステムにとってはその「環境」の中で生起する「撹乱」

であり「偶然」である。すると、ある一システムにおける作動は、そのシステムの環境(他の諸システムも含めて)に対して、当該システムの観点からは予測不能な深甚な影響を与えうるというわけである。しかも、それは、システムの異常で誤った作動の結果として、ではなく、まさにそのシステムの合理的な作動、正常な作動の結果として、である。たとえば、遺伝子テクノロジーに関する研究の進展が、法的・政治的・経済的に及ぼす影響、あるいは物理的・生物学的・化学的等に条件づけられた環境(いわゆる「自然環境」)にもたらす影響のことを考えれば、これは容易に納得しうる点であろう。

機能分化した社会においては、社会の秩序全体を「代表」しうるような場所はもはやありえない(ÖN:174=2003:130)。かねてからルーマンが主張しているとおり、近代社会においてはもはや社会全体を「制御」しうる「中心」や「頂点」はありえない。政治にしても、法にしても、そうした地位を占めることはもはやできない。(77)しかも、こうした「代表」の可能性が失われるのに相応して、社会において「権威を行使する可能性」もまた消滅していくことになる(a.a.O.)。ここで言われる「権威」の概念は、ジェームズ・マーチとハーバート・サイモンに由来するものとしてのそれだが、ルーマンはその意味をより一般化させ、「コミュニケーションにおける説得力の基盤を増大させたり強化したりしうる能力」を意味する概念として使用している。(78)もちろん、個々の組織、それぞれの機能システムの内部であればこのような意味での「権威」は十分に機能しうるかもしれない。だが、ある組織や機能システムの内部での「不確かさ吸収」は、別の組織や機能システムにおけるそれをも同時に意味するわけではない。一方での「問題解決」は、他方における新たな「問題」を意味することも希ではない。要するに、社会(Gesellschaft)全体のレベルで、エコロジー問題に関する「知が主張されそれなりの権威をもってコミュニケーションされうるような場所などあるのかどうか」が問われてしかるべきであり(ÖN:171=2003:129)、アンソニー・ギデンズの述べる「専門家システム(expert system)」にしても、そのための場所とはなりえない、というわけである。

ギデンズがモダニティの基本的なメルクマールとして挙げるのは、周知のとおり、「時間と空間の分離」という事態である。前近代においては場所はつねに時間と結びついており、空間的なメルクマールをまったく挙げることなく時間に言及することは不可能であった。ところが機械時計の普及などにより時間は定量化されることになり、また、それに相応して、空間においても、地理的な限定性を帯びたローカル性をその特徴とする「場(place)」から切り離された抽象的な「空間(space)」が構成される。一定の対面的状況から位置的に著しく隔てられた他者との関係が促進されることになり、地理的な遠さが必ずしも時間的な遠さを意味しなくなり、時間と空間が分離され、時間と空間との一義的な対応関係が崩れる。ギデンズによれば、この時間／空間の分離こそが、さまざまな知識の「埋込み状況からの離脱(disembedding)」を促進することになる。つまり、知識はある特定のローカルな文脈から切り離され時空間の無限の広がりの中で再構成されることが可能になるというわけである。近代的な諸制度はこのような時間と空間の分離に根ざしている。たとえば科学をはじめとした専門家システムは、こうした埋め込み状況からの離脱を可能にする重要なメカニズムの一つである。そこで生み出される「専門知」は、それぞれの行為者が位置づけられている前後のコンテキストの直接性から切り離されて、いわば一般的な妥当性を獲得することになる(Giddens 1990=1993)。こうした専門家システムならびにそうしたシステムが提供するさまざまな知に対する「信頼」は、モダニティの展開にとって欠かすことのできないものである。しかし、ルーマンは、こうした専門家システムすら、社会のレベルで、「権威」をもって――つまり、ある情報がコミュニケーションされるさいその情報源にまでさかのぼってその真偽が確かめられたりどういう推論によりその情報が伝達されたのかが逐一吟味されることなく受容可能にするような仕方で――作動することはできない[79]。要するに、エコロジー問題を独占的に解決したり統制したり管理したりしうる知を提供しうる場はもはやないのである。

こうした代表性や権威をもって「知」が伝達される代わりに登場するのが、「非知のコミュニケーション」、すなわち「未来は知り得ない」というコミュニケーションであり、こうした非知のコミュニケーションが「正統化(legitimieren)される」ことになるのである(ÖN:176=2003:132)。

もちろん、たとえば契約は、「未来の不確かさを現在においてすでに保証された確かさへと変える」ものであり、その意味では、確かさを作り出す技術ではあろう。環境保全に関する行政計画を実施するさいに行政と私人との間での「契約」がしばしば用いられるドイツの脈絡に鑑みれば、エコロジー上の非知の問題にとってもこうした「契約」は有効であるように思える。だが、ここで問題にすべきなのは、「もはや他の諸個人が社会の不確かさの主たる源泉なのではなく、社会というシステムがそこで発展してきたところのエコロジー的脈絡こそが、そうした源泉となっている」という点である。「すべての社会形式は、いまや、次の点で不確かさにつきまとわれている。すなわち社会のコミュニケーションが社会の環境に対していかなる影響をもたらすのか、またそのことによって社会のコミュニケーションの継続可能性に対して、間接的にどのような影響を及ぼすのかを知りえない(少なくとも十分には知りえない)のである」(ÖN:191=2003:144)。

このように、機能分化によって、社会の「代表」的位置が消失し、各システムの作動がそれぞれの(他の諸システムをも含めた)環境に相互に予見し得ない深甚な影響をもたらしあう可能性が増大すると、社会においては、このように「知りえない」ということそれ自体が、コミュニケーションのテーマとされるようになる。つまり、「非知がテーマに結晶化する」ことになる(a.a.O.)。将来的な環境破壊、健康被害の可能性がわからない(非知である)がゆえに、非知であることについてのコミュニケーションが頻出する。つまり、非知であることに関する「エコロジー的コミュニケーションが集中的におこなわれているのは、非知のおかげ」なのであり、「未来を知りえないということが、現在においてコミュニケーションとして表現される」ことになる(ÖN:154=2003:114)。

ここで注意しておきたいのは、まず、ルーマンの場合、ある出来事や事象の将来的危険性の非知それ自体を問題にしているのではなく、「非知である」というコミュニケーションを問題にしているのだ、という点である。言い換えると、コミュニケーションの俎上に上せられたかぎりでの非知が議論の対象とされている。これは、ベックの「再帰的近代化」の議論と対比するとき重要である。また、ルーマンが述べている「非知」とは、右に述べたように、「権威」の「失墜」と関連して述べられていることからも推察されるように、明らかに、以下で述べるような「特定化されない非知」に焦点を当てたものであることも、留意しておきたい。しかも、こうした今日の非知の問題を捉えるさいに重要な、（「特定化される非知」から区別された）「特定化されない非知」は、非知のコミュニケーションを問題にする視角によってこそ充分に論及されうるものであるといわなければならない。この点に立ち入った議論を展開するためにも、ルーマンが述べる「非知のコミュニケーション」とは具体的にはどのような事態かを事例に則して確認しておきたい。

三　「非知」をめぐるコミュニケーション

エコロジー問題という脈絡でいうならば、たとえば、有名な「ラブキャナル事件」がそのための示唆を与えてくれるだろう。この事件についてはすでにいくつもの詳細なレポートがあるが簡単にその概要をまとめておこう。発端は、一九七八年の夏、ニューヨーク州ナイアガラフォールズ市のラブキャナル地域にあった埋め立て地から、人体に有害な化学物質が浸出していることが発覚したことであった。フッカー電気化学会社によって過去に埋め立てられた二万トンあまりもの廃棄物がこのときになってはじめてその有害性について明確に認識されることになった[80]。ところが、住民の健康にとって甚大な被害が及ぼされることが明らかであったにもかかわらず、この化学物質が精確にどの範囲にまで広がっているのか、これらが将来においてもたらす帰結がどんなものなのかという肝心な点については、誰もが納得できるような明確な証拠が示されえなかった。このケースで重要なのはこの点である。洪水、ハリケーンの襲撃などといった従来の災害であればそれがもたらした帰結がどんなものかの同定は明確であり被害者たちにそれに関する定義の負担が課せられることはない。

だがラブキャナル事件の災害としての新しさは、化学物質がもたらす将来的な損害の重大さについて住民みずからで「定義」を下すことが余儀なくされたことにある(＝リスクの自己定義)。そのため、州の資金補助による移住の範囲設定などをめぐってコンフリクトが発生することになり、住民は次に述べるように大きく二つの立場に分かれることになった。

マーサ・フォークスとパトリシア・ミラーによれば、この事件に関して、「ミニマリスト」と呼べる立場の人々と「マキシマリスト」とでもいうべき立場の人々とを、析出することが可能である(Fowlkes & Miller 1987)[81]。前者の人々は、埋め立てによる汚染はおそらくその範囲がきわめて限定されており健康に対する被害もそれほど深刻なものではないと結論づけ、それゆえ移住すべきとされる範囲を小さく留めようとした。他方、後者の人々は、化学物質はきわめて広い範囲にわたって拡がっているのであり、また、現在は症状として現れていなくとも未来の世代への影響を考えればその深刻さは計り知れないと考え、移住すべき範囲は当局による設定よりもはるかに広くしなくてはならないと要求する。また、前者の人々は、健康被害の可能性について従来の専門医学による診断をあてにするが、後者はそうした専門知を拒否しその妥当性を疑問視し、みずからで独自の健康調査をおこなっている。

なぜこのような将来的損害の可能性についての正反対ともいえる二つの立場が現れることになったのか。その要因について、フォークスとミラーは、年齢と世帯構成とを挙げることができるとしている(Fowlkes & Miller 1987: 60-61)。つまり、ミニマリストとして分類される人々は、年金を主たる所得源とする比較的高齢の世帯を構成しており、子供が同居している世帯も少ない。こうした人々にとって最大の関心事は将来世代においてどのような健康上の損害が顕在化するのかということよりむしろ、老後をむかえた自分たちの生活の持続的な安定性なのであり、従ってこれまで暮らしてきたこのコミュニティを離れたくないという彼らの要望が、こうしたミニマリスト的定義を支えていた。他方、マキシマリスト的定義を主として担っていたのは、幼い子供をもつ若い親たちである。自分の子供たちのような将来世代にとっての健康や環境の保全ということが、彼らの最大の関心事であって、当該コミュニティに住み続けること、あるいは居住空間の安定性といった点は、どちらかといえば副次的な問題であった。

最終的には、マキシマリスト的立場の人々の、連邦政府や州当局に対する政治的圧力が貫かれ、一九八〇年にはかなり広い範囲の人々の永久的移住を財政的に支援するための立法措置が約束されることになった。ここで銘記すべきなのは、この事例において見出される「非知」、つまり、汚染がもたらす将来的な健康被害に関する非知は、(将来克服されうるであろう状態としての)単なる客観的な知の不在としては捉えることができないことである。マキシマリストがそのコミュニケーションの中で訴えていたものは、その時点では知ることができない(非知の)帰結の可能性にほかならない。確かにその時点では問題となるような健康上の影響は認められないので、症状として現れているか否かだけをもって移住すべき範囲を設定すれば、その範囲はきわめて限定されたものになるかもしれない。だが、マキシマリストが求めているのは、そのような医学的な専門知として提供される「病気」概念に基づく診断や医学的処置法ではなく、未来の世代において何らかの健康問題が発症するかもしれないという、現存の専門的知識によっては確かに「証明」されえないかもしれないがしかし完全に否定することもできない非知の可能性であった。その点まで考え合わせれば、移住の範囲はその可能性をも含み込んだ広いものにすべきであるというわけである。

このことと併せて銘記しておくべきなのは、非知のコミュニケーション自体が、社会的な立場のいかんによってきわめて別様なかたちで現出するということである。マキシマリストの見解は、「幼い子供を持つ若年家族」であったからこそ可能だったものであり、非知がコミュニケーションされるときにはつねにすでに、こうした社会的条件が介在している。重大な「非知」の「リスク」[82]が存在することが、何の媒介もなしに「自動的に」それをめぐるコミュニケーションを惹起させるのではない。また、この点とも関わるが、非知そのものが社会システムを動かすのではなく、非知についてコミュニケーションすることが、社会システムを作動させている。知覚したりコミュニケーションしたりしえないレベルに「リスク」が伏在しており、コミュニケーションされずとも社会は危害を被りうる(ベック)というわけではない。伏在している「リスク」あるいは「非知」がまさにそのようにして――口頭での単発的なものであれ公式的な文書の形式においてであれ――「コミュニケーション」として主題化されるその前に、社会システムが変容することなど、ありえない。

この点は、社会システムのレベルでの「リアリティ」を考える上でも重要な示唆を含んでいるので、次にこれをベックとルーマンの立場の対立に焦点を合わせて検討してみよう。

四　どのような非知が問題なのか

――特定化される非知と特定化されない非知の区別

さて、ベックは、アンソニー・ギデンズ、スコット・ラッシュらとの共著の中で、「知識なのかそれとも非-知なのか？――再帰的近代化に対する二つのパースペクティブ」という論文を書き[83]、ギデンズ、ラッシュらとの見解の違いを次のようにまとめている。「再帰的近代化についての私の考え方を、ギデンズやラッシュのそれから区別するものは何なのか？　手短に、また明確に言うなら、知識ではなくて、非知ということが再帰的近代化の『メディア』であるとする点である」(Beck 1996a: 298)。つまり、ギデンズらが、近代化するにつれ社会はその社会それ自体の存立基盤、構造、ダイナミズムやコンフリクトについての「知識」をますます多く生み出すようになり、そのことによって、社会構造や諸制度がそうした知識に依存しつつ再構成され再構造化されるという、再帰的近代化についての「知識」によるアプローチを採用しているのに対して、ベックは、産業社会の基盤が問い直されるようになるのは、産業社会それ自体が、副次的に、きわめて深刻であるにもかかわらず本来的に知ることができない脅威を生み出してしまい、産業社会自体でそれへの対処を余儀なくされることによって、再帰性(Reflexivität)が促されるからだ、と論ずる。こうしてベックは、他の二人の論者とみずからの立場の相違を、知によるアプローチと非知によるアプローチの違いとして、特徴づける。

さて、第一章ですでに述べておいたとおり、ベックにおいては、こうした副次的結果をもたらす数々の「リスク」はわれわれの日常的な感覚によっては捉えることはできない(その意味で確かに「非知」として考えなければならない)が、しかしそうしたリスクは実際にはわれわれの目に見えないかたちで現に伏在しており、その知覚にあたっては科学に依存するほかはない、とされる。このベックの「リスク」の捉え方が、社会的行為の概念あるいはコミュニケーションの概念と適切なかたちで結びつけられていないため、先述したとおり、ボンスやアレグザンダーらの批判を招来してしまったわけである。

もちろん、「リスクの定義において、何が原因なのか結果なのか、誰が加害者なのか誰が被害者なのか争われている」(Beck 1986:38=1998:39)、「何が危険かの定義は、つねに認知的かつ社会的に構成されたものである」(Beck, Giddens & Lash 1994:6=1997:19)といった叙述に明らかなように、ベックは自覚的に構成主義的立場を堅持しているのであり、この点を見誤ってはならない。とはいえ、誰がどのように取り上げようとも潜在的にリスクは存在しているという考え方は基本的には変化しない。

したがって、ベックの「再帰的近代化」論なる立場にとって問題となるのは、副次的結果が知られておらずコミュニケーションもされていない場合にこそ、産業社会がいかに変動するのか、ということである。ベックの「再帰性」の概念が非意図的なものであり「反省」等といったタームには置き換えることのできない含みを持っていることを想起されたい。非知はコミュニケーションされてはじめて社会システムのレベルで問題になるとするルーマンの立場とは対照的である。

ベックは、このような立場から、非知の「コミュニケーション」のみを問題とするルーマンに対して、きわめてポレミカルな態度をとっている(Beck 1988:171)。ベックが批判の対象としているのは一九八六年の『エコロジカル・コミュニケーション』における次のような考え方である。ルーマンは、「社会が(エコロジー的に)危険にさらされるのは、もっぱらそうしたエコロジー的な危険について言明される場合にかぎられる」と考えるが、しかしそうだとすれば、「黙っている人は毒性を含んだ空気も吸い込まなくなるということになる！　黙っていることが解毒作用をもたらすということになる！」(Beck 1988:171)。このような構成主義批判は、今日ではさほど目新しいものではない。もちろん、これは、社会システムの固有のリアリティについての無理解に基づくものと言わざるを得ないだろう。(84)ルーマンの主張の要点は、ビルから落ちれば怪我をするし汚染された空気を吸い込めば健康を害する、といったごく当然の事態を否定することにあるのでは勿論なく、汚染された大気に関する「コミュニケーション」がおこなわれてはじめて、したがって「汚染されている」という情報が伝達され受け手に理解されてはじめて、「汚染された大気」というリアリティが社会システムの中で問題化されるということである。(85)

この論点は、ルーマンの述べる「システムの閉鎖性」の主張とも関連する。当然、ルーマンの場合、システムの「閉鎖性」が意味しているのは、環境から隔絶しているとか因果的に孤立しているといった意味ではない。閉鎖性とは「オペレーション上の(operativ)閉鎖性」すなわち「そのシステム自体のオペレーションの結果による、そのシステム自体のオペレーションの回帰的な現実化」である(*GG*:94)。次に接続するコミュニケーションが何かをその時点でのコミュニケーションが「先取り」し予想し、また過去になされたコミュニケーションが何であったのかに「立ち返り」つつ、当該コミュニケーションが遂行され現実化される。（社会（Gesellschaft）を含めた）社会システムが存立しうるのは、コミュニケーションにコミュニケーションが「接続」する場合、そしてコミュニケーションのみが接続していく場合、それゆえシステムの内部で産出される要素に関して「閉じている」場合にかぎられるのであって、「外的世界」がコミュニケーションを媒介することなく社会システムに「直接」影響を与えることはありえない。環境汚染によって健康を害したとしても、その害したことを誰にも伝えずに孤独に病床についているだけでは「環境問題」は惹起されえないし、発話したとしても環境汚染とは関わりのない偶発的な病として医師に症候を伝えるだけであれば、医療の社会システムの再生産には資することはあっても、環境汚染の深刻さを訴えることにはつながらない。自らの病を環境汚染に帰因させるコミュニケーションをおこない、あるいは、孤独に病床についている患者を診た医師が「問題」として発話しはじめそれがある種の他者にコミュニケーションとして理解されることではじめて、環境問題は問題となる。したがって、社会システムのダイナミズムの核心は、「決して外部の環境を［システムの内部にそのまま］移し替えるということにあるのではなく」、コミュニケーションによるコミュニケーションに対する影響という点にある（GG:95. ただし［　］は引用者）。

もっとも、「環境」や「自然」に「配慮」した諸制度への変革の必要性を訴えることはもちろんできる。当然これもまた、コミュニケーションを介して他者に理解されていくことではじめて、社会システムのレベルでそうした変革が現実化されうる。少し抽象的な物言いをするのであれば、この主張は、社会システムの内部で環境（という外部）に「ついて」コミュニケーションしているのであり、「外部準拠（Fremdreferenz）」、つまり外部についての指示を遂行している。ルーマンにとって外部準拠は、システムの内部においてのみなされるものである。もちろん、このように環境配慮型の制度や理論を構築しようとする視角からすれば、「システムの内部でのみ可能な外部準拠と環境接触とは区別されない」(GG:93)のであり、右に述べたような「オペレーション上の閉鎖性という痕跡はすべて消滅し」(a. a. O.)、「環境接触という幻想」のもとにある(a. a. O.)。ルーマンのオペレーション上の閉鎖性という観点からすれば、社会システムのダイナミズムや変動は、コミュニケーションに対するコミュニケーションによる影響によって引き起こされるのであって、「決して、その都度整序されてそこに存在している外的世界が[社会システムへと]押し寄せてくることから生じるのではない」(GG:95. ただし[　]は引用者)。

社会システムの「環境」(個人であれ、自然環境であれ)における出来事が無媒介的にシステムへと「インプット」されるという考え方を前提としていると思われるベックの議論の組み立て方は、非知という主題に関しても問題を残す。この点を、次に、特定化される非知／特定化されない非知という、ルーマンあるいはルーマン理論によってリスク論を展開している(序論でもすこし言及した論者)クラウス・ヤップが導入した区別に依拠しつつ、考えてみよう。

ルーマンは、一九九〇年代中葉になると、一九九〇年代初頭の「非知」の概念を、さらに、ロバート・マートンの議論に触発されて、「特定化される非知」(Luhmann 1995b:177)と「特定化されない非知」あるいは「カタストロフィ」(*SR*:159)、という図式によって考えていく必要性に思い至る(Luhmann 1995b)。

マートンは、科学の実践のさいの三つの認知的・社会的パタンの一つとして、「特定化される非知(specified ignorance)」を挙げる(Merton 1987:6-10)。マートンにとって科学の発展は、確実な科学的知と特定される非知の間の関係の中から生ずる。そのさい、科学の発展にとって「有用な」非知を、明らかに逆機能的な非知から区別することが重要になる。ここで「有用な非知」とは、まだ知られていない部分がどこかを明確に認識しえているような、その意味で「特定化されている」非知である。それゆえ、「実際の科学の中では、自分自身の無知を告白するだけでは不十分である。重要なのはそれを特定化することである。言うまでもなく、こうしたことが積み重なって、新しく価値ある解決可能な科学的問題が、制度化され発見されていくことになるのである」(Merton 1987: 8)。

こうしたマートンの見解を踏まえて、ルーマンもまた、特定化される非知について語り(Luhmann 1995b: 177)、科学的営為の中では、どこがわからず解明すべき点であるのかということの特定化、つまり「重要な(relevant)非知の特定化」こそが、科学システムの分出を支える、とする。首尾よく非知が特定化されるときにのみ、科学的活動と呼べるオペレーションが可能になる。このような意味での非知がみられる場合には、何が解明されるべき問題であるのかが特定されているので、その点(特定化される非知)がわかれば安全への道を示すことができるという考え方を導くことになり、安全策をとるための決定が誘発される。ルーマンも言うとおり「問題というものは、それがいくつかの可能な問題解決策を限定しうる場合にのみ機能するのであり、解決策があまりにも多すぎるとうまく機能しない」のである(Luhmann 1990c: 424)。何が明らかにされるべきかを明確に限定しうるような問いこそ、問いとして有意味なのである。その意味では、リスクの発見・評価(＝どの点が損害をもたらす要因であるのかの特定化)から出発しその回避・予防・軽減・移転等の手続きへと進むリスクマネジメントは、明らかにこうした「特定化される非知」に依拠しているといえる。リスク／危険という区別、あるいは決定者／被影響者という区別を引き合いに出すのであれば、決定を下すべき立場からその決定に付随するリスクを吟味するさいには、非知はこのように明確に特定化される必要があるだろう。

だが、右に述べたようなエコロジー的コミュニケーションにおいて、「危険」を被る被影響者の立場から表明される非知は、どちらかといえば「特定化されない非知」としての性格を有している。確立された科学的知識を用いてどこを明らかにすればよいのかといった特定化が不可能な非知である。要するに、どこが不明であるのかすら不明であるという事態である。(86) ルーマンの言葉でいえば「カタストロフィの閾」を超えてしまったところに形成される非知である。ルーマンは、ある種の決定に関与できない被影響者を、数量的なリスク計算によって説得させることができなくなるとき、そこにカタストロフィが成立すると述べている(*SR*:159)。つまりルーマンにとってカタストロフィとは、単にある種の恐怖のシナリオを意味する概念なのではなく、科学的知識に基づいてどの点を明らかにすればリスク軽減が可能かといった非知の特定化が不可能である、という人々の意味づけを言い表した概念である。たとえリスク評価に基づいて損害の生起する確率が極端に低く見積もられていようとも、カタストロフィの閾を超えたところでおこなわれるコミュニケーションにおいては、そうした将来的な見込みは絶対的に回避すべきものとしてテーマ化されることになる(Japp 1997:302)。たとえば、右に述べた事例で言えば、医学において支配的な症候の診断(＝解決されるべき問題の特定化)という「特定化される非知」に依拠する健康被害の記述ではなく、これを拒否するような症候の記述を要求することは、まさに、特定化されない非知、すなわち、カタストロフィの閾を超えた地点で生起する非知の典型である。その他、たとえば原発事故もこうした事例の一つに挙げられよう。銘記しておきたいのは、カタストロフィ、つまり特定化されない非知は、それについてコミュニケーションされようがされまいが「客観的に」存在している恐怖をもたらす案件ではなく、科学的知への変換可能性を疑問視するコミュニケーションの中で、それとして言明されることではじめて出来するものだという点である。(87)

このような特定化されない非知の、つまりはカタストロフィのコミュニケーションは、因果関係の特定化の不可能性(あるいは困難さ)、顕在化するまでの潜伏期間の長期性といった、現在典型的にみられる事態を前にして現れるものであるといえる。今日的なエコロジー問題は、こうしたカタストロフィの閾をますます低めつつある。つまりカタストロフィの閾を越えたところでのコミュニケーションが、容易に成立しやすくなっているのである。

こういったルーマンの立場は、非知を特定化される非知として(つまり知の反対の側面として)だけでなく、科学的知の限界を浮き彫りにする概念として取り上げているジェローム・ラヴェッツの主張(Ravetz 1986)ときわめて近いところにあるといえる。ラヴェッツもまた、マートンと同様に「有用な非知」について論じているが、彼の場合の「有用な非知」とは、マートンのいう「特定化される非知」とは正反対の含みを持つ。ラヴェッツが強調するのは、科学や科学に基づく技術の運用それ自体が非知の増大を生み出しているということであり、つまりは、知と非知は相互強化の関係にあるということである(Ravetz 1986: 423)。従ってラヴェッツにとっての「有用な非知」は、知識を獲得したり問題解決する前段階としての、暫定的で克服されるべき状態としてのそれ、ではなく、むしろ逆に、場合によっては永続しうる現象であって、科学的知の限界や盲点を明るみにだしそれへの制度的な対処方法の必要性に注意を喚起するという含みをもった概念なのである。ベックの場合もおそらくはこうしたラヴェッツのいうような「有用な非知」の含みを捉えようとしてはいるが、右に述べたような立論での「非知」は、まだ知りえていない、つまり、いまだ知へと変換されていない非知であり、一時的な非知にとどまる。というのは、ヤップが主張するとおり、ベックの場合「世界は一方では構成されるが、他方では最終的には科学によってのみ接近可能となる客観化可能な諸事態から成立している」ことになるからである(Japp 1997: 291)。特定化されない非知、つまり、科学によって知へと変換されうる(こうして変換されるためには問題が「特定化」されることが必要なのだが)可能性そのものを疑問視するところに成立する非知は、ここでは視野の外におかれてしまう。

このように見てくると、非知をめぐって、二つの区別が交錯していることがわかる。つまり、知／(特定化される)非知という区別と、特定化される非知／特定化されない非知、という区別と、である。前者の区別は、決定者の立場から決定のリスクを吟味するさいに依拠するものであり、リスクマネジメントが必要としている区別である。マートンが述べるとおり、この区別は、科学の通常の活動のための必要条件である。他方、特定化される非知／特定化されない非知という区別において問題となるのは、まさに、リスクと危険の差異であり、決定者と被影響者とのパースペクティブの相違である。決定者の側では、何が明らかにされ解決されうるのか明確に限定しうるような問いを立て、その解決に取り組むことが重要である。もっとも、事態が複雑になればなるほど、問題を文字通りの意味で「解決」することは困難になるが、それでも、決定を下すという観点にとって重要なのは、問題と問題解決との「差異」を作り出すこと、すなわち、ある問題を（ある種の説得力のあるレトリックを用いるなどして）「解決された問題」として評価されるようにいわば「定義変更」することである（Japp 1997 : 299）。ところが、右に述べた意味で「カタストロフィ」をコミュニケーションする被影響者の側では、当該決定による損害の可能性を危険として観察しているが、その危険は、とりわけ（ある種の）エコロジー問題や原発のような先端技術が関わる場合、特定化されない非知としての性格を獲得しがちである（「テクノロジー的-エコロジー的カタストロフィ」）。

ルーマンが非知のコミュニケーションとして問題にしていたものの内実は、精確に言えば、こうした特定化されない非知のコミュニケーションあるいはカタストロフィのコミュニケーションにほかならない。したがっていまや、知か非知かの区別だけが非知の社会学にとって問題なのではない。特定化される非知か特定化されない非知かの区別もまた、とりわけ重要な観察のための基準として浮上してくることになる。このように、特定化される非知ではなく特定化されない非知を問題にする人々の出現を、冷静さを失った「素人大衆」の情動的反応として捉え、それを戒め、リスクの評価・吟味に基づいて「冷静な」議論をおこなうよう規範的な要請を提起する（半ばテクノクラティックな）立論は、ここでの脈絡でいえば、特定化される非知／特定化されない非知という区別を、知／（特定化される）非知の区別へと、縮減・解消しようとする試みとして把握できよう。当然、ルーマン（あるいはそれにならったヤップ）が「非知」を問題にするその視角は、このような試みを実践するためのものではない。あるいはまた、専門家が「素人」を「啓蒙」し「お分かりいただ」くことに主眼をおいたり、逆に「素人」が専門家に対抗しうるだけの専門知を身につけることを推奨したりすることに、ルーマンらの議論の焦点があるのでもない。むしろ、この二重の区別が「非知」をめぐって交錯しあうそのダイナミズムにこそ着目しようとするものであろう。

五　「意思疎通」の可能性

右で述べたとおり、ルーマンのリスク論の要に位置するのは、帰属の仕方に違いに定位したリスク／危険の区別であり、この区別に対応して、決定者／決定に関与できない部外者的な立場の被影響者、という区別が生ずる。こうした分離が不可避的になると「そうした分離を最小限にし諸利害関係を媒介するための手続き」(Japp 1996:79)として、政治へのアピールが頻繁になされることになる。政治はこの点で過剰な負担を背負いこむことになるが、しかしこの区別は、――決定にすべての者が参加することができるわけではないという単純な理由から――あらゆる決定にともなって必ず生み出されるのであり、しかも、この二つの立場の溝を、何らかのコンセンサスによって「架橋」したりすることもできない。

このような事態に対処するための何らかの方途があるのだろうか。ルーマンはそれをどのように考えているだろうか。

まずこのような方途の一つとして考えられるのは、近年の熟議の民主政あるいは審議的デモクラシー(deliberative democracy)論が高まりをみせているように、参加型民主主義の系譜からおこなわれる「開かれた参加」の主張であり、最近では、多様な「行革」の一環として実際に試みられてきてもいる。決定過程への被影響者の参加の促進がこの溝の架橋に資することになるのではないかという希望に基づいたこの主張は、確かに傾聴に値するものを含んでいる。だが、ルーマンは、参加というタームに過剰期待することを戒める。「参加」は、こんにち「アクチブたちのイデオロギー(Funktionärsideologie)」として広範に活用されており(*SR*:164)、今日では、比較的一般的に使用可能な語彙として、つまり一つの「ゼマンティク」として定着してきている。しかし、ある決定が「参加」という手続きを介しておこなわれたという説明が政治システムの外部に向けておこなわれるとき、その「参加」というタームは、当該の決定を「実行するに値するもの、実行可能なもの」としていわば正当化することに利用されうる。(88) いってみれば、参加は、決定に社会的な妥当性を付与する一つの「シンボル」として機能しうる。当然のことながら、この「参加」による政策過程は、すべての人がその決定に参加することができない以上、その決定に対して「危険」を感じる人々を新しく生み出すだけである。今度はその新しい被影響者が、その決定の善し悪しについて議論しだすことになり、決定者／被影響者という図式そのものには何ら変化はもたらされない(a. a. O.)。むしろ、参加ゼマンティクは、いまみたようなかたちで利用されると、決定者／被影響者という構造的問題を隠蔽することにつながり、せいぜいのところ問題を先延ばしにすることに役立つだけであるおそれがあるというのが、ルーマンの所説である。

次に、決定者／被影響者という社会的亀裂に対する処方箋として、参加と並んで考えられるのは、「情報」である。こうした二つの立場の「溝」を「埋める」ことはできずとも、リスキーな事象についての包括的な「情報」が、リスク事象に関して知悉している立場の者から、当該住民や関係者へと「開示」されるならば、決定者が下す決定に対する被影響者の信頼が高まるのではないかと見込まれる。(89) だが、ルーマンによれば、情報の開示は、「奇妙なアンビバレンス」をもたらすことになる(*SR*: 165)。できるかぎり情報を開示しようとする試みは、非知ということが典型的な状況の中では、決定当事者が将来に関してどの程度の不確かさを抱え込んでいるのかまでを明らかにしてしまう。このことによって、みずからでコンフリクトの火種を提供してしまうことになるだろう。他方、情報の開示が求められているにもかかわらずそれをできるだけ開示しようとしない態度は、情報開示を拒否したという事実そのものによって不可避的に、過度な危惧を人々の間に呼び覚ますことになる(日本の事例でいえば近年の所沢のダイオキシン問題がそうである)。それゆえ情報をできるだけ開示する試みも、開示できる情報を制限しようとする試みも、決して、決定者と被影響者という二つの立場を和解させるための手段とはなりえない。「参加」も「情報開示」も、決定者と被影響者との「コミュニケーション」の進展に何らかの寄与をすることができないとすれば、どこにそのための拠り所を求めればいいのだろうか。

結論からいえば、この点に関して、ルーマンは、互いの立場放棄を強要せず、一方が他方によって互いに説得されずに進捗する意思疎通という政治文化の成熟に、期待をつないでいる。ただし、この「意思疎通（Verständigung）」という言葉はあらぬ誤解を引き起こしやすい。[90] ここでルーマンが持ち出してくる意思疎通の概念が、ユルゲン・ハーバマスのそれとは似ても似つかぬものであることに留意する必要がある。ルーマンが用いる意思疎通とは、一方が他方を説得し何らかの（言葉の本来的な意味での）「合意」にいたることをもって成立する事態ではない。そうではなく、「コミュニケーションが受け入れられ、承諾された意味内容をもつものとしてさらなるコミュニケーションの基盤にすえられるそのかぎりにおいて、意思疎通ということについて述べることができる——そのさい、個々人の頭の中で何がおこっているのかはどうでもよい」（Luhmann 1991a: 86. ただし傍点は引用者）。したがってここで考えられている意思疎通は、個々人が実際に相手から説得されその言い分に納得してみずからの意見をそれに同化させることでも、あるいは「相互了解」などでも、ない。そのような意味での意思疎通、つまり、「説得のための煽動活動」（ÖN: 194 (Anm. 52) = 2003: 201）を含意する意思疎通概念は、非知のコミュニケーションが頻出する今日の社会にとっては不適切である。というのは、右に述べたように、今日的なエコロジー問題にさいしては、他者に対して意見の一致を強制することを可能にするような知識を、いかなる立場の者であれ行使することができないからであり、また、「確かな知識」として提供されるものはむしろ、確かであるということだけですでにあまりにも「リスクに満ちた」（Japp 1997: 306）ものにならざるをえない。そうだとすれば、意思疎通に指向したコミュニケーションをおこなおうとするのであれば、「他方の側の人々に対してその立場を放棄させるという野心を、はじめから、断念しなければならない」(Luhmann 1991a:94)[91]。その代わりに、「互いに意思疎通しなくてはならない人々が有しているそれぞれの信念を取り除いたり彼らを何とかして転向・変化させたりしようとは決してしない、慎み深い社会的スタイル」(ÖN:194=2003:146)が、求められるのである。

そうすると、ルーマンにあって「意思疎通」とは、合意や説得を不可欠の契機として含み込んだそれではなく、コミュニケーションにおいてその時その場で依拠することのできる暫定的措置にほかならない(Luhmann 1992a:139=2003:100)。こうした意思疎通は「道徳的に正しい」結論を生みだしているわけでもないし理性的な推論の結果なのでもなく、ましてや「正しい」問題解決などでもない。「意思疎通が確定させているのは、もっぱら、さらなる論争のための、さしあたって争いから免れている準拠点だけである。こうした準拠点に基づいて、連合や敵対関係が新たに形成されうるようになる」のである(a. a. O. ただし傍点は引用者)。つまり、コミュニケーションした挙句に到達する、コミュニケーションの終着点としての意思疎通ではなく、引き続くコミュニケーションの出発点としての意思疎通という考え方である。それゆえコミュニケーションの目的は「説得による同質性」の確保という点にあるのではない。むしろこうした同質性の確保はそれこそ「リスクに満ちた」ものとなろう。というのは、「同質性は、警告を発するシグナルの見落としや[問題の]隠蔽をもたらすだろうから」である(Luhmann 1996a:45)。むしろ重要なのは、「市民的平和性という最小限の条件のもとで」ひとびとの意見の「多様性を保持すること」なのである(a. a. O.)。つまり、ここでルーマンによって推奨されているのは、まさに「不合意の生産的な利用」(Eichmann 1989)であるといえよう。

すでに以上の説明から明らかだが、このような意思疎通のスタイルにおいては、決定者／被影響者という分離線で分離される一方の側にとどまり、「こうした意思疎通の根底に存していた未来についての想定が少しでも疑わしいものになれば、新しく交渉を要求することが正当なものとされる」(Luhmann 1996a:44)。それゆえこのような一種の「可逆性」を決定過程に組み入れようとするルーマンの構想は、決して、決定者と被影響者の溝を「緩和」していくための方策であるなどと捉えられてはならない。未来の損害可能性についての判断の認知的・評価的な基準に関する人々の意見の一致ということよりもむしろ、その時その場限りでのコーディネーションこそが、重要なものとして立ち現れることになる。こうしたルーマンの「説得されずに進捗する意思疎通」の考え方は、コミュニケーションを、情報・伝達・理解の三極の選択過程として捉え、そこに「受容」（イエスと言うこと）を含めない概念構成と類比的であろう。

シーラ・ジャサノフ(Jasanoff 1986)によれば、合州国のリスク管理政策の過程をヨーロッパ諸国のそれとを比較したとき、後者が大まかにいって、ネオ・コーポラティズム的な協調主義的リスク管理として特徴づけられ、一般の人々は、政府や科学のエリートたちの政策に対して受動的になりがちであるのに対して、前者は政策決定過程への市民の参加がきわめて積極的であり政策の結果に対する彼らの影響力という点では後者と比較にならない。だが、合州国ではそのような参加型の体制をとっているために、たとえば何らかの規制基準を決定するにいたるまでの時間がきわめて長く不釣り合いなほど多くの時間を費やしてしまうという大きな問題を抱えてしまっている。したがって重要なのは、政策決定を停滞させてしまうことなく、しかしまた、専門家や国家による一元的な行政処理をも回避する、というほぼ逆方向のベクトルをうまく調整しうるようなあり方が模索されるべきである、というわけである。以上のルーマンの「意思疎通」概念がジャサノフのこうした考え方と軌を一にしていることは、もはや明らかであろう。[92]

もっとも、ルーマンのいう説得されずに進捗する意思疎通の政治文化が、具体的にどのようなかたちで実践されうるのかという点について明らかにする作業は課題として残されている。確かにこのルーマンのアイデアは、まだ十分具体的に展開されているとは言い難くスケッチの域を出てはいないが、しかし、次章以下でみていくように、このルーマンの提言の含意するものは、決して小さいものではない。むしろ、このルーマンの「意思疎通」概念のインプリケーションを確認していくことは、ルーマンの理論的な方向性そのものとも関わってくる重要な論点であるように思われる。

しかし議論はここで終わらない。今日の数々のリスク政策においては、「参加」や「情報開示」はすでに多様な形態で実践されており、そうした流れに抗するかのような発言はたちどころに否定されかねないほどの勢いを得ている。こうした参加や情報開示は、そもそも何をめざして企図されているものだろうか。それはもちろん、右に述べたように、決定者と被影響者との溝の「克服」「架橋」である。だが、参加や情報開示がなぜ、そうした「架橋」に資するものとされているのか。参加や情報開示のどんな点が、この溝に対して有効にはたらきうると考えられているのだろうか。

おそらくそのことについての鍵は、決定者に対する被影響者からの「信頼」に求められるであろう。じじつ、第二章でふれたような「新しいリスク」を視野に入れつつ環境問題が論じられるさいには、「信頼」の重要性がたびたび指摘される。しかもそうした信頼獲得のための技法を重要な研究テーマとする「リスク・コミュニケーション論」が、今日のリスク研究において隆盛しつつあるという現状に鑑みれば、「リスクと信頼」の問題について詳しく検討を加えておく必要があるだろう。次章では、ここまでみてきたルーマンのリスク論の枠組みに依拠しつつ、この論点について詳論する。

第二部　決定者とリスク

第三章　信頼

一　リスクと信頼

第二章で述べた非知の問題を背景にしつつ、現在、それへの多様な対処法が考案されつつある。従来の公害規制立法等が前提としていた規制的手法では非知の問題に対処しえないことから、炭素税や排出権取引などによる経済的手法や企業の自主的取り組みなど多様である。なかでも、不確実性のもとでの予防措置にさいして、事業者、消費者、住民、専門家、行政等多様な立場の間の「リスク・コミュニケーション」が重要であることは、近年繰り返し指摘されているところである。(93) リスク・コミュニケーションが着目されつつあるその背景の一つに、環境汚染物質排出・移動登録制度(ＰＲＴＲ)がある。これは、潜在的に有害な物質を排出・移動するさいに、その排出量・廃棄物としての移動量を事業者に把握させ、これを一定の形式で公表することを義務づける制度であり、一九八六年の合州国で提起され一九九六年にＯＥＣＤ理事会によって各国に導入の勧告がなされて以降、環境保全の基盤整備の手段として注目を浴びているものである。この制度のもとでは、潜在的な有害物質の移動・排出が工場周辺の住民に公表されることになるため、住民に不安を与えることが予想される。そこで、物質の「リスク」に関する情報提供を契機として、周辺住民や一般住民の間で合意形成していくことが求められることになる。そのさい重要になるのが、行政・事業者・住民の間での「信頼」の構築である。こうした双方向的なリスク・コミュニケーションによって、パブリック・アクセプタンス(PA)を高めるところに、ここでの力点がある。本章では、こうしたリスクと信頼を鍵概念とするリスク・コミュニケーション論に着目し、これを前章の非知の問題と絡めつつ、ルーマンのリスクと信頼についての所説と比較する。

したがって、本章が焦点を当てるのは、この手法の今日的意味や可能性ではない。この手法が実際に多々成果を挙げていることについてはもはや疑問の余地はない。だが、ここでルーマンの視角に依拠しつつ問題にしようとしているのは、この対処法それ自体がすでにリスクに満ちたものであり、しかしそうであるにもかかわらず、対処法自体のリスキーさが「信頼」の技法によって隠蔽されており、隠蔽されているがゆえに、リスク処理を迫られているシステムが作動可能となっている、ということである。さらに言えば、そうした隠蔽それ自体がすでに(当のシステムにとっては「問題」とはならない別の)リスク問題の再生産に資する可能性を孕む。

本章では、第二章まで述べてきた「新しいリスク」の特徴を踏まえ、それに対する対処法として期待される「信頼」の技法について論じ、同時に、ルーマンのリスク論の視点からその危うさにも視線を向けてみることにする。言ってみれば、セカンド・オーダーの観察者の視点から、リスク処理のリスク性、リスク処理が生み出す「盲点」にまなざしを向け、いわば「批判的リスク論」としてルーマンのリスク論を展開していく可能性を探ってみることが、本章での課題である。

二　社会的な亀裂を調整するメカニズム

さて、新しいリスクが決定者／被影響者というパースペクティブの「溝」を作り出しているということは何度も述べてきたとおりであるが、しかし、リスクによって引き起こされる「社会的弁別化」の形式はこれにつきるわけではない。第二章で述べたような「伝統的リスク」の場合には、むしろこれとは異なった社会的弁別化の形式が見いだされていた。

「伝統的リスク」は、集団への帰属性を規制していた。ここでいう伝統的リスクは、時代的に古いもので今日では見られなくなったという意味合いで「伝統的」なのではなく、近代以降一貫して今日も見いだされるという意味で「伝統的」と言われている。

たとえば、二〇世紀初頭のドイツの大学における学生の「決闘」（ならびにそれに伴う怪我のリスク）は、大学生に対して学生であることの一種の「特権意識」を醸成した。このようなドイツの大学生の決闘文化は、もともとは、中世の学生の特権的地位、つまり、通常の法の適用下に置かれず決闘をしても罰せられない権利を有していたということに由来する。二〇世紀初頭の大学生は、こうした中世の学生において作り出された独特の、閉鎖的な学生文化を模倣することで、みずからの地位の特権性を誇っていたのである(94)。決闘に伴うリスク、つまり、怪我をしたり顔に傷跡が残ったりするというリスクは、こうした学生の特権意識を醸し出すことに資しており、「男らしさ」を物語るものであり、シンボリックな意味を個々人に賦与するのに資していた。また、職人遍歴もまた、こうした伝統的リスクの一つである。遍歴に伴う数々の困苦を乗り越えてこそ一人前の職人として自他に認められうるのである。また、「男らしい」銘柄の、しかし健康に害を及ぼしやすい煙草を吸ったり、あるいは、常人が簡単に模倣することのできない高い技能を必要とするスポーツをするさいに、それに伴う怪我や体の故障を恐れたりせずあえて難度の高い技に挑戦する、といったこともまたこのような伝統的なリスクに数えられる。これらのリスクは、個々人に対して「文化的」な意味づけを体験させるのに役立つものであった。

こうしたリスクは、まず、個人に帰属されうるものであり、また、原因から結果が出来するまでの時間もまた限定されている。さらに、スポーツで怪我を被ったり決闘で傷つくのも自分であるといった具合に、加害者とは一致している。さらに重要なことは、このような伝統的なリスクの場合、リスクを冒すことは、同時に、集団への帰属性の確認に資している、という点である(*GG*:534-534)。リスクを甘受することは、身分的な相違を際だたせたり、ある特定の職業集団やサブカルチャー集団に所属していることを物語ったり、あるいは、文化的に「男らしさ」をシンボライズしたりするものであった。つまり、こうした伝統的リスクは、社会的に規範化されていたといえよう(Lau 1989:421)。

ルーマンによれば、このようなリスクの場合には、「同調と逸脱」という図式にしたがって社会的な弁別化がおこなわれうる(*GG*:534)。つまり、ある特定の集団に所属することに内在する固有の将来的損害の可能性を引き受ける準備の有無を、いわば「試金石」としつつ、その集団(やその集団に固有の絶対的規準)への同調か/逸脱かが判断され、社会的に弁別される。そのさい、あえてリスキーな行為をすることが逸脱なのではなく、むしろ、身の安全を気に懸けたりしてリスキーな行為をしないことこそが、規範からの逸脱であり、当該集団への帰属性を弱める当のものである。

ところが、今日の環境リスクをはじめとした「新しいリスク」の場合には、こうした社会的な弁別化のメカニズムは、すでに妥当しなくなっている。同調/逸脱という図式に基づく社会的弁別化は、こんにちではおそらく原理主義的な色彩を帯びることになるだろう(a. a. O.)。

確かに、ベックも述べているように、新しいリスクの場合も、伝統的なリスクの場合と同じように、「遅かれ早かれ、作為者と犠牲者が一体化してしまう」という「ブーメラン効果」を有しうるものである(Beck 1986:48-49=1998:52-54)。しかし、被る損害についていえば、かつての伝統的リスクが時間的・空間的にごく限定されたものであったのに対して、新しいリスクの場合には、著しい時間的・空間的な広がりを示している。また、確かに、新しいリスクも、実際には（原発立地問題に典型的なように）ある一部の地域、ある一部のエスニシティに偏在していることも多く、新しい社会的な不平等を生んでいる。しかし、リスクが「偏在」するということの意味も、伝統的なリスクと新しいリスクとではまったく異なる。伝統的リスクは、「リスクを冒すこと」が一つの規範として作用することによって、ある集団への帰属性を確認することに資していたが、新しいリスクは、そういったことのために積極的に引き受けられるものではもはやない。新しいリスクへの「不安」が新しい「連帯」を形作ったとしても、そうした連帯は、そのリスクを規範として引き受けることによって作られるものではない。「文化的」な意味づけや規範性は、新しいリスクからは抜け落ちている。

このような新しいリスクの場合の「社会的弁別化」の基点となるのは、もはやある集団への同調か／逸脱か、ではなく、パースペクティブの分岐である。つまり、決定という出来事のもたらす将来的損害の可能性が、決定者にとってはリスクとして、その決定に参加できず決定結果を甘受するだけの人々にとっては危険として現出するため、ある一つの同じ出来事が立場の相違によって異なって意味づけられるということに由来する分岐である。このような新しいリスクの場合、決定者／被影響者というそれぞれのカテゴリーが相互に強く分離するようになり（しかも決定者が必ずしも受益者ではない）、また、誰が被害者で誰が加害者かもそれぞれのコンテキストにおける定義次第であり、場合によっては「風向き次第」かもしれない。したがってこうした著しい多様性をみせる決定者／受益者／被影響者というカテゴリーを、「それ以外のものから境界づけられそのことによって明確な特徴を獲得することのできるような社会的統一態へとまとめあげることは、もはやほとんど不可能」なのである（*SR*：120）。伝統的なリスクが、その規範性によって特定の集団（社会システム）の分出に寄与するのに対して、新しいリスクは、パースペクティブの分岐を明確化し、リスクの分配やリスクの定義をめぐる克服しがたいコンフリクトを惹起させてしまう。したがって、ここでは、リスクは「社会的なもの」や社会的統一態への一契機というよりもむしろ、亀裂の契機として作用することになる。

従来、決定者と決定に関与しえない被影響者の間にある社会的な溝は、ルーマンも述べているとおり、ある程度までは、信頼を介して広く規制されていた(*SR*:132)。たとえば、単純な社会(einfache Gesellschaft)(たとえば部族社会)であれば、「長老」や「族長」に附随する権威が、決定に対する信頼を醸成し、こうした溝はあまり明確なかたちでは顕在化しないですんでいた。身分的に分化した社会であれば、上層階級が、また、機能的に分化した近代であれば、公的な地位に付随した知識、職務上の専門知、といったものが、権威の源泉となり、それへの信頼を基盤として「不確かさの吸収」がおこなわれていた(*SR*:126)。

ところで、こうした「信頼」は、昨今、とりわけ一九九〇年代以降、社会学の中でも頻繁に言及される重要な研究課題となってきている。ルーマンもすでに、「信頼」については、今から三〇年ほど前にまとまった論考を公刊しており(Luhmann 1973=1990)、これまでの(社会学あるいは社会心理学における)信頼研究においても、ルーマンの信頼論には必ずといってよいほど論及されている。おそらく、こうした信頼研究が隆盛している背景にも、(それだけではないとしても少なくともその一つとして)やはり新しいリスクの台頭、あるいは(エコロジー領域に限らない)「非知」の問題が介在していると言ってよい。たとえば、日本における代表的な信頼研究の一つである山岸俊男による数々の業績[95]の発端が、一九九〇年代初頭に、原子力安全システム研究所社会システム研究所の研究プログラムの一つとして採用されたことにある、という点(山岸 1998:ii)は、その意味で象徴的であろう。また、こうした新しいリスクへの今日的な対処法として最近大きな脚光を浴びつつある、リスク・コミュニケーション論、あるいは説得のコミュニケーション論は、信頼調達の技法に議論の重心をおいており、明らかに、こういった信頼研究に依拠している。これらの点は、リスク論と信頼論との間に密接な関連があることを物語っているが、しかし問題は、その関連の仕方、である。私見では、これまでの信頼論が目指すものとルーマンの信頼論が目指すものとの大きな違いは、ここにある。

後述するリスク・コミュニケーション論においては、「信頼」は、化学物質等による環境リスクを伴う事業を展開しようとする企業や行政が、そうしたリスクにさらされる可能性のある当事者を説得し、彼らの合意を調達するための技法として、取り上げられている。ここで問題となっているのは、単に「リスク情報」の送り手個人そのものに対する信頼ではなく、むしろ、そうした情報を送る組織あるいは機関（企業組織や行政組織）への信頼（「人格的信頼」から区別された「システム信頼」）である（吉川 1999:142-144）。これに対して、ルーマンは、すぐあとで詳述するとおり、今日的リスク現象の処理にあたっては、このような信頼の技術に対してかなり否定的である（*SR* 123-124）。

確かに、これまでは、ルーマンにおいてもリスク論と信頼論とは密接に関わっているのだと論じられてきた。このこと自体は間違いではない。たとえばギデンズ（Giddens 1990:30-32=1993:45-53）も紹介しているとおり、ルーマンは、他に取りうる選択肢が意識されておりそれでもなおかつある特定の態度決定をおこなうときに、「信頼」が成立する、と考えている。その点で、信頼は、リスク性が明示化されずコンティンジェンシーが随伴しない「慣れ親しみ」とは区別される。(96) この意味でいうかぎりでは、リスクと信頼とは裏腹の関係にあるといえよう。だが右に述べたような「新しいリスク」を背景にしてみたとき、リスクと信頼は、これと同じレベルで論じられてはならない。この点について詳しく考える前に、まずは、ルーマンの述べる「信頼」概念について、やや立ち入って考察してみることにしたい。

三　ルーマンのシステム論における「信頼」
――人格的信頼とシステム信頼

ルーマンにおいては、一九七三年の『信頼――社会的な複雑性の縮減のメカニズム』という単著以前にも、すでに初期の公式組織論の中で、近代への移行とともに特定の個人に対する信頼とともにシステムに対する信頼も生まれるという議論が見いだせる（たとえば、Luhmann 1964:72-73=1992:97-98）し、また、行政行為の過失と行政への信頼性保護との関わりを、その法規制の可能性という観点から、スイス、オーストリア、イタリア等との国際比較を通じて論じた一九六三年のフランツ・ベッカーとの共著『行政過失と信頼保護』もまた、ルーマンのやや抽象的な信頼論の経験的な背景を知る上では重要であろう。だが、言うまでもなく、一九六八年に初版が出され七三年に増補第二版が公刊された『信頼』が、やはりルーマンの信頼論としては、まず最初に参照すべき書物になるだろう。その後も、たとえば『社会システム理論』第三章等において信頼についてのまとまった論考を著してはいるが、基本的な視角には変化はないので、本書でも、この一九七三年の『信頼』を手がかりとしながら、彼の信頼論を一瞥してみることにしたい(97)。そのさい、注意しておきたいのは、ルーマンの信頼論が、「いかにして信頼を獲得できるのか」を主題しているわけでも、また、信頼する行為者たれと社会学的見地からその行為指針を示そうとするものでも、もちろんないことである。彼の理論の根底に、「ありそうになさの公理」が控えていることを想起されたい。

さて、ルーマンによれば、「単純な社会」から機能分化した近代社会へと移行するにつれて、新しい信頼形成の形式として、人格的な信頼に加えて非人格的な信頼、つまり「システム信頼」が現れるようになる（Luhmann 1973:50-66=1990:87-111）。人格的な信頼が消滅するわけではもちろんないが、信頼の新しい形式が付加されることになるのである。つまり、社会の諸機能システムに対する信頼である。[98] 精確に言えば、これらの諸機能システムと相関している、貨幣や真理や権力といった多様な「シンボリックに一般化されたコミュニケーション・メディア」に対する信頼が、それぞれの機能システムごとに特化したかたちで現出するのである。人格的信頼の場合とは異なり、こうしたシステム信頼においては、信頼は、貨幣流通、科学的知識、等々の内容（機能）に応じて分化することになる。

このようなシステム信頼が成立するにあたって重要なのは、「信頼の再帰性」、つまり信頼に対する信頼である(Luhmann 1973:76-77=1990:128)。人格的な信頼（誰かある特定のパースンに対する信頼）の場合にも、確かに自分自身の他者への信頼を信頼したり、他者が自分を信頼していることを信頼することができるといった具合に、信頼の再帰性がおこなわれる。だが、システム信頼の場合には、「個人は、他者が自分と同じやり方で第三者を信頼していることを信頼する」ようになる(a. a. O.)。たとえば、交換のチャンスを（いつ、誰と、いかなる対象について、どのような条件のもとで交換をおこなうのかを未決定にするという意味で）抽象化することによって個々人に選択の自由を保障する「貨幣」をとおして、経済システムは、きわめて高度な複雑性を達成することができている。こうしたことが可能になるためには、貨幣それ自体が信頼を得ていることが前提になる(Luhmann 1973:53=1990:91)。このとき、（ルーマンの考え方に依拠して敷衍するなら）貨幣への信頼は、いわば貨幣国定学説のように国家法制によって確保されるのではなく、むしろ、自他のやりとりの中で、両者以外の任意の第三者が、ある紙片、ある金属を、一定の価値を有する貨幣として受容するということを、相手たる他者が信頼しているということを、自分が信頼するときに、貨幣は貨幣として流通する。ここでは、具体的に他者をパーソナルに信頼する必要はない。ただ、貨幣が信頼の再帰性を介して滞りなく流通するということ、つまり経済システムが作動しているという事実それ自体を信頼すれば事足りる(Luhmann 1973:54=1990:92)。[99]

また「真理」の場合にも、誰かある特定のパースンに対する信頼が重要なのではない。確かに、懇切な薬剤師、腕がいいと近所で評判の医者やエンジニアをパーソナルに信頼する(あるいは信頼しない)ことはできる。しかしそうした薬剤師、医者、エンジニアが使用する専門的知識それ自体は、科学システムにおいておこなわれる長大な情報処理過程の一端なのであって、彼らが個人的に作りだしたものではない。彼らが、ある領域の専門家として一定の「権威」[100]を有するのは、むしろ、彼らが行使する(科学システムにおいて十分な吟味を経ているはずとされる)専門的知識のゆえ、なのである。たんにその知識を使用する人格自身が信頼するにたるという理由だけによるのではない。このときの「システム信頼」は、他者もまた科学システムの機能作用を信頼している、ということを信頼するときに成り立つ。言い換えると、第三者がある知識を「真理」として受容することを相手たる他者が信頼し、そのことを自分が信頼するとき、自分はある知識を真理として他者にコミュニケーションすることができる。以上のことは、「真理」を「何らかの客体や命題や認知の属性」としてではなく、あくまでも、コミュニケーションを(精確に言えば科学という機能システムのオペレーションを)続行可能にする「シンボリックに一般化されたコミュニケーション・メディア」としてとらえるルーマンの真理の捉え方のコロラリーである(Luhmann 1990c:173)。

さらに、こうした「システムの機能的能力に対する信頼は、システム内部に備わっているコントロール能力にたいする信頼を含んでいる」(Luhmann 1973:65=1990:109)。機能的諸領域においては、信頼に足るものかどうかの簡単なチェックでさえも、専門家にしかおこなえない。信頼のコントロール(チェック)のためには、専門的知識がますます必要になる。たとえば高度なテクノロジーが滞りなく作動するはずだという信頼は、そうしたテクノロジーに対するチェックを専門家がおこなっているはずだという信頼をも包含している。

ルーマンによれば、こういった専門的知識が有する「権威」によって、事実としておこなわれているコミュニケーションを前提にして、つまり「与えられた情報圧縮」を前提にすることができるようになるため、情報源にまでさかのぼって確かめたり、あるいは推論の仕方それ自体を吟味したりする必要はなくなる(ÖN:175=2003:131)。「権威」は、いわば「不確かさ吸収」(マーチとサイモン)の機能を果たしているといえる。

近代の機能的諸システムは、法であれ科学であれ経済であれ、こういったシステム信頼と密接に結びついて成立している。ギデンズもまた、このことと関連して、モダニティの一大特徴として「専門家システム(expert systems)への信頼」について指摘している(Giddens 1990:27-28=1993:42-43)[101]。システム信頼の確保は、機能システムの存立にとってきわめて大きな意味をもつ。というのは「信頼の喪失は、システムの時間地平を狭め、それとともにシステムの複雑性とシステムの機能の潜在的な充足可能性を低下させてしまう」からである(Luhmann 1973:63=1990:106)。長期的な視野のもとでであれば問題なく充足されるはずの、機能システムに対する諸要求も、システムの機能的能力に対する信頼が失われると、短期間に一度に殺到してしまうことになり、システムの要求充足能力を凌駕してしまう。それゆえに、システムは、こうした信頼調達のための努力をたえずおこなわなければならない。

たとえば法システムであれば、(紛争の場面において)「本来的」な「問題解決」が実際には不可能であっても、システム信頼を確保するためには、決定を下すことが不可能であると自認するわけにはいかない。それゆえそこでは、判決文において規範と事実を操作することをとおして、問題処理がおこなわれている(つまり妥当な決定が下されている)という外観を保たなければならない。紛争が「本当に」解決されたかどうかが問題なのではなく、それなりのリアリティを提供しうるような解釈言説を用いて「紛争は解決された」という法システム固有の解釈を下すことが重要なのであり、法システムは、このようにしてシステムの決定能力を呈示していくことでシステム信頼を獲得していく[102]。

四　リスク・コミュニケーションにおける「信頼」の位置

さて、こういったシステム信頼を醸成することが、リスクをめぐる社会的コンフリクト処理のための重要な手段であると捉える立場が、こんにちのリスク研究において最も大きな注目を集めている「リスク・コミュニケーション論」である。

リスク研究の領域では、先に触れたとおり、近年、認知心理学や社会心理学においても、リスク論が一つの重要な研究テーマとなってきている（たとえば、Slovic 1992）。そうした中にあって、一九八〇年代後半以降になると、右に述べたとおり、合州国を中心に、「リスク・コミュニケーション」という概念のもとで、リスクを含む問題について広く関係者間の「合意」を調達するためのコミュニケーション技法に関する研究が大きな注目を集めている（Renn & Levine 1988；National Research Council (ed.) 1989=1997；吉川 1999）。

吉川肇子による整理によれば、「リスク・コミュニケーション」は、ある決定によって影響を被ると思われる関係者から（環境や健康についての）リスクに対する関心や意見の表明を受けて、行政や専門家や企業がそうしたリスクの性質や内容についての「情報」を供与したりすることをとおして、決定者と被害者の間での不合意を解消していくことを目指すものである（吉川 1999:19-20）[103]。

この考え方は、現在、廃棄物処理場・化学工場・原子力発電所の立地や遺伝子技術の投入といった高度なテクノロジーに伴う問題にとどまらず、消費生活用品に伴う問題（例えば誤った使い方によって被る危険性を明示した「取扱説明書」はリスク・コミュニケーションの一形態であり、このリスク・コミュニケーションを等閑にすると、企業は、「警告・表示上の欠陥」として近年の「製造物責任法」で言うところの欠陥責任に問われることになる）、あるいは、医療上の問題（インフォームド・コンセントもまたリスク・コミュニケーションの一つである）、地震等の災害等といった多様な領域で、採用されている。とくに議論の対象とされているのは、リスク・コミュニケーションに関する文献を一瞥すれば分かるとおり、環境と健康・医療の分野での諸問題である。

このことからも分かるとおり、リスク・コミュニケーション論が現れてきた背景には、非知の問題を孕む「新しいリスク」を前にして、さまざまな許容値による命令・禁止を手段としてある状態の実現をめざす規制主義的な環境リスク政策が行き詰まりを見せてきた、という事情が介在している。定量的な規準によって決定過程に正当性を付与するのではなく、説得を通じた合意を決定過程にとって不可欠の契機とするこうしたリスク・コミュニケーションの考え方が、こんにち、リスク政策の有力な手段として脚光を浴びつつある。いわば、環境や健康等に関するリスクが「非知」であるがゆえに、合意調達による決定過程の正当化に、活路を見いだそうとしているわけである。その意味では、リスク・コミュニケーション論は、近年における「リスク」の変容に敏感に反応した結果生まれてきた考え方であると、ひとまずは評価することができよう。

このようなリスク・コミュニケーション論は、単に「客観的な」情報を「精確に」与えさえすれば、つまり、唯一の正しい「正解」を当事者間で精確に「共有」されるならば、双方が正しい理解に達するはずであり、コンフリクトは起こり得ない、という考え方とは袂を分かっている。環境問題解決の「正解」を、時々のコンテキストに依存した社会的合意にゆだねるという見地に立つ[104]。このことは、合州国の国立研究審議会（ＮＲＣ）編集の『リスクコミュニケーション――前進への提言』（National Research Council 1989=1997）において、地域住民等の被影響者たる「関係者が、利用できる知識の範囲内で、適切な情報が与えられていると得心させられる程度までいけば」リスク・コミュニケーションは成功だ、としている点からも明らかである。というのは、「得心させられる程度まで」リスク・コミュニケーションを進めることができるためには、コミュニケーションの送り手（専門家や政策立案者側）

は、コミュニケーションの受け手が置かれたコンテキストを理解したり、共有可能なコンテキストを新たに生成させていくことなどが不可欠になるからである。(105)

このようにして、決定過程に参加できないにもかかわらずその影響を被る人々と決定者との間の葛藤や紛争をいかにして回避あるいは予防するか、がリスク・コミュニケーションの直接の課題となる。このとき、葛藤や紛争を回避するにあたっては、決定過程に対する「信頼」を獲得する必要がある。そうした「信頼の技法」として重要になるのが、第二章で述べたように、情報開示という戦略であり、また、数多くの参加の呼びかけである。情報開示が有効であるのは、密室で決定が下されたわけではないという印象を人々に与えるからである。「情報」を開示しないことそれ自体がすでに人々の不信感を喚起することになる。さらに、「参加」が有効であるのは、決定過程に参加することができたり発言の機会が与えられることによって、行政等のおこなうリスク・コミュニケーションの過程や手続きに対する評価が好意的になるからである。

社会心理学においては、この点がしばしば研究対象とされている。たとえば、エドガー・アラン・リンドとトム・タイラーによれば、「決定によって影響を受ける人々に過程コントロールや発言権を与える手続きは、より公正なものと見なされる」(Lind & Tyler 1988=1995:221)。「過程コントロール」とは、自分の発言によって交渉過程に影響を与えそれをコントロールすること(あるいは、コントロールしているとみずから感受できること)、である。たとえば、市民は、自分の意見を政府審議会に提出できる機会が設けられると、審議会に対する評価が好意的なものへと変化する傾向がある。「政策形成以前に、政府の決定に対する意見を市民が表現する機会」は、政治的な忠誠を高める手段なのである。そのさい、こうした発言(Voice)そのものが政治的決定に対して実際に影響を持っているかどうか、ということよりもむしろ、発言の機会そのものが存在するのかどうかが、決定的になる(Lind & Tyler 1988=1995:180)。

要するに、リスク・コミュニケーションにおいて肝要なのは、「分配的公正」というよりもむしろ「手続き公正」、すなわち、ある結果にいたるまでの過程や手続きの公正さ、である。いまのべたように、決定過程に「参加」させたり「発言の機会」を確保したりすることによって、決定過程の手続きに関する人々の公正感を高めることができるようになるわけである。右に述べた非知の問題に鑑みると、人々が「リスク」を受容し紛争をおこさないようにするためには、「リスク」についての量的評価そのものよりもむしろ、いかにして「リスクマネジメント」に対する信頼をもたせるようにするのかが、ここでは、とりわけ重要になる。

とはいえ、リスク・コミュニケーションが成功し合意が達成され信頼が調達できたからといって、問題が(内容的な次元で)実際に解決されているわけではない。[106] というよりも、新しいリスクは、非知の問題のゆえに、言葉の本来的な意味で「解決」することはできない。他方で、何らかの戦略によって決定過程に信頼性を付与する技法によって、(社会的次元において)その決定はいわば正当化されることになる。[107] ところが、被害者(被影響者)は一枚岩ではないのであり、「合意」に達したとはいっても、信頼性を獲得したとされる決定に対して新たに「危険」を感ずる人々が生み出される可能性は、排除できない。今度は、機会があれば、その新しい被影響者が語り出すことになるだろう(***SR***:164)。ルーマンの術語を援用して述べるなら、ここでは、意味の事象(内容的)次元が社会的次元に還元され、この二つの次元の差異が不明確になっている。それゆえリスク・コミュニケーションは、決して解消されることのない「決定者／決定に関与しえない被影響者(被害者、部外者)」という差異を、むしろ隠蔽してしまうことにつながりうる(***SR***:164-165)。[108] アクセル・ホネットらとともに「ポスト・ハーバマス派」の旗手として「批判理論」の彫琢をめざしているウォルフガング・ボンスが、こうしたリスク・コミュニケーションの技法に、大きな期待を寄せている(Bonß 1995:301-307)のはやはり奇妙であるというほかはない。

五　システムの「盲点」

社会における重要な機能的諸システムは、再帰的な信頼と結びついたシンボリック・メディアに支えられて作動している。機能システムの中の組織的諸システムは、そのシステムの作動にとって重要なこうしたシステム信頼を呼び込むために、うまく問題を処理しえているのだという問題処理能力をたえず表出していく必要がある。たとえば、公式組織が、こうした信頼関係を築くために講ずるさまざまな戦略としては、ルーマンがかつて一九六〇年代に行政の公式組織について論じたときに言及していた、組織の自己表出のさいに駆使される「理想化」の戦略を挙げることができる(Luhmann 1964a:108-122=1992:152-172)。ルーマンによれば、公式組織が、みずからの決定を表出するさいに、法律的な定式化の技術を駆使したり外見上専門的な話し方、官僚主義的な文語体を用いるのは、決して、下級官吏の根絶しがたい習慣のゆえなどではなく、これらが行政の活動を理想的なかたちで示すためのシンボリックな意味を有しているからである。申請人や関係者、裁判所、団体、議会、公衆などは、不運な表現上の逸脱や一度限りの幸運に象徴的な意味を与えそれを一般化するので、そうした偶発的な出来事は、行政との間に一般的な不信の関係や信頼関係を築く要因となる。したがって、行政を信頼にたるものであるかのごとくに見せかけるということが、公式組織の重要な機能として与えられることになるのである。逆に言えば、こうした外部に向けた「トーク」(Brunsson 1985)の必要が消失すると、公式組織もまた消滅してしまう。公式組織を維持するためには、合理的な目的指向だけでは不十分なのである。本書での立論からすれば、リスク・コミュニケーションもまた、こうした組織の信頼調達のための重要な手段の一つとして位置づけられることになる。

ともあれ、非知の問題に直面しているシステムが、さまざまな「リスク処理」を試みているとはいっても、そうした特定のシステムがエコロジー問題を「実際に」「解決」しえている、とは言えない。「エコロジー問題を組織の課題一覧のなかに書き加え、そうすることによってエコロジー問題が実態に即したかたちで処理されうるようになるのではないか、といった希望を抱くわけにはいかない」(*ÖN*:209=2003:158)。組織システムにとって重要なのは、エコロジー問題を「実際に」「解決」してみせることよりもむしろ、「問題」は「解決」されえているのだと表出すること、つまりは「問題」と「問題解決」との差異をシステム固有なかたちで作りだし、そのことを契機として、そのシステムの作動(オペレーション)を続行させていくことなのである。[109] こうしたオペレーションの続行のために、「問題」は、「解決されたもの」として解釈され、外部に呈示されることになる。[110] こうした「問題解決能力を遺漏なく発揮しえている」というシステムの自己イメージにおいて、いってみれば、「想像的な空間」(*GG*:98)においてみずからを再生産しているシステムにとっては、「正しい」問題解決ではなく、システムの作動の続行にとって「適切な」問題解決こそが、重要になるのである。[111]

とはいえ、こうしてシステムにおいて問題が「解決された」ものとして表出されたとしても、それは、別の被影響者にとっては何ら「問題解決」ではない。もちろん、リスク・コミュニケーションをはじめとしたさまざまな戦略により、決定過程に対する信頼が調達された場合には、リスク・コミュニケーションへの関与者にとっては、問題は解決されたものとして現れる。そこでは、問題が解決されていないということは、隠蔽されている。当のシステムにとっては、つまり当のシステムがオペレーションを続行していくという視点(ファースト・オーダーの観察者の視点)からすれば、こうした表出が疑われるということは(さしあたりは)ないのであり、虚構的なものだということは隠蔽されている。いわば「盲点」となるわけである。しかも、盲点があるのだということも見えていないのであり、盲点自体が盲点となる。しかし、当該システムを続行させる必要のない、つまりは「決定者と同様の決定圧力にさらされておらず、決定者と同じ速さで反作用する必要もなく、さらにとりわけ決定者自身と同じ程度に決定の利益の分け前にあずかっているわけではない」セカンド・オーダーの観察者の立場（*SR*:77）からすると、ここに見られるのはまぎれもなく、リスク／危険の区別、またそのことに起因する決定者／被影響者の溝なのである。組織内部の視点に定位しシステムのオペレーションを接続していくという視点をとるかぎり、つまり、ファースト・オーダーの観察者の視点をとるかぎりでは、いかにして「問題」を「解決された」ものへと移行させ定義変更していくのか、ということが重要になる。しかし、セカンド・オーダーの観察者の視点は、そうした問題／問題解決の差異の、当該システム内部での構築それ自体が抱える「盲点」に光をあて、それが、被影響者にとっては何ら問題解決ではなく、むしろ「危険」として現象することを明らかにする。

ウンベルト・マトゥラーナとフランシスコ・バレーラは、かつて、みずからのオートポイエーシス論の新しい着想の一つを説明するさいに、よく知られている「●」と「＋」という二つの印を横に並べておこなう視神経の盲点の実験を引き合いにだしている。彼らは、この周知の実験についての説明では、どういうわけか、次の興味深い事実が強調されたためしがないと述べる。確かに、「●」は、片目をつむって「＋」を見ると、視神経の束の部分に投ぜられることになるので、見えなくなる。そのように実験によって見えていない間は、そこに「●」はないものとして知覚され、もしまえもってそこに「●」があるということがわかっていないとすれば、われわれの知覚は、そうした「●」は端的に「存在しない」ものとして認知する。だが、われわれは、「●」が、両目できちんとみれば、確かに存在することを知っている。つまり、この「盲点」の実験が示唆しているのは、視神経の盲点があるから見えないという事実そのことではなく、「盲点のゆえに見えていない」ということが見えていない、ということである（Maturana & Varela 1984=1987:5-6）。「何かが見えていない」と語ることのできる立場の者は、「そこに何かがある」ことを知っているから、そのように言えるのである。そこに何が実際にあるのかを、もし前もって知らないとすれば、「見えていない」という事実も「見えなく」なる。要するに「見えていないことが見えていない」。

何かを知覚するというオペレーションにとって重要なのは、盲点で見えなくなっている文字や黒丸が「実際に」あるのかどうか、ということではなく（つまり本来知覚されてしかるべきはずのものが見えていないということではなく）、自分の知覚のオペレーションを進捗させていく必要上、そうした文字や黒丸が「ない」ものとして扱っても支障が出なければ、それはそのシステムの視点からすれば端的に「ない」ものとして知覚されるということである。したがって、「［当のシステムにとって］決して放棄することのできないファースト・オーダーの観察の水準においては、リアリティとリアリティ幻想との間を区別することはできない」のであり（GG：93. ただし［　］は引用者）[112]、「現象学は存在論として実践されている」(a. a. O.)。あるシステムのオペレーションを接続させていくというシステム当事者の視点にたてば、「問題」を「問題解決」へと定義変更するシステムの技法は、決して虚構的なものではない。

この点は、一九八四年のルーマンの『社会システム理論』における「非対称化（Asymmetrisierung）」という概念を用いることによっても説明できるだろう。「非対称化」が言い表しているのは、「あるシステムのオペレーションが作動するさいには［とりあえずは］もはや疑問視されず、所与のものとして受け入れる必要がある準拠点を手がかりとしてそのシステムがオペレーションをおこなうことができる、ということ」である（SS：631=1995：851. ただし［　］は引用者）。ここでの事例でいえば、「解決」された案件は、決して、そのシステム固有の「解釈」や「表出」によって「解決されたもの」としてある、というのではなく、「実際に」解決されたものとしてそのシステムのオペレーションの所与の前提にされるのである。このようなシステムにおける問題／問題解決の差異が、つねにシステム内部で構築されるものであるにもかかわらず、あたかも、その当のシステムにとっては「それ以上問題化されえないもの」として現象する（これをルーマンは「外部化（Externalisierung）」と名づけている）。こうした非対称性は、当のシステムのオートポイエーシス的（自己創生的）オペレーションによって作られたものでありながら、アロポイエシス的（外部創生的）なものとして、つまり当のシステムにとってはコントロールしえないものとして現象するのである。構築されたはずのものから〈構築性〉が抜け落ち「自然化」される、と言い換えてもいいだろう。すると、「問題解決」が、じつはシステムが自己準拠的に作り上げたものであり、きわめて「人為的」であり、したがって著しくコンティンジェントなものでありながら、あたかも何か不変的なもの、「正しい」ものであるかのような様相を呈することになる。[113]

こうした非対称性は、そのシステムが作動するさいに必要であり、そのシステムにとっては、オペレーションを接続させシステムを作動させるという必要不可欠な機能を果たしている。このとき、非対称化によって作り出された準拠点は、そのシステムのオペレーションにとっては「前提」であり、少なくとも一時的にあるいはその当該のオペレーション(つまりコミュニケーション)のさいには、機能的等価物の探索という視点から観察されたりコンティンジェントなものとして取り扱われたりすることはありえない(a. a. O.)。当のシステムにとって機能的な非対称性は、そのシステムにとっての自然として、自明性として、前提として、批判的なまなざしから(少なくとも当座の間は)逃れてしまう。

これを、(ハインツ・フォン・フェルスター由来の)「固有値(Eingenwert)」という概念によって言い表すこともできよう。[114] 右に述べた「問題解決」というシステムの「自己描写」はまさに当該システムの「固有値」である。ルーマンによれば、たとえばあるシステムにおいて相対的に安定した自己描写は、たんに、所与の客体に関して説得的に把握しているということのみによって生ずるわけでも、ましてや、その描写が「正しい」がゆえに比較的安定しているというわけでもなく、こうした描写についての観察や描写が回帰的に(rekursiv)遂行された結果として相対的に安定しているにすぎない(GG:888)。つまり、ある描写がある事態を適切に「写し取っている」とかその「内在的価値」のようなものによってシステムの中で貫徹したり流通したりしているのではなく、むしろその描写が、事実としてそれ以降の観察や描写の「前提」とされその拠り所(Anhaltspunkt)とされる(したがって当座の間は疑われない)ことで、すなわち「システムの中で使い物になる描写」としてすでにこうして使用されてしまっていることで、結果的に、(相対的な)安定性を獲得しえているのである。[115] システムの内部で作動がこのように回帰的に(つまり当該システムの作動を互いに前提としあうことで)達成されるこうした「成果」のことを、ルーマンは「固有値」と呼ぶ。システムの「歴史」が積み重なる中で独特な仕方で形成された(したがってそのシステムの「環境」の中に「対応物」を持たない)一時的に安定した状態であると言ってよいだろう。システムのあらゆるオペレーション(社会システムであればコミュニケーション)はこの「固有値」を出発点とせざるをえない。

しかしルーマンのオートポイエティック・システム理論からするリスク論が力点を置くのは、セカンド・オーダーの観察の視点からすると、つまり、オペレーションを接続するという視点を観察する視点からすると、システムが「非対称化」をおこなっていることそれ自体が可視的なものとなり、さらには、そうした非対称性の構成が、被影響者にとっては「問題解決」としてではなくむしろ「危険」として現象してしまう、という点である。[116]

このように見てくると、リスク・コミュニケーション論が支配的になりつつあるリスク研究の現状からすると、リスク/危険の区別に基づくルーマンのリスク論は、その不可避的な帰結として、こうしたリスク・コミュニケーション論の危うさに着目させるという点で、きわめて特別な位置を占めているといえるだろう。本章での、リスクと信頼の関係に焦点を当てた考察は、今日のリスク研究の中で隆盛を極めているリスク・コミュニケーション論を相対化すると同時に、ルーマン理論そのものの今日的な「批判力」を探り出すための有効な手がかりを提供しているといえる。

しかしシステムの盲点があるという指摘だけで「環境リスク」にシステムがいかに対処しうるのかというそのメカニズムまで明らかにされたわけではない。この点が明示されることではじめて、いま述べたルーマンのリスク論の意義を明らかにされるものと思われる。次に、このメカニズムについて、「リスク変換」概念を手がかりにしつつ、章をあらためて議論してみることにしたい。

第四章　リスク変換

一　システムによる問題転移
――初期ルーマン理論を手がかりに

ルーマンが述べているとおり、第三章で述べたような「非知」の問題を孕む危険やリスクは、「政治に対するコントロールの要請を高」めており(*RG*:168)、「政治が何もしないでいて何かが起こったときには、政治の責任にされ」たりする(a. a. O.)。政治システムは、いったいいかにして、こうした非知の問題に対して「対処」することができるだろうか。本章では、この問題を取り上げることにしたい。そのさい、リスク政策を記述する概念として、ルーマンが提起する「リスク変換(Risikotransformation)」の有効性に着目する。

いま、いかにして非知の問題に「対処」しうるのか、と述べた。しかし第三章で確認したとおり、オペレーション上の閉鎖性の主張に依拠するオートポイエティック・システム論の立場からすると、政治システムは、(その「環境」の中での出来事である)エコロジー問題そのものに対して直接に反作用することはできないというのが、このリスク変換のメカニズムを論及していくうえでの第一歩である。そうしたエコロジー問題は、いったん、政治システムに固有のリスクへと「変換」され、政治システムは、そうした変換された政治的リスクに対してはじめて反作用することができるようになる。これが、「リスク変換」概念の意味であるが、当然のことながら、これだけの説明では、この概念が具体的にどのような内実を持ったものであるのか、その今日的な意義が何であるのかは、判然としない。日常的な感覚からすれば、自然環境が汚染されたり生態系が破壊されているから、それへの「対策」としてさまざまな環境政策が計画され実施に移されているように思える。このような考え方からすれば「環境問題そのものには直接反作用しえない」という言明自体、不可解なものに思える。そもそも、「問題」をシステム内部の問題へと「変換」する、とは一体どういうことなのだろうか。この点が明らかにされないかぎり、リスク変換概念の今日的な意味を理解することはほとんどできないだろう。リスク変換概念を解明するための歩みは、「問題」をシステム内部へと「変換」するとはどういうことか、をまず明らかにする作業から始める必要があるだろう。

実は、「問題」のシステム内部への「変換」というこの考え方は、リスク論の脈絡の中ではじめて現れたものではない。すでに、タルコット・パーソンズらの「構造-機能主義」に対して「機能-構造主義」という旗印を掲げていた若きルーマンは、「問題転移(Problemverschiebung)」なる概念をみずからの理論にとっての重要概念の一つとみなしていた。リスク変換の概念に立ち入って検討するまえに、まずは、この「問題転移」概念の内容を確認することをとおして、システムの外部の「問題」がシステム内部の問題へと変換されるという事態の意味を理解するための手がかりとしたい。

さて、この問題転移概念についてはじめて詳しく述べた論文としては、この概念に一節を費やしている、『社会学的啓蒙　第一巻』に収録された「社会システム理論としての社会学」論文(Luhmann [1967]1970)がまず挙げられる。この論文におけるルーマンの説明をやや詳しくみてみることにしたい。

ルーマンによれば、「システムは、システム固有の複雑性によって、ますます多くの環境の問題をみずからの中に引き込み、その問題について、[それ以外のシステムの捉え方とは]別様の、しばしば独自の捉え方をし、そのことによって、システム内的な問題解決技法を意識的・無意識的に投入するための簡略化された準拠枠組みを作り出す。こうしたシステム内的な問題解決技法は、そのシステムの環境の中では使いものにならず、環境に対して直接に適用してみることもできない」(SA1:117-118)。もちろん、このことは、システムがその環境との関連を失うとか、もっぱらそのシステム自体とだけ関わるということを意味するわけでは決してない。問題転移という概念が言い表していることは、ただ、「環境というものが、このような問題転移に基づいて、……システム内的な基準によりカテゴリー化され、それに従って処理される」ということにほかならない(SA1:118)。ただし、そのさいに前提とされているのは、この変換の過程そのものが、たいていの場合、そのシステムにとっては潜在的なものにとどまっているということである。いま取り組まれている問題は、「変換」された後の、いわば加工済みの問題なのだ、という点は、そのシステムにとっては潜在的にされている(したがって当該システムにとっては、みずからが取り組んでいる問題は環境に存している問題そのものである、というかたちで現象することになる)。というのも、もし、「[変換される以前の]オリジナルな問題をも一緒にテーマ化してしまえば、問題地平が拡大されてしまい、選択肢が無限に大きなものになるのを許し、その結果として、頼みの綱である[複雑性の]縮減の働きが妨害されてしまうからである」(a.a.O. ただし[　]は引用者)。環境の中で生起するすべての出来事は、こうしたシステムによる「問題転移」のメカニズムによって、そのシステムにとっての問題として定義変更されることになる。[17] 環境においては無数の出来事が生成・消滅しており、こうしたシステム問題へと転移されなかったほとんどすべての出来事は、そのシステムにとっては、とるに足らぬものとして処理されることになる。この問題転移のメカニズムは、このようにして、環境の複雑性を著しく縮減する働きをしている。

「社会システム理論としての社会学」と題するこの論文の中では、ルーマンは、システム問題として変換された問題の例として、システムの存続問題(時間次元)、稀少性問題(事象次元)、そして自他のディッセンサスの問題(社会的次元)、を挙げている(SA1:118-9)。

社会的次元においては、環境の複雑性は、自他の意見が食い違う、という問題へと縮減される。「他人が体験すること、体験したこと、体験しうることのすべてが、そのシステムにとって問題となるのではなく、そのシステムによって選択された見解と異なるものだけが、問題となる」(SA1:119)。社会的次元における複雑性は、したがって、考えられうる(möglich)ディッセンサスという視点でのみ、捉えられることになる。システムにとってはこのディッセンサス問題だけが重要なのだ、という問題転移がいったん(潜在的に)完遂されると、そうした転移された「システム問題」に基づいて、それを解決するための、そのシステムに固有のさまざまな戦略(問題解決策)が考案されていくことになる。たとえば、(意見を異にする他者への)影響力行使の戦略や、逆に、自分の意見を変更する戦略、学習の戦略、さらには、説得の戦略をここに挙げておいてもよいだろう。

次に、事象次元における「稀少性問題」は、「プログラム化」(SA1:118)、すなわち決定前提についての決定、と関連している。稀少性といえば、経済的な稀少性を想起しがちだが、ルーマンはそれだけでなく、時間、エネルギー、等の稀少性をも含めている(a. a. O.)。システムはいうまでもなく、環境内で生起するすべての出来事に対して一度に最大限の時間やエネルギーや費用をもって対処しているわけではないしまたそうすることもできない。一気に最大限に、という代わりに、システムは、「時間や貨幣やエネルギー(という本来的には無限に近いはずのもの)は『稀少』である」という「稀少性問題」を構成することをとおして、そのシステム内でおこなわれうるものに、いわば「重み付け」をおこなう。時間は限られているのだからとか、投入できる財貨は限定されているのだ、あるいは、投下できるエネルギーは無限ではない、とかいった「稀少性」というシステム問題がまず構成され、その上で、ではそうした限られた時間・エネルギー・貨幣の内部で何をおこなっていくのが「正しい選択」なのか、をシステム固有の仕方で案出していく。このとき、それぞれの時点で、それぞれの選択に対して「正しい」という評価を与えるものが、(目的プログラムや条件プログラムのような)「プログラム」である。[118] システムは、ある目的を設定しその目的を実現するための手段として「正しい」ものはどれかを決めていったり(目的プログラム)、あるいは、「もし～という事態が現れたならば、そのときには…をおこなう」といった「条件プログラム」に基づいて、それぞれの条件のもとでの「正しい選択」を、それぞれの時点において決めていくことができるようになる。もしそうしたプログラムがうまくいかなければ、あらためてプログラムが調整される。このようにして、「環境複雑性というもともとの問題は解消され、プログラム調整の問題とか『誤謬』回避の問題へと縮小されていく」ことになる(SA1:119)。

ディッセンサス問題、稀少性問題に並んで第三に、「システム存続の問題」については、「世界のほとんどすべての出来事は、このシステム維持を助長するかまたは侵害する事柄をのぞいて、とるに足らないものになってしまう」と述べられている。したがって、「[環境]複雑性の問題をシステムの存続問題へと定義しなおすことは、それ自体、複雑性の縮減に役立つ」(SA1:118)。もっとも、このことからただちに、ルーマンの社会システム理論は、システムの存続を前提にした体制擁護的なイデオロギーであるとする、月並みな批判を繰り返すなら、それはあまりにも性急であるといわなければならない。ルーマンによれば、「[構造-機能理論から区別された]機能-構造理論においては、存続問題は、最終的な問題として登場することはない。存続問題は、いくつかある、最後から二番目の問題の一つとして登場するにすぎないのであり、必要ならば、問題の重要性の度合いそのものを問うことができる」(a.a.O. ただし[ ]は引用者)。存続問題は、確かにそのシステムにとっては、最高度に重要な問題の一つだが、しかし、ルーマン理論にとって最終的な問題である、というわけではない。ルーマンにとってまさに問題なのは、それぞれのシステムが「いかにして問題を収縮させ、それによって複雑性を処理しながら、そのシステムにとって解決しうる問題へと変換しているのか」(SA1:119)を観察し、場合によっては、そうした問題構成／それへの解決策の案出という技法それ自体を比較し相対化すること、なのである。

ともあれ、この「問題転移」の考え方が教えているのは、システムは、環境の中で生起する出来事そのものに対して直接に反作用することはできないので、それをいったん、当該システムにとっての問題へとそのシステムが作り替え、システムはそうした作り替えられた問題に対してはじめて対処しうるようになる、ということである。こうした考え方がリスク論の脈絡の中に移されたときに用いられる概念が「リスク変換」である。まずは、ルーマンのいう「リスク変換」の概念の意味内容を確認しておくことにしたい。

二　リスク変換の概念
――ジャサノフの分析との関わりで

さて、「リスク変換」は、ルーマンによって、次のように説明されている。「政治とテクノロジー的-エコロジー的リスクとの関係は、リスク変換の関係として把握することができる。多種多様なリスクは、政治システムがそれを捉えると、政治的リスクという形式を獲得することになる。このことが意味しているのは、政治システムの分析によってのみ突き止めることができる。次の政治的選挙のさいに[票を獲得する]チャンスが変化するかどうかということが問題なのかもしれない。つまり、長期的であることが典型的なエコロジー的リスクの代わりに、相対的に短期的なものである政治的コンテキストにおけるリスクが、登場する、ということである」(Luhmann 1990c:172)[119]。同様の記述は『リスクの社会学』第八章においても見いだせる(*SR*:185)。変換された結果として現れる「政治に固有のリスク」としては、この引用でも述べられているが、次回の選挙で落選するリスクであるとか、あるいは、「そうこうするうちに圧倒的な緊急性を要する別のテーマが世論を規定してしまったりして、リスクを制限するための特定の政治が、政治的に正当に評価されなくなったり」、ある決定が受容されずそれへの信頼が調達できなくなるリスク、である(*SR*:175)。右に述べたように、政治システムは、テクノロジー的-エコロジー的リスクそのものに対処しようとするのではなく、こうした政治に固有のリスクに対してようやく反作用することができる、というのが、この概念のさしあたりの意味内容である。ここから推察されるとおり、この概念は、かつて一九八六年の『エコロジカル・コミュニケーション』において「共鳴(Resonanz)」なる概念で言い表されていたこととほぼその意味が重なる。

すでに述べたようにこれは「オペレーション上の閉鎖性」テーゼのコロラリーである。このテーゼは、「情報」はつねにシステムの構造に依拠してのみ摂取されうることを含意している。情報は決して環境から無媒介的にシステムへと「インプット」されるものではありえない。システムの構造との関わりにおいてはじめて、情報は情報たりうる。その意味で、システムは、「構造決定的システム」である。しかもこの構造もまた、システムがその作動の「歴史」を積み重ねる中でシステムが固有に作り出してきたものである。このルーマンの考え方は、近年のいわゆる制度派組織論(とりわけ歴史的制度論)で言われる「経路依存性(path dependency)」の概念にきわめて類比的である。[120] ルーマン自身は——ハインツ・フォン・フェルスターにならって——このように経路依存的に作動するシステムを、当該システムの過去の作動の蓄積によって作り出された固有の構造を前提にするという意味で「歴史的機械」とも呼んでいる。経路依存性についてよく引き合いに出される例でいえば、パソコンのキーボードがタイピングの観点からすると必ずしも効率的とは言えない配列になっているのは、タイプライターの活字の腕が絡まないようにする工夫だったものの名残であるとされる。当初は、ワープロやパソコンをタイプライターの使用者にも容易に使用可能なようにその活字配列に真似ようという配慮だったものが、次第に、タイプライターを使用していない者も、このアルファベット配列に慣れてしまったために、この配列をあらためることができなくなった、というわけである。[121] これと同様に、当初の偶然的な選択が、後の制度のあり方を長期間規定してしまうことがありうる。現在の効率性という観点からすれば決して適合的とはいえない制度や構造が存続しつづける理由を、この理論は当該組織の歴史性あるいは経路依存性ということによって説明するのである。

初発のまさに偶然的な選択によって選ばれたシステムの現状が、それ以降の選択の前提や出発点となり、さらにそれ以降の選択が、またすでに作り出されているシステムの現状に依拠して、といった具合に、次々とそれぞれの時点での選択の結果がその次の選択の前提にされて「歴史」が積み重ねられていくわけである。そもそもオートポイエティック・システム論のミニマムな「定義」は、システムを成り立たせている要素を、そのシステム自体で作り出しているシステムということである。先に「基底的自己準拠」について触れたさいにも述べておいたとおり、社会システムの要素（コミュニケーション）は生成するやいなや直ちに消滅する「出来事」である。したがってシステムが存立しうるためには、このような出来事としての要素が継続的に再生産されていかなければならない[122]。そのさい、この出来事としての要素の「再生産」は、いまみてきたように、その時々のシステムの現状を前提としてそれに依拠しておこなわれるほかはない。それゆえ、ルーマンは、カール・マルクスを念頭におきつつ、「再生産は、同じものの生産の反復などではなく、再帰的な生産、つまり生産されたものからの生産を意味する」と述べる(Luhmann 1984:79=1993:76-77)。

ルーマンは、こうして、初発の偶然的な選択が、自我と他我の関係の中で一種の「自己触媒作用」を惹起することによって、一つの固有の構造を有するシステムが創発していく事態を、ダブル・コンティンジェンシー(doppelte Kontingenz)概念によって説明している(Luhmann 1984:148ff.=1993:158ff.)[123]。ダブル・コンティンジェンシーとは、したがってこのような「歴史的機械」としての社会システムが成立していく所以を説明する、社会システム論の「端緒問題」なのである。

このようにして、すでにそのシステムにおいて達成されたものを前提として、次の作動が接続していく。したがって、そのシステムは作動の歴史的な積み重ねの中で固有の構造を発展させ、さらに次なる作動がその構造に依拠しておこなわれる。組織とは、したがって、「さらなる諸作動を、そのシステム自体の現状態を起点として産出しているシステム」(*OE*:49)であり、つまりは、「歴史的機械」である。

ともあれ、環境における諸出来事は、「歴史的機械」としての当該社会システムの構造によって規定されてはじめてそのシステムにおける情報として取り入れられる。この考えに依拠したリスク変換の概念は、第二章で詳述した非知の問題を視野にいれるとその有効性が判然としてくるように思われる。もっとも、ルーマン自身が、リスク変換の概念を展開するにあたって非知の問題が背景にある、と明言しているわけではない。しかし、以下でみるように、リスク変換の概念は、非知の問題を背景にしなければ、その意味内容を十分にくみ取ることができない。

この点を考えるにあたって、もう少し具体的な素材を引き合いに出しながら考察を進めてみよう。

ルーマンは、『リスクの社会学』(一九九一年)において、このリスク変換の概念を説明する直前に、次のような叙述をおこなっている。彼によると、政治システムは、今日では、政治の意図や行為を積極的に、たえず可視的なものにしていかなければならない(*SR*:156)。「ひょっとすると将来執り行われる可能性のまったくないような行為も、あるいは、その行為に帰属されるような効果がまったく現れえないかもしれないような行為をも、可視的にしなければならない」(a.a.O.)のである。要するに、たとえ実効性がなくともシンボリックなかたちで何か対策をおこなっていると「表明」していかざるをえない、とルーマンは述べているわけである。制度派組織論に立脚するニルス・ブルンソンの「トーク」概念を引き合いに出して述べるならば、「政治システムは、『トーク』に、つまり合理的な決定のための努力をしているという描写をする」ことに没頭することになるわけである(*SR*:157)。このような、外部(環境)に向けてのシステムの「トーク」は、「リスク変換」とどのようにつながっていくのか。

ここで、第三章において述べておいたように、リスクについての従来の量的な規制を主眼とするリスク政策の限界にルーマンも明確に気付いていたことを想起しておきたい。「一方の人のリスクに満ちた決定が、他方の人にとっては危険となる」という「近代社会の根本問題」がみられる場合には、「政治がどのように構造化されていようとも、決定者と被影響者との間のコンフリクトにおいては、リスク状況についての量的な分析は役に立たない」(*SR*:158)。すでに述べたように、量的分析によって決定に関与しえない被影響者を説得できなくなる事態を言い表すために、ルーマンは、「カタストロフィ」なる概念を用意していたのであった(*SR*:159)。たとえば、第二章で示したラヴキャナルの事例においても、専門家の診断や分析によって、被害を被る人々を説得することは、すでにその効力を失っていた。この事例での当事者たちのコミュニケーションは、ルーマンの述べる「カタストロフィの閾」を超えたところで展開されていたものであった。

このような視角からすると、たとえば、「技術論からの政策提言」、すなわち技術論を政策に「生かしていく」といったような発想は、単純に実現しうるものではない。しかしながらたとえば、中西準子などの議論は、こうした発想に依拠している(中西 1995)。環境政策の基準とされるべき「リスク・ベネフィット原則」は、$\Delta B/\Delta R$(＝リスクを甘受することによって得られる利益あるいはリスク削減によって失われるベネフィット／受忍するリスクの大きさあるいは削減されたリスクの大きさ、要するに「リスク当たりのベネフィット」)を基準としている。農薬であれば、「農薬によって節約できる人件費や、増収分などの価値の合計が分子になり、農薬によるリスクが分母になる」(中西 1995:119)。詳細は省くが、この値が目標値より小さくなれば、リスク当たりに得られる利益が少ないということを意味するので、当該物質の規制政策をとるのが好ましい、とされる。もっとも、中西は、こうしたリスク・ベネフィット原則による規制にいたるまでには、規制以外の方法、たとえば、自動車排ガスによる環境リスクの大きさが水道水の塩素処理によるリスクよりも一〇〇〇倍大きいものであるということを人々に周知させたり(そうすれば市民も「自動車のリスクを減らせ」と言い出すだろうというわけである)(124)、あるいは、リスク削減のための技術開発に対し税金を減額するといった奨励策が必要である、と考えている。こうした中西の「リスク論」は、現在生起しているリスク現象を、「もう少し冷静に、定量的に議論でき」るということを前提とした主張である（中西 1995:114）。

このような技術論を政策へ、という発想への反論としてルーマンが引き合いに出すのは、シーラ・ジャサノフによるアメリカ合州国の発癌性物質の規制政策等に関する分析である（Jasanoff 1986；1989）。ジャサノフの分析をルーマンが引き合いに出すのは、これから見ていくとおり、彼女の立場がシステムの自律性あるいはオートポイエーシス論ときわめて親和的であるからにほかならない。

ジャサノフによれば、科学的-技術的合理性は——とくに合州国のリスク規制の脈絡においては——しばしば、行政組織における決定の合理性と背反する。そうなる理由としてジャサノフがとくに強調しているのは、規制当局による決定がたえず司法的な裁定を受けるという点である。近代科学は、基本的に、最終的な解決のありえない（open-ended）ものであり、たえず「新しさ」に指向するため、リスク政策のさいに手がかりとすべき科学的知識はつねに変動する。昨日まで安全とされていた物質が突然発癌性を有するものであることが証明されたり、化学物質の安全とされる暴露基準も、日々の研究の進展に応じて変化していく。こうした科学的合理性に厳密に従えば、「安全性」のための基準は、不安定なものにならざるをえない。

他方で、政治-行政的システムにおける規制の執行過程の合理性は、決定結果が十分に予想可能かどうか、当局のそれ以外の諸実践と一貫性を有しているか、バイアスや恣意性からどれだけ解放されているか、といったことを基準にはかられる。合州国政治において裁判所が非常に大きな役割を果たしていることは、たびたび指摘されるとおりであるが、これは、公衆衛生や環境保護に関する政策についても妥当する。久保文明によれば、たとえば環境保護庁（ＥＰＡ）の決定の約八〇％が、公害の被害者や規制される産業界、環境保護団体等による訴訟によって、裁判所に持ち込まれていると言われるほどである（久保 1997:144）。こうした個々の市民や市民団体は、いわば「民間の司法長官」として行政機関の決定に対して法廷で挑戦することができるのである。その結果、合州国においては「個々の市民や市民集団は、行政手続きの中に介入するという前代未聞の権利を有するようになり、政府機関の専門家による判断を疑問視する権利、さらには訴訟をとおして政策の変化を強く要請する権利を」すでにかなり以前から持ち始めている(Jasanoff 1986:56)。ルーマン的に言い換えるならば、政治的-行政的決定は、どのように観察されているのかを観察するというセカンド・オーダーの観察の水準にたえず定位しつつ、下されなければならなくなる。

そうなると、規制当局のほとんどの決定が司法的な判断に晒されるのであるから、規制当局は、その決定が「リーズナブルである」、「十分な根拠がある」、と判断されるために、司法に対して、説得的に「説明」する努力をたえずおこなわなければならない(Jasanoff 1986:58-59)。いわば、司法(あるいは裁判所に提訴した市民や市民団体)への「トーク」が必要になるわけである。だが、発癌性物質の規制についての決定を下すさいに、右に述べたような曖昧でたえず変動しうる科学的知見――「非知の問題」の前では科学的知識はこうならざるをえないのだが――に依拠せざるをえないとすれば、「いったいいかにして、規制当局は、問題とされている自分たちの決定が、その基盤となっている科学的・技術的証拠とリーズナブルな関係を有しているのだということを、判断主体の司法に説得させることができるのか?」という問題が生じることになる(Jasanoff 1989:156)。つまり、他の決定との「一貫性」や「恣意性からの解放度」を基準としている行政的な決定は、そうであるにもかかわらず、不安定でたえず変動する科学的知見に依拠せざるをえない、というジレンマに陥る。「全体的に見て、[司法を含む]法システムは、[技術的な意味での合理性と政治的-行政的な意味での合理性という]この二つの合理性を、互いに両立可能なものと仮定しているが、しかし……このような仮定は、不確かさが存している条件のもとでの決定にとっては、必ずしもあてはまらない」(Jasanoff 1989:153. ただし[　]は引用者)。このことは、規制当局側からすれば、政治的-行政的な決定が、受容されない、あるいはその決定への信頼性を喪失するかもしれないという「リスク」(政治的リスクへと「変換」されたリスク)を背負わざるを得ないということを意味している。この点は、次節で述べるゲオルク・クリュッケンの考え方とも相俟って、きわめて重要な点であるので、銘記しておきたい。

ともあれ、このようなジャサノフの叙述は、技術的-科学的に合理的であればすなわち政治的-行政的にも合理的であるとする考え方が、実は大きな困難を抱えるものであることを物語っている。一方における、新しい知見のたえざる探求とそれに伴う変動性とをその核心とする科学的-技術的合理性と、他方における、確固たる判断基準に基づいているとの説明義務を有する政治的-行政的合理性との間のこうした矛盾は、確かに、合州国の規制政策を事例として述べられたものであるので、過度な一般化はできないが、しかし同時に、中西の言うような「技術論からの政策提言」をおこなうには、こうした二つの合理性の懸隔の有無、またその程度のいかんに、まずは社会学的なまなざしを注ぐ必要があるのも、事実だろう。

ルーマンがジャサノフを参照しつつ指摘したかったことは、政治システムにおける決定が、セカンド・オーダーの水準での観察を続けながら下されざるを得ないのであり、そのために、たえざる「トーク」＝外部に向けての表出が伴われる、ということである。このことは、第二章で述べた非知の問題に直面した場合には、なお一層切迫したものとなる。

前章で触れたように、非知の問題の前では、(政治-行政的)決定は、どのような決定をすればより安全なのか／それともリスキーなのかといった区別に依拠すればよい、と単純に言い切ることはできない。そのさい政治的決定は、定量的な計算そのものに依拠するよりもむしろ、政治システム自体の決定がもたらす影響(政治システムの環境にとっての危険)や受容される可能性に関する「推測」(informed guess)を手がかりとしたものにならざるをえない(*SR*: 160)。政治システムにとっては、ある決定がどれほどの「信頼」を調達できるのかが重要なのであり、決定の根拠や定量的な計算をすることそれ自体が重要なのではない。ルーマン自身の言葉で確認しておくならば「決定の根拠について熟考することやリスク性についての量的な計算することは、信頼を得ることほどは重要なものではないのである」(*SR*:158)。もっとも、決定根拠や定量的な計算の意味がなくなるわけではないが、しかし決定根拠を呈示したり定量的な計算を呈示したりすることは、決定についての信頼を獲得していくためのシンボリックな描写にとって有用であるかぎりで、政治システムのオペレーションの一つとして取り入れられることになる(*SR*:166)。

要するに、非知の問題のゆえに「カタストロフィの閾」を超えたところで展開されるコミュニケーションが頻出しているところでは、被影響者とされる人々から当該決定がどの程度「信頼」を調達できるのか、コンセンサスの得られるものであるのかどうか、といった視点から、セカンド・オーダーの観察の水準に定位することが重要になる。

そのさい、こうしたいわば「トーク」の努力をおこなうという政治システムの営みは、テクノロジー的-エコロジー的リスクそのものに反作用した結果なのだ、とはもはやいえない。それはまぎれもなく政治に固有のリスクへの対処法なのである。

こうしたリスク変換概念は、ルーマンの述べる「システム合理性」の考え方とも関連しているが、その前に、このことを明らかにするためにも、次節においては、ルーマンのリスク変換の概念を用いながら、具体的なリスク政策についての国際比較をおこなおうというゲオルク・クリュッケンの試論(Krücken 1997；1997a)を一瞥し、セカンド・オーダーの観察とリスクとの内在的な連関の含意することを浮き彫りにしておきたい。

三　「リスク変換」概念によるドイツ医薬品規制政策分析

さて、リスク研究の中では、「リスク・トレードオフ」という考え方がしばしば取り上げられる(Graham & Wiener 1995=1998)。これは、端的に言えば、あるリスク(「目標リスク」)を減少させるための措置をとることそのものが、別のリスク(「対抗リスク」)を惹起させるため、(とくに政治的な)決定をするにあたっては、この二つのリスクを比較考量(トレード・オフ)することが必要になる、ということである。この考え方は、いうまでもなく絶対的な安全は存在しないという仮定に依拠している。具体的には、たとえば、日本においても一九七〇年に大きな問題となったいわゆる「ワクチン禍」がそうである。インフルエンザという「目標リスク」を除去するための措置である「ワクチン」によって、重度心身障害に陥るという「対抗リスク」を背負いこむことになる。(125) ここでは、目標リスクと対抗リスクとの対抗関係、つまりは「リスク対リスク」という事態が問題となっているのである。

クリュッケンが議論の対象としている医薬品規制政策もまた、こうしたリスク・トレードオフ、つまり、リスク対リスクという事態を避けることができない。医薬品は、確かに健康リスクを縮減するための手段であるが、その手段が、ワクチン禍のように新しいリスクを呼び込む。そのため、こうした二次的な対抗リスクの除去を重視する立場の者からは、当局による医薬品認可があまりにも拙速であり安易すぎる、という批判が出されるが、他方では、(しかるべき病気を治療したり予防したりするといった)目標リスクの除去に主眼をおく立場の者からみれば、当局による医薬品認可の遅れや認可の禁止が批判の対象とされ不十分な予防行政が槍玉に挙げられることになる。「一方では、[目標リスクを]縮減すると思われる医薬品をあまりにも性急に[市場に]投入させたため、新しい種類のリスクが惹起された、とされ、他方では、認可の遅れ、認可の禁止が、病気にかかっている者の死や苦しみを、結果的にもたらした、とされうる」(Krücken 1997:118)。つまり、医薬品規制に関する決定は、医薬品を認可する決定を下すにせよ認可しないという決定を下すにせよ、いずれにしても激しい批判の対象となるかもしれないというリスクを背負うことになる。したがって、医薬品リスクの規制は、政治的決定の担い手にとっては、政治的なリスクの引き受けを意味する。

まず、リスク規制に関する国際比較研究で通常おこなわれている分類にしたがえば、規制のさいの二つの政治的コンテキストを区別することができる。つまり、一方における、ネオ・コーポラティズム的な交渉パタン(ドイツ)やインフォーマルな交渉パタン(イギリス)が支配的な規制コンテキストと、他方における、「規制の決定についての継続的な観察」によって特徴づけられる合州国の規制コンテキストと、である。ドイツやイギリスにおける規制コンテキストは——両者には確かに大きな違いはあるものの——どちらも、右に述べたような医薬品規制領域に特有の「リスク対リスク」、あるいは(どちらを選択するにせよ非難が免れないという意味での)「悲劇的選択」を(したがって、決定が孕む政治的リスクを)隠蔽してしまう、という共通点を有している。

たとえば、一九五〇年代末から一九六〇年代初頭にかけてのサリドマイド事件では、ドイツは合州国と比べサリドマイドに対する政治的規制が遅れ被害者の数も桁違いに高かった。この違いをクリュッケンは、「リスク変換」概念に依拠して把握する。西ドイツでは、一九七六年に薬事法(AMG)が制定され(一九七八年施行)(国立国会図書館調査及び立法考査局社会厚生課 1982)、医薬品規制政策は、連邦保健庁(BGA)によって担われていた(一九九四年からはBGAに代わって連邦医薬品医療機器研究所BfArMが担当)。ところが、この薬事法以前の、一九六一年制定の旧薬事法のもとでは、医薬品に関する事前の行政的規制としては、形式的な登録手続きだけであった。当然のことながら、医薬品を製造する企業は、当該医薬品についての品質、効能、安全性(Unbedenklichkeit)についてのチェックをみずからおこなわなければならない。ここで「品質」とは、当該医薬品の純度や配合の精確さ、体内での安定性や分解可能性といったことである。「効能」とは、当該医薬品の治療上の効果のことである。「安全性」は、規定にしたがって使用したとき望まれていない副作用が、承認しがたいほどの高さでもたらされない医薬品であるということである。しかし、これらの点についての最終的な責任は全面的に、その医薬品を市場に持ち込む者にゆだねられるべきであるとされており、薬物の危険に対する政治的規制が国家の行為の課題とはされていなかった(Krücken 1997:125)。つまり、西ドイツにおいては、長い間、医薬品製造企業の問題克服能力にほとんどもっぱら依拠するようなアプローチが支配的であった。このことは、医薬品の安全性に関する「政治化」の度合いが低いことを意味する。つまり、医薬品に付随するリスクは、必ずしも明確なかたちで政治的なリスクへと変換されるわけではない。というのも、医薬品の副作用が明示的になったとしても、それは必ずしも、政治上のあるいは行政上の責任を明示化することにはつながらないからである。その結果、サリドマイド事件に対する政治システムの反応時間がきわめて遅れてしまったのである。

もっとも、このサリドマイド禍という「カタストロフィ的な出来事」を契機として、西ドイツでは薬事法の改正がおこなわれ、承認制へと移行することになる。つまり、医薬品の認可申請をおこなう企業自体によって提出される、医薬品の品質・効能・安全性についての経験的所見に基づいて、ＢＧＡやＢｆＡｒＭが医薬品の許認可を吟味する。この申請書に記録された所見が一定の基準以下であると判断されると、行政によって医薬品の販売の認可が却下されることになる。さらに、医薬品の効能や副作用には高度の不確かさがつきまとうことから、市場に出る以前の吟味に加えて、承認され市場に当該医薬品が出回った後においても当該医薬品の「継続的監視」がおこなわれるようになった。

他方、合州国の規制の脈絡においては、事態はこれとはまったく異なっている。合州国では、二七〇〇名余りの犠牲者を出した西ドイツとは対照的に、サリドマイド被害はかなりの程度回避されえた。ごく少数の妊婦だけが、臨床的な吟味の最終段階に摂取したことによって被害を受けたにとどまった。というのは、合州国においてはすでに、一九三八年に制定された食品医薬品化粧品法によって、医薬品製造企業は、医薬品に関する安全性試験をみずからおこない市場に出すにたる医薬品であることの証明を、食品医薬品局（ＦＤＡ）に対して出すことが義務づけられていたからである。そのため、臨床試験の結果、医薬品の摂取と新生児の奇形との連関が明らかにされ、サリドマイドの認可が却下されたのである。しかしこれだけでは、サリドマイド被害がそれほど顕在化しなかったにもかかわらずサリドマイド禍に対する合州国の政治的反応が(西ドイツと比べて)かなり素早くすでに一九六二年にはこの事件に対処するための法律改正がなされたという事態を説明するには、不十分である。クリュッケンは、こうした医薬品に対する政治的規制の改正を伴う政治的反応の素早さを、当時、「医薬品の安全性」が政治的なキャンペーンの大きな主題にされていたという点に求めている(Krücken 1997:127)。その結果、「医薬品の安全性」は政治的なコミュニケーションの主題とされ「政治化」されることになり、医薬品規制に対する政治的決定に人々の注意が向けられることになる。したがって、合州国においては、前節でのジャサノフの論述にもあるとおり、政治的な決定の担い手は外部からの観察圧力のもとにあるので、ドイツのように政治的な決定がどちらかといえば隠蔽されたかたちで処理されうるような決定コンテキストにおけるのとは、根本的に異なったリスク受容への構えが整えられることになる(Krücken 1997:133)。ドイツにおいては、「[政治的]決定のリスクは、ネオ・コーポラティズム的な……権限委譲(Delegation)に依拠している政治的問題解決パタンの藪の中に、消えていってしまう」(a. a. O.)。つまり、政治的決定のリスクが曖昧にされ顕在化しない。決定に対するセカンド・オーダーの観察が弱化した結果、政治的なリスクへの変換がうまくおこなわれないわけである。

これに対して、合州国の場合、事後的に誤っていると評価されるかもしれない選択肢に賛意を表するような決定を下している、というリスクは、外部からの観察圧力にさらされ、大きくならざるをえない。合州国の医薬品規制政策の場合には、政治的決定の担い手を衆人の目にさらすことに寄与しているのであり、したがって、いっさいの規制に関する決定は、ひょっとすると誤った選択肢について決定を下しているのかもしれない(したがって政治的決定に対する信頼を失わせ受容されえないかもしれない)というリスクを、顕在化し高めてしまうことになる。以上の議論は、政治的責任が明確にされうるような仕方でセカンド・オーダーの観察にさらされている場合にはじめて政治的なリスクを引き受けざるを得ないのだ、ということを明らかにしている。

四　組織システムによる不確かさの吸収

以上見てきたように、リスク変換の考え方に依拠すれば、「専門知識の政治的-行政的な使用も司法的な使用も、その知識を受け入れるシステムによって規定される」(Luhmann 1997a:208)ことになる。それゆえ、たとえば科学システムにおいて流通している各知識がそのまま政治システムの諸政策へと転換されうるわけではない。「確立している知識断片が[政治システムや法システムに]移転されるわけではなく、知識は、それが用いられるコンテキストにおいてはじめて構成され、当該システムのオートポイエーシスの進行にとって必要とされる権威(Autorität)が備え付けられるのである」(a. a. O. ただし[　]は引用者)。ここで、「権威」とは、(第三章でも述べておいたとおり)他人を服従させる威力という意味よりもむしろ、ごく一般的に、「コミュニケーションにおいて説得力の基盤を増大させたり強化したりしうる能力」をその内実とした概念である。科学の中である程度合意のとれている確立した知識であれ不確かで議論の定まらない見解であれ、あるシステムが作動するという観点からして十分利用可能なものであるとされれば、当該システムのコンテキストの中へと(それ相応の加工がされた上で)取り入れられ、それ以上、その見解の妥当根拠や情報源や議論状況にまで遡ることなく、当該システムのコミュニケーションの「前提」として受け容れられていくのである。

ルーマンは、以上のことを、「不確かさ吸収(Unsicherheitsabsorption)」という、新制度派組織論に由来する概念を用いても説明しているので、本節では、この概念に依拠しつつ、リスク変換の概念に関して補足説明しておきたい。

不確かさ吸収という概念は、周知のとおり、もともとは、ジェームズ・マーチとハーバート・サイモンによって提起されたものである(March & Simon 1958=1977)。マーチとサイモンの「不確かさ吸収」についての説明は、以下のようになっている。「不確かさ吸収の過程を通じて、コミュニケーションの受け手は、その正しさを判断する能力を厳しく限定されることになる。……受け手は、一般的には、いままでとられてきた編集プロセスを大なり小なり信頼しなければならず、……受け手がそうした編集プロセスを解釈することができるとしても、それは証拠の直接的な検討に基づくものではなく、コミュニケーションの送り手に対する彼の信頼と、送り手に加えられた歪みについての彼の知識とに、基礎をおいたものである。」(March & Simon 1958:165=1977:252-253)。要するに、組織においては、この情報は「あの」ポスト・地位についたメンバーが伝達したものであるというただそれだけの理由で、情報内容をほとんど吟味せずに、受け手に受容され、決定から決定へと「接続」していく。こうした事態を説明するために、「不確かさ吸収」なる概念が導入されている。

ちなみに、ここから、マーチとサイモンは、「不確かさ吸収の場所と吸収量とが、ともに組織の影響構造に作用を及ぼす」と述べ(a.a.O.)、自分の決定を、他者が決定をおこなうさいの「決定前提」として受け入れさせることのできる場所=地位こそが組織内でもっとも影響力を行使できる地位であり、また、そうした影響力行使の程度も、不確かさ吸収の「吸収量」に正比例するという見解を打ち出している。(126)

不確かさ吸収概念についてのルーマンの定式は、以下のようになっている。「情報が処理されていく過程の中で、情報は、[組織内部の]すべてのポストにおいて濃縮(verdichten)されることになり、その情報処理を引き継ぐポストにおいては、もはやそれ以上[その情報内容を]再吟味しなくてよかろうという推論が生み出される——その理由は、一つには、そのための時間と権限がないということ、もう一つは、適切な問いを作り出すのが困難だからであり、さらにもう一つはとりわけ、そのようにする義務がないから、である」(*GG*:837. ただし［　］は引用者)。

したがって、この「不確かさ吸収の概念が描写しているのは、決定の継起のことであり、つまりは決定過程のことなのである。したがって、不確かさ吸収は、決定過程それ自体の中に組み込まれており、決定過程が連続的に続行しなければならないという必要条件以外のなにものでもない」(*OE*:185)。組織の内部において、ある「決定」が下されるとき、前におこなわれた決定は「決定前提」としてもはや疑問視されることはない。ある特別な役割を担うメンバーが委員会の議長や部局の長に任命されるといった人事的な決定も、その部局や委員会におけるそれ以降の決定の「決定前提」とされる。いったん決定が下されると、その決定がさらなる決定の前提として受容されてしまう、という点に、組織における「不確かさ吸収」の核心がある。だから、他のポストにあるメンバーは、下された決定を「決定前提」として「受容」することで、自分に与えられた仕事に専念することができるのである。ディルク・ベッカーの的確な表現を用いるなら、「この［不確かさ吸収という］上首尾なメカニズムは、決定がおこなわれているということだけを顧慮しどのように決定が下されているのかということには目を向けない、ということに基づいている」(Baecker 1997:265)。

とすると、こうした「不確かさ吸収」の働きを有する組織は、「組織にとって不透明な世界の中で不確かさを確かさに変換している社会システム」として記述することができる(*OE*:215)。もっとも、この「確かさ」はあくまでも「システム内部の確かさ」(*GG*:838)である。つまり、「その組織自体で作り上げた構成」としての「確かさ」であることに変わりはない[127]。それゆえ、「決定の前提条件のいっさいの確かさの下には不確かさが埋められている」(*GG*:838)。しかし、「だから、組織は結局は不確かなものにならざるをえない」というのではなく、それとは逆に、組織がみずから「構成」した「確かさ」の下に「不確かさ」が埋められているがゆえに、組織は、これまでうまくいっている「不確かさ吸収」のメカニズムをあえて揺さぶるようなことはしない。組織においては、決定から決定へとうまく「接続」していくことがあくまでも重要であり、そうした決定と決定とが現に「接続」していっているかぎりでは、あえて決定前提が疑問視されたりすることはない。(128)

このような事態は、たとえば、近年のEU内部でのBSE問題をめぐる政治状況に、ネガティブなかたちで示されている。イギリスでBSEが発見された一九八六年当時、EUは域内単一市場の完成を目指していた時期であり、一九九〇年代に入ってからも明らかに市場指向的な政策を採っていた。常設獣医委員会(SVC)、科学獣医委員会(ScVC)、さらにBSE問題を専門的に取り扱うサブ委員会という獣医学者からなる諸委員会による判断に基づいて、BSE問題に対する政治的決定を下そうとしていた欧州委員会(行政機関)だが、ヴェロニカ・タッケの指摘によれば、市場指向というこうした政策動向のゆえに、欧州委員会での決定から決定への接続過程で、共通市場での取引を大幅に制限する恐れがあったBSE問題に関する「不確かさ」が、大きく「吸収」されることになり、それ以降、EUの政治的アジェンダからBSEは長いこと遠ざけられてしまうことになる(Tacke 2000)。しかしもちろん、その後、欧州議会によるBSE調査委員会が、こうした欧州委員会の対応を批判する報告を、メディア向けにおこなうことになる。つまり、この調査委員会独自の見解として、欧州委員会が人間の健康に対する危険性対策よりも域内市場援助を優先したため、BSEの危険性を故意に軽視しているという趣旨の警告をおこなった。このような欧州議会の調査委員会の観察によってはじめて、欧州委員会で葬り去られたBSEについての非知とその損害のポテンシャルが再活性化されることになったわけである。組織内部での不確かさ吸収、ならびにそれを観察する立場からの不確かさの再活性化、というこの過程は、前節での合州国におけるリスク変換の過程と類比的である。

もっとも、欧州議会のこの調査委員会がそれゆえ「中立的」な立場からBSEの危険性に関する「的確な」評価をおこなったのだ、と見るのは不適切である。ここでも、やはり、右に述べたような「当該システムの脈絡の内部での出来事の意味づけ」という過程が作用しているのであり、その組織のコンテキストにそったかたちでの観察であったと見なければならない。ＥＵには、「条約機関」として、欧州司法裁判所、行政執行機関としての欧州委員会、行政機関の監視・政策諮問機関等を担う欧州議会、立法機関としての閣僚理事会がある。ＢＳＥ問題にあたって、調査委員会を設置した欧州議会は、欧州行政権（欧州委員会）に対する構造的に低い立場を克服するために、ＢＳＥ問題を域内の共通市場確立と関連づけた欧州委員会に対抗して、「人間の健康リスク」あるいは「消費者利害」とＢＳＥ問題を関連づけ、ＥＵ内の世論の追い風に乗ろうとしたわけである。市場指向的なためにＢＳＥ問題を適切に取り扱うことができなかった欧州委員会に対して、「健康リスク」とか「消費者利害」というフレーミングは、欧州議会にとって、世論を味方に付ける点では、多くの成果を約束してくれるものであった。欧州議会のＢＳＥ調査委員会が、欧州委員会批判を、メディア報道に効果的なかたちでおこなった点も、このことから理解することができる。したがって、調査委員会がＢＳＥ問題を、純粋に「健康リスク」の観点から、政治的に「中立的」に、観察していたというわけではなく、むしろ、欧州委員会と欧州議会という二つの組織間の政治的関係の中での、ＢＳＥの問題処理をめぐる駆け引きであったことが、窺える。[129]

以上みてきたように、決定成果がある決定者から別の決定者へとコミュニケーションされるさいに、不確かさが吸収され、それぞれの時点で決定を下すのに十分なほどの相対的な確かさが生み出されることになる。しかしそれはあくまでも「相対的な」確かさであり、決して不確かさが消滅するわけではない。

本節では、リスク変換の概念と関連づけて、特定のシステムの脈絡の中での出来事の意味づけという問題を、「不確かさ吸収」の概念によって補足説明してきた。「リスク変換」の概念が述べているのは、リスク政治が、定量的な計算そのものには単純に依拠するわけではなく、ある決定がもたらす影響（「危険」）に関してや、とりわけそうした決定が受容される可能性に関する「推測（informed guess）」（つまりはセカンド・オーダーの観察）を手がかりにしているということである。この点と関わって、ルーマンは、次のような興味深い叙述でもって、『リスクの社会学』

におけるリスク政治に関する章を結んでいる。すなわち、「政治に固有のリスクマネジメントの合理性の核心は、ある方途での決定のリスクや別の方途をとったときの決定のリスクを互いに吟味し、とりわけ、それらのリスクの副次的結果がどれほど抗議を引き起こしやすいものであるのか、ということや、被影響者たちの発言力がどれだけのものであるのかということを顧慮しつつ、これらのリスクを互いに吟味する、という点に、存している」(*SR*: 185. ただし傍点は引用者)。ここでルーマンが、「合理性」という言葉を使用していることに注意しておきたい。これまで述べてきたリスク変換の概念は、この言明からもわかるとおり、ルーマンの考える「合理性」の概念へと連なるものなのである。だが、もちろん、この叙述だけからは、彼の合理性概念の意味、リスク変換の考え方との関連は不明なままである。次節では、かねてからさまざまな議論を誘発してきたルーマンの「システム合理性(Systemrationalität)」の概念を検討することをとおして、この点を明らかにしていこうと思う。

五　システム合理性

「システム合理性」の概念は、一九六八年の『目的概念とシステム合理性——社会システムにおける目的の機能について』を嚆矢として、かなり以前から唱えられているものであり、またそれに対する批判も絶えない。これまでルーマンのシステム合理性への批判としては、たとえば、システム合理性概念によって言い表される「機能主義的理性とは、理性の働きを[システムの]複雑性の縮減に矮小化して、理性がみずからを否認してしまうという皮肉な結果を語るものである」というユルゲン・ハーバマスによる批判(Habermas 1985: 431=1990: 634. ただし[　]内は引用者)が典型的である。また、小野耕二も、ルーマンの「システム合理性」概念が、「システムの維持」というシステム問題を準拠点にしているがゆえに、政治システム論においても多くの問題点を引き起こすという趣旨の議論をおこなっている(小野 1981；1982)。小野によれば、ルーマンは、システムの存続に対する貢献を判断基準にすることによってシステム合理性が評価され、個々の決定も、こうしたシステム合理性から評価されると考えている。だが、この抽象的なシステム合理性がより具体的な水準で展開されるとき、その実質においては、まさに(政治システムの下位システムとしての)行政(またその主体としての国家官僚制)による決定作成過程の掌握、という現代的状況(小野が念頭に置いているのは、一九六〇年代後半の西ドイツだが)を論理化するものとして捉えられる。さらにここに、集合的拘束力をもつ決定を「手続き」に基づいて創出するという機能を担う「行政」が、その手続き自体を創出する(狭い意味での)「政治」から分離される、という論理が加わると、「政治的計画」の実質化は、行政の分野へと限定されていくことになる。したがってルーマンの政治システム理論は、エアハルトの指導のもとでの戦後の新自由主義的経済原理から、一九六〇年代後半以降の「総体的経済操縦」へという、一九六六年の過剰生産恐慌をきっかけとした戦後西ドイツの政治変動を理論化しようとしたものであり、小野によれば、結果的に、政治システムにおける決定創出機能の行政への委託、ならびに、公衆の直接的決定過程からの疎隔を正当化することになる、というわけである。こうした小野のシステム合理性解釈は当時の西ドイツの政治状況に即したものとして評価することはできるものの、やはり今日のルーマン理論の展開状況に鑑みると受け容れ難いものといわざるをえない。

　このようなルーマン批判は枚挙にいとまがない。このような見解は、ルーマン理論そのものが「高度な形態のテクノクラティックな意識(die Hochform eines technokratischen Bewußtseins)」(ハーバマス)に基づくものであるという(今日ではすでに月並みな印象しか与えなくなっている)「ルーマン批判」につながることになる。しかし、こうしたルーマン批判が成り立たない(というよりやや的外れである)点については、「ありそうになさの公理」からも推察しうるし、また、本書第五章でも触れるつもりである。それ以上に、ルーマンのシステム合理性概念の内実そのものにそくしてみても、この批判はすでに成り立たない。とりわけ、一九八〇年代後半以降の「オートポイエーティック・ターン」を遂げたあとのルーマンのシステム合理性の定義は、こうした批判者の解釈の枠内に収まりきれない重要な意味を含んでいる。

さて、「システム合理性」は先に述べたとおり一九六〇年代以来の長い経歴を有する概念であって、彼の理論の展開過程の中でいかなる変転が、あるいは連続性が確認できるかについては、別個に詳細な跡付けが必要であろうが、ここでは、本書の主題にとって必要なかぎりで、初期の記述にも触れながら検討してみよう。

初期ルーマンは、システム合理性について、次のように語っていた。「いっさいの意味構成的な体験や行為が合理的なものとみなされるとすれば、それは、これらが、システム問題の解決に寄与し、したがって著しく複雑な世界の中で縮減されたシステムの構造を維持することに貢献する場合にかぎって、ということになるだろう」(SA1:79)。ルーマンの機能分析にとって最上位に位置づけられるのは、世界複雑性をいかにして縮減していくのかという「問題」である(「問題としての世界」)(SA1:115)。「内外の差異によって、わずかな複雑性の島を世界の中に作りだしコンスタントに保持していくことが可能になる。社会システムは、それ自体を環境から区別しそうすることによってシステム自体の複雑性を世界複雑性から区別することをも『学習』するのである」(SA1:116)。したがって右に述べた引用文において語られているシステム合理性とは、こうした問題を「解決」しシステム内外の複雑性の落差を維持することにほかならない(130)。

これが、一九八四年の『社会システム理論』になると、「システム合理性」には次のような定義が与えられることになる。「[システム]合理性というものは、差異をとおして区別されたものの中へ差異が再参入すること、つまり、この差異それ自体によって規定されているシステムの中へシステムと環境の明示的な差異が再参入することであるとみなされてよい」(SS:641=1995:865. ただし[　]内は引用者)。

差異という統一性をシステムの内部で主題化する、とはどういうことだろうか。ルーマンは、これを次のように敷衍して説明している。「因果論の用語に換言すれば、システムが合理的に行動しようとするのなら、システムはその環境に対する作用を、そのシステム自体に対する環境からの反作用に依拠しながらそのシステム自体でコントロールしなければならない」(SS:642=1995:865-866)。再帰が「合理的」なものたるためには、このようなシステムと環境との差異を差異として明示的に主題化し、システムが環境に対して及ぼす作用を、環境からの反作用を考慮しつつ、そのシステム自体でコントロールしなければならない、というのである。

たとえば、計画策定の問題もこうした合理性の考え方のもとで把握されうる(SS:641=1995:865)。ルーマンによれば、いかなる計画策定(Planung)も、当該の「計画される社会システムにおいて観察される」(SS:635=1995:856)のであり、ここに社会システムにおける計画立案固有の問題がある。社会システムの中で生起するすべての出来事がそうであるように、計画立案もまた当該社会システムの中で観察されるのであるから、「いかなる計画であれ、その計画が立てられると、――その計画策定において不利益を被っていると感じる場合であれ、その人の願望が叶えられないと嘆く場合であれ――被影響者が生み出され」(SS:635=1995:857)、計画の実現に対する抵抗が生み出される。やや角度を変えて、つまり、この計画立案がおこなわれたりそれへの異議申し立てがなされる社会システム(計画の対象となる社会システム)そのものに視点を移して表現するならば、「社会システムは、計画が策定されると、その実行によって達成される状態、つまり策定された計画の成功や失敗に対して反作用するだけではなく、その計画策定それ自体に反作用している」のである(a. a. O.)。こうした事情のもとでは、「計画策定者は、その計画を観察する者と、目標の評価順位、生起すると見込まれる結果、なんとか耐えうるリスクなどに関して、一致することは決してないであろう」(SS:641=1995:865)。このように、決定者と被影響者との社会的な溝が明示的に顕在化されているところでは、「行為の合理性も価値合理性も、計画策定者とその観察者の両方に共有の合理性を見いだすチャンスを、提供しはしない」(SS:642=1995:865)。行為の合理性も価値合理性も、このような状況のもとでは、当該計画を評価するための規準として両者が共通に利用することのできる合理性たりえないのである。しかし、ルーマンによれば、システムによる環境への影響や「アウトプット」を考慮に入れる「システム合理性」の視角からするならば、計画策定者と計画の観察者との間に、ある種の収斂(Konvergenz)を想定することができるようになる(a. a. O.)——もちろん、そのことによって「評価の食い違いや利害関心のコンフリクトが除去されるわけではない」(*SS*:642=1995:865)のだが——。

しかも、このように、たえず「環境」に対するシステム自体の「影響」や「アウトプット」を考慮に入れるという意味での合理性は、システムに対して「自己吟味」あるいは「自己批判」を要請する(*OE*:464)。つまり、ここで求められているのは、「たえず変転する状況、つまりつねに新しいその都度の過去やその都度の未来を伴うことになる状況に対して適合していく能力」(*OE*:451)である。そもそも、変転する環境の中で、目的と手段の長い連鎖を保持したり長期的にある一定の選好を保持しつづけることは一種の硬直であり、当該システムにとっては「合理的」とはいえない。ここから、ルーマンは、エスノメソドロジーの知見を援用しながら、「自明なことと見なすこと」の放棄、現にあるとおりにあるという想定の廃棄を、合理性概念と結びつけることになる(*OE*:446)。

もともとルーマンが一九六四年に、マックス・ウェーバー生誕一〇〇年を記念して執筆した論文において古典的組織論ならびにウェーバー組織論批判を展開したときの焦点の一つは、組織システムと環境との関係にあった。彼のウェーバー批判の要点は、「ウェーバーは古典的組織論と同様に、組織化されたシステムにおける純粋に内的な過程として、目的手段図式、命令、支配の正統性を把握していた」というものであった(Luhmann [1964]1971:92)。したがって、環境関係から組織内部にもたらされる反作用、また、システムの中の合理的行為に対してもたらされる反作用もまた、見過ごされてしまっているというわけである。[131] このようなウェーバーの考え方の背景にあるのは「内的なシステム合理性の、唯一正しい、理念型的な、あるいは最適な形式が存在しているのであり、このような内的な合理性に到達することによって同時に、環境との調和のとれた関係も生じてくる」という前提であるとされる。ルーマンの見方では、古典的組織論やウェーバーの組織論がシステムと環境の「関係」に光を当てることができなかったのは、(1)目的モデルや(2)命令モデルに束縛されていたためであるとして、それぞれのモデルに対する批判を展開する(Luhmann [1964]1971:93-96, 96-100)。このようなモデルにルーマンが対置するのが「システムの形成の意味を、純粋に内的な秩序の中にのみ見出すのではなく、システムがその環境と対峙しているという点に見出す」モデルであり、いわば「環境開放的なシステム理論」(Luhmann [1964]1971:101)である。このモデルによって、たえず変化し決して統制することなどできない環境の中でシステムが一定の同一性を保持するのはいかにしてなのか、が探求されうることになる。システムは「問題的な環境の中でその存在条件を確保している」(Luhmann [1964]1971:102)。『目的概念とシステム合理性――社会システムにおける目的の機能について』(Luhmann 1968a=1990)でさらに展開されている、変転する環境との関係の中で組織のシステム合理性を把握していくという視角は、確かに当時のシステム論の議論状況のゆえにインプット／アウトプットモデルに依拠してはいたが、右に述べた近年のシステム合理性概念の中にも確認することができる。こうしてルーマンは、組織システムを念頭におきながら、目的合理性モデルからシステム合理性モデルへと、つまりシステム内的な秩序に視点を置いた合理性モデルから、システムと環境との関係に重心をおいた合理性モデルへの転換を企図するようになったのである。一九八〇年代中葉以降に、オートポイエーシス論の枠組みを手に入れたルーマンは、それまで彼が彫琢してきた考え方を「再参入(re-entry)」の概念によって再定式化することになったわけである。

このような合理性概念についてのルーマンの規定を念頭におきつつ、先にも掲げておいた『リスクの社会学』(一九九一年)の中の次の一文をもう一度読んでみよう。「政治に固有のリスクマネジメントの合理性の核心は、ある方途での決定のリスクや別のやり方での決定のリスクを、とりわけそれぞれの決定の副次的結果がどれほど抗議を引き起こしやすいのか、被影響者の発言力がどれほどのものであるのかということを顧慮しつつ、互いに吟味する、という点」にある（*SR*：185）。ある決定が下される場合、その決定の、政治システムの環境に対する影響（たとえばエコロジー上の影響）が、どれほどの抗議を引き起こしやすいものであるのかを考慮する、つまり、被影響者の発言力を顧慮することが、必要になる。システムの環境への作用という点からみたとき、被影響者によって当該決定がどのようなものとして評価されうるのかという点への見通しが、「政治に固有のリスクマネジメント」の核心になければならない。決定者は、被影響者にとってのその決定の意味づけを考慮に入れながら決定を下していかねばならないわけだが、そのさい、決定者は、その決定の、環境に対する影響がいかほどのものであるのかを十分考慮に入れた上での決定であることを、たえず被影響者に対して表出していかなければならない。そのさい、右に述べたような意味での、政治に固有のリスクが現れることになる（「リスク変換」）。システムの環境への影響を当該システムの内部で顧慮するという意味での「システム合理性」は、このようにして、当該決定が評価されるさいの規準となる。[132]

要するに、このシステム合理性の概念は、明らかに、被影響者による観察を観察するという視点に定位している。[133]決定を下す側の視点からする「リスク」とその決定の結果を甘受する被影響者にとっての「危険」の区別に依拠するなら、システム合理性とは、リスク／危険の差異を、当該システムの内部に「再参入」することにほかならない。当該システムの決定の「リスク」がその環境にとっていかなる「危険」を惹起しうるものであるのかを、そのシステムの内部でテーマ化するのである。それゆえ、ルーマンの述べるシステム合理性とは、環境関係をたえず考慮に入れることを要請するものであり、決して「自閉的」に、外部に対して盲目的な仕方で作動することを許容するものではないのであり、今日こそ考え直されるべき内実を含んでいるというべきであろう。

しかし、第三章におけるリスクと信頼についての検討を経た眼からすれば、ルーマンが、このようなシステム合理性概念を、たとえば「被害者」や「弱者」の視点を十分に「考慮」に入れることのできる専門家や行政を念頭におきつつ定式化しているとみるだけでは、一面的であると言わなければならない。この点を考えるとき、同じく「再参入」の視点からシステム合理性を論じているとはいっても、ルーマンが、一九九〇年代に入ると、システムのパラドックス(ならびにその「展開」)を強調しはじめる点に注意すべきであろう。もちろん、一九九〇年代以前の諸著作の中からもこれと同様の視点を読みとることはできよう。しかし、一九九〇年代以降のルーマンの叙述の中には、それまでは必ずしも判然としなかった論点が明確に浮き彫りにされてくることになる。こうした観点からすると、もはや、ルーマンが「システム合理性」を手放しで称揚しその積極的な擁護を企てているとみることはできない。むしろルーマンは、このシステム合理性に対してある程度の距離をとりシステム合理性「批判」とでも言いうるような態度を併せ持っている。したがって、もし、この「システム合理性」をいわば額面通り受け取り、システムは、実際に現にある被害者や受苦者の立場を追体験しこれを十分に考慮に入れながら決定を下すことができるのでありまたできなければならないのだ、と考えるすれば、あまりに楽観的に過ぎるというだけでなく、リスクと危険の差異、決定者と被影響者の差異を糊塗するレトリックへと転化しうる危険性を持つ。

むしろここでは、システム合理性は、ピエール・ブルデューにならって、いわば一種の「遂行的な言説」として解釈すべきだろう。(134) もちろん、ルーマン自身は、こうした捉え方を直截におこなっているわけではないが、合理性から距離をとるこのような立場が、ルーマンのシステム合理性についての論述の中にも息づいているとみることができる。つまり、システム合理性とは、以下で見るようにある重要なパラドックスを隠蔽することによって当該システムの作動(オートポイエーシス)を確保しこれを貫徹する働きに資しているものであるといわなければならない。そもそも、右に述べたようなかたちで「環境」を「顧慮」することは、システムが「開放的」になることなどではなく、逆にシステムの閉鎖性の再生産にほかならない。

右に述べたように、システム合理性とは、システムと環境の区別が(その区別によって区別されている)システムの中に再参入することである。別様に言えば、システム合理性の問題は、「自己準拠と外部準拠との区別の処理という点に存している」(***OE***:462-463)。システムが、当該システムと環境の差異を(この脈絡でいえばリスクと危険の差異を)考慮に入れるというこの事態は、しかし、ルーマンのシステム理論の基本的な想定からすると、次のような問題を提起している。ルーマンによれば、システムは環境「そのもの」を考慮に入れることはできない。「組織システムにおいて環境として観察されているものは、つねにその組織自体による構築物」である(***OE***:52)。とはいっても、当然、組織にとっての環境が有するリアリティが疑われるわけではない。組織にとってはその組織からみえる環境しか与えられていない。システムからの視点では、環境は(自己準拠とは区別された)「外部準拠(Fremdreferenz)」、すなわちそのシステムによって指し示された(referentiell)外的なリアリティである。

このような、環境がシステムによる構築であるという主張自体は、ユクスキュルやエソロジー(ethology)の論脈ではすでに周知のものだが、しかし、ここで問題とすべきなのは、構築されていることそれ自体ではなく、「システムと環境の区別の、システム内部への再参入」を遂行するさい、「システムが指し示している環境と、その『外部に』ある環境、つまりそれ以外の観察者によってであれば観察されうるであろう環境とが、区別されて」おらず「これらが一つに混同されてしまう」という点である(***OE***:462)。それは、いま述べたようにシステムにとって環境が「外部準拠」としてしかありえないことのコロラリーであるが、ここには、(システムの視点から離れてみれば)一つのパラドックスが見いだされる。つまり、第一の、システムが指示する環境と、第二の、他の観察者によってであれば観察されうるであろう「外部の」環境[135]という、この二つの異なった環境が同じである(＝違うものは同じである)というパラドックスである。ところが、この再参入が遂行されるさいには、このパラドックスは見えなくなっている。つまり「再参入(re-entry)は、ある区別がその区別それ自体の中に再参入するときその区別が［再参入する前の区別と再参入したときに現れる区別との間で」果たして同一のままなのかどうかと問うならば暴露されてしまいうるであろうパラドックスを、隠蔽している」(*OE*: 462)。

とはいえ、システム自体は、この二つの「環境」を同一化することでしか再参入を果たしえない。この二つの「環境」が「違う」と言いうるのは、当該システムの視点から離れて観察する立場にとってのみである(しかも、このシステムの視点から離れた立場にも、同じことがあてはまり、その立場から見えている環境しか見えないという自己述語性を有する)。システムにとっては、外部準拠としての環境は、十分にリアリティを備えている(*OE*: 52)。したがって、システムの視点に定位するならば、システムが構成した「偽物の」環境とは別に「真の」環境なるものが、あるわけではない。社会システムは(心理システムもそうだが)、「ラディカルな構成主義」をいわば「生きる」ことはできない。

システムと環境の差異のシステム内部への再参入としてのシステム合理性は、したがって、こうした再参入を遂行する過程で、この二つの環境を同一視することに、すなわちパラドックスを隠蔽することに資しているといえる。つまり、当該システムが考慮に入れている(＝つまりシステムの中に再参入されている)「環境」(たとえば「被影響者の利害」とされるもの)が第二の環境であるというかたちで、二つの「環境」が同一化される。「システムにとっては、この二つの環境は、ただ一つの認知的地位を、つまり、リアリティとしての地位を有しているのである」(*OE*: 463)。

もっとも、先に述べたように、システム合理性は、固定された長期的な目的-手段連鎖とかある種の選好の保持としては考えられておらず、変転する環境の中でたえず自己審査、「自己批判」をおこなっていくという意味あいをも含んでいる。したがってたとえば、組織カウンセラーの助けなどを借りて、(いわば)「自己精神鑑定」をおこないない、当該システムが現に把握している「環境」とは実はみずからが投射し構成したものなのではないかという「投射意識」を持ちそれを改めていくことは可能である(*OE*: 464)。いわば現に把握している環境イメージをたえず訂正しみずからの作動をその都度「方向修正」していくことはできる。しかしその場合でも、修正さえすれば、現に存している世界のリアリティに次第に接近することができるのだという想定は保持されたままである。

こうしてみると、ルーマンは「システム合理性」が(リスク論の脈絡にとっても重要な)パラドックスを隠蔽する効果を持つ点に批判的な視線を向けているのであり、このこともあわせて考慮されるべきであろう。このようにシステム合理性から距離をとりつつ論定する立場は、リスク／危険、あるいは決定者／被影響者の差異の隠蔽を警戒するルーマン、という本書でのルーマン解釈ときわめて親和的であろう。確かに、ルーマン自身述べているとおり、システムは右に述べた二つの環境を同一視する(つまりパラドックスを隠蔽する)ことでしかみずからの作動を保持しえない。だが、たとえば「危険」を被る被影響者(被害者や社会的弱者)の視点が「実際に」考慮に入れられうるし、また入れられなければならずまた実際入れられている、という言説を、学的立場から、さしたる批判的吟味もなしに反復・再生産することは、場合によっては「システム合理性」の貫徹に如才なく荷担する論理に転化しうる点に、十分に注意すべきであろう。あるいは、今日の「非知」の問題を背景にしながら、機能システムのコードの「融合」や機能システム「間」の「対話」を語る論理も、やはり「開放性」を力説しているように見えて、じつは、そのいわば「遂行的」な働きとして、システムの閉鎖性の再生産に資する側面を有する。ルーマンのシステム合理性論は、先に述べた月並みでかつ性急なルーマン批判を受容してしまえば失われてしまうであろうこうした重要な観点を提示してくれているのであり、われわれは十分な注意深さでもってこれを吟味していくべきであろう。

こうしたシステム合理性概念の背景に存しているのは、システムがおこなうほとんどすべての振る舞い(オペレーション)に対する観察圧力が増大している、という事態であろう。観察されている当事者がそれと気づかぬうちに観察されてしまっていることすら稀ではない。潜在的に将来的損害をもたらしうるとされるすべての決定に対する観察が、こんにち強く促されているのである。ある決定が、どのように観察されているのかを観察しつつ(セカンド・オーダーの観察)、下されざるを得ないということに着目するのであれば、こうしたセカンド・オーダーの観察の水準に定位した「システム合理性」の概念の今日的意味が、あらためて問われていかなければならない。

今日の「リスク社会」の中で、このような観察圧力としてまず第一に考慮されるべきなのは、いうまでもなく「抗議運動」である。すでに繰り返して述べておいたとおり、ルーマンがリスク／危険の差異ならびに決定者／被影響者の差異を、みずからのリスク論の基礎にすえたのも、この決定者／被影響者という差異がこんにちの抗議運動のきっかけとなっていると考えていたからにほかならない。では、ルーマン自身は、この「抗議運動」をどのように位置づけているのだろうか。次の章においては、この点に焦点をあてて議論を進めていくことにしたい。

第三部　被影響者とリスク

第五章　抗議運動

一　ルーマン理論における「抗議運動」

本章では、ルーマンの抗議運動についての見解を少し踏み込んで考察してみることにしたい。繰り返し述べてきたように、ルーマンは、リスク論の脈絡の中で、抗議運動が今日現れてくるきっかけを、決定者／被影響者という「近代社会の根本的構造」に由来する社会的な弁別化(Diskriminierung)の中に見いだしており、したがって、ここまで述べてきたようなルーマンのリスク論の論脈をたどっていくならば、ルーマンが、抗議運動を――肯定的にか否定的にかはひとまずおくとして――積極的に議論の俎上に載せようとしていることは容易に予測できるはずである。ところが、ルーマン理論に対するこれまでの評価、たとえば、ルーマン理論は「高次の形態のテクノクラティックな意識」そのものである(Habermas & Luhmann 1971:145=1987:186)という先述したハーバマスのルーマン理解やそれに類する評価からは、ルーマン理論の中に抗議運動を位置づけるべき適切な場所は存在しない、という結論しか導けない。あるいはルーマンのシステム理論は、自己言及的システム理論として、つまり「閉鎖的なシステム」についての理論を構想しているが、この理論が描き出すシステムとは、「自律的」というよりもむしろ「自閉的」といったほうがふさわしい特性を有するものであり、したがって、「自己言及システムは環境からのいっさいの批判や介入を排除する」ことになり、「外部にある者にとって残された道は、政治システムをひらすら信じることと以外にはない。……このことは、システム成員の判断能力や行為能力の剥奪を前提とする。……人々の無知と政治的無関心は、政治システムにとっては機能的」であるということになってしまう。その結果、――確かに制度化されたコンフリクト解決のための装置はしつらえられてはいるが――「この紛争処理システムによっては解決できないコンフリクトはその視野の外に追いやられてしまうのである」。したがって、ルーマン理論は、社会運動に関心を持っている人々から手厳しい批判にさらされる、といった解釈がそれである(山口 1995:128-131)。閉鎖性を「閉塞性」と同義に扱う理解は、近年のハーバマスにも見いだされる(Habermas 1992:405)。この解釈の不適切さは、ここまでの本書の叙述からしてほぼ明らかであろう。

たとえば、一九八六年七月二日付の『フランクフルター・アルゲマイネ』紙への寄稿の中でのルーマンの記述をまずみてみよう。「『新しい社会運動』が実り豊かなものであり、さまざまなテーマを公共的な議論の俎上に載せていること、官僚制の荒廃を解消しようとしていること、あるいは少なくともそうした荒廃を可視的なものにしようとしていること、さらにとりわけ、これらの運動が、近代社会がどれほどまでリスクに立脚した社会であるのかを認識させることに貢献していること」(Luhmann [1986a]1996:77-78)、という記述、さらには、『リスクの社会学』における抗議運動評価、すなわち「近代社会の構造決定(Strukturentscheidungen)の帰結に対する[抗議運動の]感受性……は、無条件に否定的にのみ評価するには及ばない利点を有するものなのである」という記述(*SR*:154)は、ルーマン理論の内実に即して正当に評価されるべきではないだろうか。さらに、「エコロジー的な問いに対する注意力が[現代において]急速に貫徹しつつあるのは、技術への信頼がますます疑問視されつつあるせいであると同時にこのような[抗議]運動のおかげでもある」という叙述(*SR*:153-154)もまた同様である。

これらはほんの一例だが、こういったルーマンの抗議運動に関する発言は、右に述べたようなルーマン理解に依拠するかぎり、整合的に位置づけることができなくなる。むしろ、こういった抗議運動評価が、ルーマンの所説そのものと相容れないものではなく、親和的である、という見解をとりあえずの仮説として設定するほうがむしろ自然であろう[136]。

事実、ルーマンは、公式組織に主たる理論的関心を注いでいた時期から後期のいわゆる「オートポイエティック・システム理論」の時期にいたるまで、抗議運動についての位置づけは一貫している。この点を確認するために、まず、次節において、一九九〇年代のルーマンにおける抗議運動についての叙述に目を向けてみることにしたい。この叙述を念頭におきながら、初期ルーマンにおける「学生反乱」についての評価を追尾してみると(第三節)、初期の頃から変わらぬ彼の抗議運動論の基本的視角が、おのずと明らかになってくるであろう[137]。

二　政治システムにおける「中心と周辺」

これまでルーマンは、「社会システム」を、コミュニケーション可能な領域すべてを言い表す「包括的な社会システム」たる「社会(Gesellschaft)」、関与しうる成員を限定することによって成立する「組織」、その場に居合わせている者同士のコミュニケーションである「相互作用」、という三つの類型に区分しており、そのそれぞれに関して大部な各論を公刊している。組織論はルーマンの初発からの主要な研究フィールドであったし、『社会の科学』や『社会の法』といった「社会の理論」はルーマンのライフワークであった。また、相互作用に関しても数多くの論文のほか一九八二年の『情熱としての愛』という珠玉の一編を残している。この三つの分類は、彼の社会システム理論のこれまでの記述を支える柱の一つであったといえるだろう。ところが、晩年の『社会の社会』での記述によれば、ルーマンは、従来のこうした三つの分類をあらため、「理論的な美しさを顧みず」(*GG*:847)、このいずれにも所属しないい第四の社会システムの類型として、「抗議運動」を挙げるにいたっている(GG:847)。一九九〇年代のルーマンは、それほどまでに、抗議運動の意味を重要視するにいたっていたということであるが、ここでは、後の議論との関わりで、さしあたり、抗議運動が「組織」にも「相互作用」にも属さないとしている点に着目しておきたい。

もっとも、その反面、この考え方は、それ以前には明示化されないまったく新しい着想であり、したがって当然、社会や組織や相互作用に関する叙述と比べれば、その扱いはごく小さなものであるといわざるをえない。ルーマンが一九九六年までに抗議運動について発言した論考を集めた、カイ＝ウーヴェ・ヘルマン編集の『プロテスト』と題する著作も刊行されてはいるが、この本は、ヘルマンの序文を省けば一七〇頁程度であり、その内容も、抗議運動についての系統的な叙述が展開されているというわけでは必ずしもない。しかし手掛かりがないわけではない。『社会の社会』の第四章第一五節と『リスクの社会学』の第七章、ならびに『社会の政治』第七章と第八章においては、比較的まとまった分量の考察がおこなわれているので、この三つのテキストが、本書での叙述にとってもっとも役に立つ。とくに、政治システムという機能システムにおける抗議運動の位置づけをごく簡単に確認する本節では、『社会の政治』を主たる素材にして論述を進めてみたい(『社会の社会』と『リスクの社会学』での抗議運動論については、次節以下で触れる)。その結果明らかになるとおり、一九九〇年代のルーマン抗議運動論は、決して単なる時論にとどまるものではなく、みずからの理論枠組みの中でこれを積極的に記述していこうとする試みであったと言うことができるだろう。

さて、ルーマンの社会システム理論が、社会の機能分化の理論に依拠しているということはここであらためて確認するまでもない。ルーマンによれば、社会の「進化」は、「環節的分化」から「成層的分化」をへて、「機能分化」へといたる過程として描くことができる(『社会の社会』では、この三段階の図式に加えて、環節的分化と成層的分化の間に、不平等性の端緒が見いだされる「中心と周辺の分化」の段階を挿入している（GG:613））。社会の部分システム同士の関係に着目してごく簡単にそれぞれの段階について述べておくなら、まず、環節的な社会は、諸部分システムの同等性によって特徴づけられる。部分システム（諸環節）の間には、不等性がないものとされるのである。それに続く成層的に分化した社会においては、ランクに応じて部分システム間（階層・階級）の不等性が現れてくるが、最後の機能分化の段階にいたると、諸部分システム（諸機能システム）間の同等性と不等性とが同時に見いだされるようになる。すなわち、互いに異なった諸機能システムが同等の資格において併存しているという状況である。このような特徴に着目して、ルーマンは、機能分化した社会を、「頂点」となるべき社会領域とか「中心」的な審級としての役目を有するシステムはありえない、脱中心的な社会、あるいは多中心的な社会である、とも明言している（SS:14=1993:xviii）。

ルーマンによれば、機能分化という点だけからみてみるならば、社会には「不等性」は見いだせない。しかしこのルーマンの言い方には注意を要する。ルーマンは、社会の機能分化について語るとき、つねに「第一次的に（primär）機能的に分化した社会」という言い方をすることが多い。このことの意味は、それ以外の分化形式（たとえば環節的な分化や中心／周辺の分化、成層的な分化）も、確かに機能分化した社会には見いだせるのだが、しかしそれは、機能分化という第一次的な分化形式の枠内で生ずるのだ、ということである。つまり、「機能的な分化の場合、今日でも、社会階層の形式での成層化やさらには中心／周辺の区別も見いだせるが、しかしこのことは、機能システムの固有の発展ダイナミズムの副産物なのである」（GG:612）。たしかにいかなるシステムも、社会全体をコントロールしうるような中心的審級とはなりえない。政治システムもまた、それ以外の、たとえば経済システムや法システムや教育システムといった諸機能システムと並ぶ一つの機能システムなのであり、社会全体を「コントロール」したりすることはできないとされる。その意味で、中心も頂点も社会にはありえないということになるのだが、しかしそうだからといって、それぞれの機能システムの内部で、ヒエラルヒーが形成されたり環節的な分化がおこなわれたり「中心」と「周辺」が分化したりすることが、ありえなくなるわけではない。

ここでとくに着目したいのは、政治システムの内部における「中心と周辺」の分化である。というのは、ルーマンの抗議運動についての所説は、政治システムという機能システムの内部でのこの分化形式と関わって、議論されているからである。

ルーマンによれば(*PG*:244)、政治システムという一つの機能システムの内部で、(社会の進化過程で見いだされた)環節的分化と成層的分化と中心／周辺の分化が反復される。まずは、政治システムは、それぞれの領域国家に分化しており、この分化は、「環節的な分化」に相当すると見なすことができる。次に、その領域国家の内部でさらに、「中心と周辺」とが分化する。ここで「中心」とされるのは、「国家組織」であり、それ以外の諸政治組織、たとえば、政党や諸利益団体が「周辺」となる。さらにまたこの国家組織という「中心」において、ヒエラルヒー的なシステム分化が形成されうるようになる(成層的分化)。つまり、(1)機能分化、(2)(各領域国家への分化という)環節的分化、(3)その中でさらに中心と周辺が分化し、(4)「中心」においてヒエラルヒーが形成される(=成層的分化)、というわけである。

本節で取り上げるのは、このうちの「分化の第三水準」に位置している中心と周辺の分化である。ルーマンによれば(*PG*:249-250)、この中心／周辺の分化は、政治システムにだけ固有の分化形式ではない。法システムや経済システムにおいても中心と周辺とが分化しており、たとえば法システムであれば、「中心」に位置するのは「裁判所」であり[138]、経済システムであれば、「銀行」がそれにあたる。

政治システムにおいて「中心」となるのは「国家組織」である。国家組織が政治システムの中心である、ということの意味は、集合的に拘束力のある決定を下すことができ、またそうした決定に対する責任を引き受けることのできる唯一の組織が国家である、ということである(*PG*:244)。「国家は、ある一定の領域に対する政治的な責任を引き受けている。こうした領域の内部においては、国家は、すべての政治的組織――国家組織それ自体をも含めて――のオリエンテーションの中心として役立つ唯一の組織なのである」(a. a. O.)。

こうした国家という中心に対応して、それ以外の政治的組織は「周辺」として取り扱われることになる。たとえば、政党、各種の利益団体、圧力団体がそうである。これらの「周辺」の諸組織は、国家という中心の組織に対して、ロビーなどの各種の政治的イッシューを有するコミュニケーションをおこなうことになる。こうしたコミュニケーションはじつに多様な形態をみせることになり、しかもそれは「政治的に『責任をもたない』ようなかたちで行われる」(*PG*:245)。もちろん、そうだからといって、これらの諸組織が、「任意の幻想に身をゆだねて」活動をおこなうわけでは決してない。というのは、かりにもこれらの諸組織が、政治システムの中の組織として、一定の成果をあげるべく活動しようとするのであれば、これらの組織が国家組織に対しておこなうコミュニケーションのテーマは、政治的テーマとして容認されうるようなものへと先鋭化させられなければならないからである(a. a. O.)。

このことから推測されうるとおり、「中心と周辺」が分化するということは、政治システムの「複雑性[139]が、決定能力、つまり集合的に拘束力のある決定能力を損なうことなしに強化」されうることにつながる(a. a. O.)。国家という中心において、そうした決定が下されつつも、なお多様な諸可能性に開かれうるようになるのは、数々の諸政治的組織が「周辺」として存しているからにほかならない。「周辺においては、(まだ)集合的に拘束力のあるかたちでは決定が下されえないので、願望を思い描くためのより大きな余地、クライアントに指向したドラマ化のためのより大きな余地が与えられることになる」。その結果、中心は、周辺から、「数多くの、一貫しない決定要請を有り余るほどあびる」ことになる(*PG*:247)。

この「中心と周辺」の分化という点に関して銘記しておきたいことは、決して「中心が周辺よりも重要である」

といったことを意味するわけではない、ということである(*PG*:251)。政党や利益団体を「周辺に追いやっている」わけでは決してない。中心と周辺との関係は、法システムにおける中心と周辺の図式がそうであるように、「ヒエラルヒー」として理解されてはならない。むしろ――ちょうど法システムにおいて、中心／周辺の図式が立法と裁判とのヒエラルヒー図式に代替するものであるのと同様に――中心／周辺の図式はヒエラルヒーに取って代わるべきものである。ヒエラルヒーは、官僚制等として「中心」(国家組織)の内部においては見いだせても、中心と周辺との関係そのものがヒエラルヒーなのではない。むしろ場合によっては周辺のほうが中心よりも「重要」である、と言いうる場合もありうる。というのは、「周辺においては、システムが環境との関係においてとることのできる、環境に対する感受性(攪乱可能性)の程度が決定されているからである」(*PG*:251)。ともあれ、どちらかが他方よりも「重要である」といったような「一義的なランクづけ」は放棄されなければならない[140]。

このように、ルーマンの政治システム論にあっては、国家組織という中心に対して、政党や諸利益団体が周辺に位置するという構図になっている。では、抗議運動はこのような構図のどこに位置づけられることになるのだろうか。

ルーマンによれば、抗議運動もまた、中心／周辺という図式に依拠して把握されうる。ただしそれは、右に述べたような意味での中心／周辺とは異なった意味での、中心／周辺である。ルーマンの叙述を確認しておこう。「国家組織とそれ以外の政治的諸組織、とりわけ政党が、継続して互いに調整しあいこれらの諸組織の間でたえざる人員の交換――こうした人員の交換によって『アジェンダ設定』にしたがって政治的テーマがきわめて制限されることになるのだが――がおこなわれるようになればなるほど、新たなる周辺に対する要求が高まってくる」(*PG*:315)。これまで周辺であった政党や諸利益団体が中心に組み入れられていくのに相応して、中心／周辺の区別の軸が移動し(その意味で、中心／周辺の分化は相対的なものである)、別の、「新たなる周辺」が成立してくる[141]。ルーマンの認識では、ここで述べられている「新たなる周辺」が、ほかならぬ「抗議運動」である。中心が、周辺をみずからのうちにできるかぎり取り込もうとしても、必ず、その中心には収まりきれないさらなる「周辺」、つまり環境に対してより大きな感受性を有したセクターが立ち現れる。「コーポラティブな国家という拡大された中心に対して、より多くの不安定性を有するという点で、さらには、場合によっては等閑にされてしまうかもしれない諸テーマを把握するためのより大きな開放性という点でも、こうした周辺は際立っている」のである(*PG*:315)。

ここでルーマンが「コーポラティブな国家という拡大された中心」とそれと相即的に「新しい周辺」が生ずると述べているのは、一九七〇年代後半以降の(西)ドイツの事情を念頭においてのことだと思われる。(西)ドイツでは、一九六〇年代後半以降、国家と経営者団体、労働組合の三者の協調体制として「ネオ・コーポラティズム的エリートカルテル」(Aleman & Heinze 1981:61)が形成され、また、同時に、かつての与野党の連合政権のもとで、経済安定・成長を共通課題として掲げてきた。つまり、労働組合や経営者団体、野党といったかつての「周辺」が積極的に「中心」へと組み入れられるという事態が進捗していたのである。ところが、一九七〇年代後半以降になると(西)ドイツでは、こうした事態に対抗するかたちで、新しい社会運動が頻出するようになる(坪郷 1989:142-143)。まさにルーマンがいうところの、拡大された中心/新たなる周辺という図式が現出していたわけである。[142]

後でもう一度みるとおり、ルーマンによれば、新しい社会運動をシステム理論的な観点からみるとき、重要になってくるのは、その運動が成功したか/失敗したかということではない(*PG*:316)。成功、たとえば、決定過程の中に参画しうるようになることが問題なのではない。むしろ、中心/周辺との区別を動的なものにしつつ、アピールと抗議の可能性を保持し続けることが重要なのである(a. a. O.)。成功するか失敗するかは、ルーマンにとって副次的であり、むしろ、抗議の可能性を保持し続けること、つまりは、リスク論のタームで言い換えれば、(決定者ではない)被影響者の立場に立ち続けること、が肝要なのである。この点は、ルーマンによって、「抗議の形式」として言い表されることになるが、これに関しては第四節以降で明らかにしていくことにして、まずは、右に述べたような一九九〇年代のルーマンの抗議運動の位置づけが、初期のころからかなりの程度一貫していたということをみるために、一九六八年ドイツの学生反乱に対するルーマンの評価を確認しておくことにしたい。

三　初期ルーマンにおける抗議運動の位置
――一九六八年ドイツ「学生反乱」評価

ルーマンが、学生運動について発言していることは、これまでのルーマン研究の中でもほとんど知られていない。彼は、みずからの大学論[143]をまとめた論文集『環境（Milieu）としての大学』（Luhmann 1992c）の中に収められている、一九六八年初出の論考「論拠としての現状維持（Status Quo als Argument）」の中で、一九六八年のドイツ学生反乱についてまとまった考察をおこなっている。

この論文でのルーマンの出発点は、「学生反乱は、現状維持（Status Quo）に気が障った」（*SQ*:16）ということである。現状維持といっても、そこでは、単なる「伝統主義」が問題となっているわけではないことにルーマンは注意を促している。むしろ、「今日の保守主義」は、「過去の存在的な優位性、価値的な優位性を必要としない。……したがって、これらの点での優位性ということに対して攻撃を加えることはできない。今日の保守主義は、変化を排除するわけではないし、すべての価値の完全な相対主義を容認しているからである」（*SQ*:19）。容易に推定できるとおり、このルーマンの発言の背景には、当時の西ドイツの政治状況がある。一九六〇年代後半、キージンガー首相のもとで、ＣＤＵ（キリスト教民主同盟）／ＣＳＵ（キリスト教社会同盟）とＳＰＤ（ドイツ社会民主党）が連合し、いわゆる「大連合政権」が誕生する。この政権のもとで、「改革の制度化」が積極的に、しかし漸進的に進められ、所謂

「インクリメンタリズム」(漸進主義)が定着したのである(平島 1994:100)[144]。

このようなインクリメンタリズムに従えば、「経済についての『概括的な』計画は困難になり、とりわけ価値構造がきわめて分化してしまったために、進歩に対する保証が生み出せなくなってしまった。残されているのは、もっぱら、現状(Status Quo)を前提として、『パレート最適』な改革にうまく合致するような特別な利害関心を探し求める可能性だけである、ということになる[145]」。だが、抗議する側からみて「問題となるのは、こうした戦略が、[少しずつの変化というだけでなく社会システムの骨組みそのものの変化という意味での]構造的な変化をも計画するのに適しているのかどうか、ということであり、――そしてこれよりもおそらく重要なことであるが――計画されざる社会の構造的な変化に対して反作用するのに適しているのかどうか」ということなのである。

こうしたインクリメンタリズムと学生運動との関係において重要なのは、改革・変化の制度化によって、「抗議吸収のための装置」が政治システムの中に組み込まれた、という点(*SQ*:25)である。「変化への願望を申し出たり主張したりする機会が欠落しているわけではない。むしろ、学生たちは、自分たちが、どうぞ批判してくださいという招待を受けていることに気付いている。……システムは学生たちを閉め出しているわけではない。変化への準備もある」(a. a. O.)。

確かに、いまや、この高度に複雑な社会においては、「ほとんどすべての有意味的な行為のための場所が設けてあり、それに何らかの機能があたえられてしまう」のであり、「いっさいのラディカル主義さえも有意味的にシステムの中に位置づけられ、奇妙な傾向もまたシステムにとっては使いものになる」(*SQ*:27)。しかし、問題なのは、このようなルートで確保される「批判」が、当該システム内部の一定の「役割」の受容と結びついている、ということである。「こうした役割を引き受ければ、現状(Status Quo)……を承認しなければならない。そのさい、抗議は、[不本意にも][当局と]交渉可能な目的へと曲げて解釈されなければならなくなり、システムのレトリックを甘受しなければならない……」(*SQ*:25)。したがって、「学生たちは、そうした役割を、艤装しなかった[＝引き受けなかった]のである」(a.a.O. ただし[　]は引用者)。

学生固有の「理念」からみれば、現実の「政治過程の把捉能力は、かなりわずかなものなのである。現在の政治過程の把捉能力は、あまりにもわずかなオルタナティブしか決定の中に持ち込めない」(*SQ*:28)。しかも、システム内部で準備されたルート(しかるべき役割の引き受け)によって可能となる「批判」では、「批判の論拠のために使いうる複雑性は[学生たちにとっては]きわめて小さいものになってしまう」(*SQ*:27. ただし[　]は引用者)。それゆえ、――もしここで複雑性を「システムの中で構造的に統合され有意味的に処理されうる状態や出来事の数」と理解するならば――「社会は十分に複雑ではない、とか、オルタナティブを十分には表現できない、とか、反対意見の形成、証拠の問題化、すべての価値に対する交代要請、パースンやプログラムの機能を顧慮してのこれらの交換、こういったことに対する社会の能力は十分なものではない、という異議を唱えることができるし、また、そうしなければならないのだ」とし、さらに「ＡＰＯ(アーポ)もまた、必要であるように思われる」(a. a. O.)と、「議会外野党(Außerparlamentatische Opposition; APO)」を評価する。

一九五〇年代のＳＰＤは、第一回、第二回の連邦議会における敗北を契機に、より広い選挙民にアピールしうる綱領の作成に取り組み、一九五九年に、「可能な限りで競争を――必要な限りで計画を」という有名な定式を掲げた「バート・ゴーテスベルク綱領」を採択した。このことによって、ＳＰＤは、マルクス主義から決別し、自由な競争と企業の自由な創意を強調し、市場経済を積極的に推進する立場をとることになる。こうした路線変更によってそれまで「万年野党」であったＳＰＤは、統治能力のある政党であることをアピールし、右に述べたように、一九六六年にＣＤＵ／ＣＳＵとともに大連合政権を形成することになる。だが、この政権が形成されたことにより、議会は、九〇％以上が「与党化」してしまうことになり、議会制民主主義そのものの危機が叫ばれるようになる。

そこで、この大連合政権に反対する学生・知識人たちが、みずからを「議会外の野党」と位置づけ、学生反乱の母胎となっていったのである。

　ルーマンが、ここで、さしあたりこうしたＡＰＯの意義をある程度肯定的に理解している点に注目しておきたい。「決定に関与しえない被影響者(Betroffene)」という言葉こそ用いられていないものの、この叙述は、決定者とは区別される「決定に関与しえない被影響者」の積極的な意味合いを引きだそうとするものであることは明らかである。[146]このような意味でいえば、前節で述べておいたとおり『社会の政治』における「新たなる周辺」としての抗議運動の位置づけの萌芽が、ここですでに明確なかたちをとっていたといってよい。『社会の政治』以外にこの点の例証の材料を求めるとするなら、たとえば、一九九七年の『社会の社会』における次の記述をあげることができよう。すなわち、「……抗議運動の成立根拠を、政治システムの分出という点に、また、政治システムの共鳴の相対的な喪失という点に求めることは間違ってはいない」(GG:856)。この記述をこうした初期ルーマンの学生運動についての記述の脈絡の中に置き換えてみても、何ら違和感がなかろう。

　さらには、それ以前の著作でいえば、一九八四年の『社会システム理論』において、ルーマンは、社会システムが閉鎖的になる、とは外部からの批判を受け付けなくなることとか因果上の孤立(自足性)といったことを意味しているのではまったくなく、むしろ、「システムにとっての否定可能性を制御すること」である、と述べている(SS:603=1995:811)。つまり、社会システムにおけるコミュニケーションでは、ありとあらゆる否定が可能となっているわけではなく、「それに反応する態度を整え、たとえば論拠を呈示したり、あるいは威嚇したりすることをとおして、対処しうる手がかり」をまえもって算段しうるような「否定」(＝社会システムの場合にはコミュニケーションの不理解や拒否)だけが、可能となっている(SS:604=1995:813)。この記述も、「抗議吸収のための装置」が政治システムの中に組み込まれ、批判・否定の可能性が(排除されたのではなく)コントロールされてしまったという右に述べた事情と考え合わせると、ここでの脈絡に直接につながってくるものであろう。

四　組織の「不確かさ吸収」と抗議運動

ところで、こういったルーマンの学生反乱評価が、ちょうど、『公式組織の機能とその派生的問題』（一九六四年）、『公式行政における法とオートメーション』（一九六六年）、『目的概念とシステム合理性』（一九六八年）、『手続きをとおしての正統化』（一九六九年）、といった、主として行政組織を念頭においた一連の大部な公式組織論を刊行した直後に、あるいは直前に著されたものである、という点は、彼の組織論が、右に述べた抗議運動評価と、決して相容れないものではない、という予想を容易にさせる。じじつ、ルーマン生前の最後の著書となった『社会の社会』（一九九七年）の組織について論じた箇所（第四章第十四節「組織と社会」）において、ルーマンは次のように述べている。

「数多くの機能システムにおいて、とりわけ政治システムにおいて、組織化された決定過程の成果といった形で個々人に押しつけられるものに対抗するようなルサンチマンが、形成されてきている。現在、ますます、civil society、シチズンシップ、市民社会について繰り返して語られるとき、……その衝撃は、大部分は、組織に対して向けられているのである。問題となっているのは、組織に所属することなしに公共性へと関与することなのである。問題は……組織による『不確かさ吸収』……のもたらす不十分な成果という点に、存しているのである」（GG: 844）。この論述の、「市民社会について語られるとき」という箇所に、ルーマンは、脚注を打って、ジーン・コーヘン、アンドリュー・アレイトー、ジョン・キーンを参照するように指示している。

また、遺稿として最近出版された『社会の政治』（二〇〇〇年）の、政治的組織に関して論じた箇所においても、

Book review

MAY 2012

5月の新刊

勁草書房

〒112－0005 東京都文京区水道 2－1－1
営業部 03－3814－6861　FAX 03－3814－6854
ホームページでも情報発信中。ぜひご覧ください。
http://www.keisoshobo.co.jp

表示価格には消費税が含まれております。

文化系統学への招待

文化の進化パターンを探る

中尾 央・三中信宏 編著

文理の壁を乗り越えて、文化における系譜の役割に光を当てる。手にする武器は系統学。対象は生命から文化へ——。日本初の論集！

A5 判上製 240 頁　定価 3360 円
ISBN978－4－326－10216－7

シティズンシップ教育と教師のポジショナリティ

家庭科・生活指導実践に着目して

望月一枝

教師の立ち位置に着目して学校における授業や生活指導の場面を分析。シティズンシップ教育への接近方法とその実践構図を明らかにする。

A5 判上製 288 頁　定価 5250 円
ISBN978－4－326－25077－6

「国家主権」という思想

国際立憲主義への軌跡

篠田英朗

批判、侮蔑、無視、再解釈……あらゆる挑戦を受けてきた「国家主権」という思想。その起源と展開を追い、現在のすがたを照らし出す。

四六判上製 360 頁　定価 3465 円
ISBN978－4－326－35160－2

戦後政治史論

窯変する保守政治　一九四五—一九五二

遠藤浩一

GHQ による占領期から冷戦の始まり、講和条約の締結、そして吉田政治の終焉から保守合同へ。戦後保守の出発点をつぶさに観察する。

四六判上製 448 頁　定価 4200 円
ISBN978－4－326－35161－9

納税者権利論の課題

北野弘久先生追悼論集
刊行委員会 編

納税者の権利向上のために研究と教育、法実践活動等に尽力された北野弘久先生を追悼した、知友および後輩・門下生など 41 名の論集。

A5 判上製 884 頁　定価 15750 円
ISBN978－4－326－40274－8

空法　第 53 号

日本空法学会 編

わが国唯一の航空法を扱う学術研究誌。昨年度第 57 回総会および研究報告会の内容を掲載。

A5 判並製 92 頁　定価 2625 円
ISBN978－4－326－44945－3

有罪捏造

経済政策ジャーナル 第 9 巻第 2 号

5月の新刊

TPPと医療の産業化

二木 立

震災・世界経済の混乱に翻弄され、大きな岐路に立つ日本。医療・社会保障政策はどう変わるのか。最新の資料分析から将来を見通す。

A5判上製 228頁　定価 2625円
ISBN978-4-326-70073-8

5月の重版

理由と人格
非人格性の倫理へ
D.パーフィット
森村 進 訳

人格の同一性、道徳性、合理性などにまつわる私たちの奥深い信念を揺るがす、現代倫理学からの挑戦。20世紀後半の最も重要な哲学書。

A5判上製 800頁　定価 10500円
ISBN978-4-326-10120-7　1版4刷

真理という謎
M.ダメット
藤田晋吾 訳

直観主義をモデルにした反実在論のプログラムをかかげるダメット。「実在論—反実在論」の論理的定式化に関わる作品など12篇を収録。

四六判上製 442頁　定価 5250円
ISBN978-4-326-15181-3　1版4刷

ワルター・ベンヤミン
革命的批評に向けて
T.イーグルトン
有満麻美子・高井宏子・今村仁司 訳

現代イギリスの文芸評論家、マルクス主義者である著者のベンヤミンの読解。型通りのものではありえず、随所に卓見がきらめいている。

四六判上製 360頁　定価 4200円
ISBN978-4-326-15213-1　1版3刷

写真の哲学のために
テクノロジーとヴィジュアルカルチャー
V.フルッサー
深川雅文 訳／室井 尚 解説

脱産業社会／情報社会における「装置」と「人間」が作り出す新しい自由とは何か。ベンヤミン、マクルーハンを超えるメディア＝文明論。

四六判上製 200頁　定価 3150円
ISBN978-4-326-15340-4　1版6刷

地域政策学事典
増田 正・友岡邦之・片岡美喜・金光寛之 編著
高崎経済大学地域政策研究センター 編集協力

日本の地域政策学をリードしてきた執筆陣による体系化の試み。「地域

ナショナリズムの力
多文化共生世界の構想
白川俊介

多文化共生に必要なのはナショナリズムだ！ 新たな

セクシュアリティの歴史社会学
赤川 学

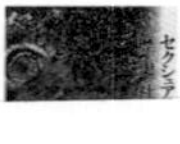

近代日本のセクシュアリティ言説形成過程を、オナニ

おとぎの国のモード
ファンタジーに見る服を着た動物たち
坂井妙子

絵本に登場する動物たちは、なぜ服を着ているのか？

有罪はときにどのようにして捏造されるのか？ 担当弁護士がその生々しい実態と構造を明らかにする渾身のルポルタージュ。

四六判並製 304頁　定価 2520円
ISBN978-4-326-45099-2

日本経済政策学会の査読雑誌。本号は学会賞奨励賞論文1編、学会報告6編、第68回全国大会共通論題3編で構成する。

B5判並製 80頁　定価 2100円
ISBN978-4-326-54909-2

以下のような記述が見いだせる。

「数多くの良心的な政治家にとっては意外なことかもしれないが、数年前から、うんざり気分が目に付く。このうんざり気分は、明らかに、変転する状況の中で統治に携わっている政治的支配層に対して向けられている。……政治的組織がおこなっていることは、もはや満足したものには思えなくなっている。知識人のサークルにおいては、再び、市民社会と名付けられるものが魅力的なものとなりはじめている――だがそれは、経済だけではなく、国家によってまた政党によって組織化された政治とも距離をとり、その代わりに一人前の市民たちが中心に現れてくるという意味での、市民社会である」(*PG*:233)。ここでも、右記の同じ論者を列挙している。

周知の通り、これらの論者は、ユルゲン・ハーバマスが、東欧革命直後の一九九〇年に出された『公共性の構造転換』「新版への序文」の中で、クラウス・オッフェにならって、ブルジョワ社会(bürgerliche Gesellschaft)と区別される「市民社会」(Zivilgesellschaft; civil society)概念を導入するさいに、参照を促した論者であり、彼ら自身、ハーバマスに依拠していることを明示的に掲げている。ハーバマスによれば、「市民社会(Zivilgesellschaft)という語には、労働市場・資本市場・財貨市場をつうじて制御される経済の領域という意味合いはもはや含まれていない。……《市民社会》の制度的な核心をなすのは、自由な意思に基づく非国家的でかつ非経済的な結合関係である」(Habermas 1990:45=1994:xxxviii)。東欧革命の記憶も生々しいハーバマスの目に、こうした結合関係の典型として映じているのは、市民運動、あるいはプロテスタント教会の媒介によって成立した市民フォーラム等の「アソシエーション」である。「市民社会」と「組織」との関係を議論するルーマンが、こうした「市民社会(Zivilgesellschaft)の再発見」について語るハーバマスと同じ現象を念頭においていることは、もはや明らかであろう。[147]

ところで、ルーマンは、この『社会の政治』において、右に述べた箇所に続けて、こういった動向が「政治の組織化されたあり方の一定の特徴と関わって」おり、「組織化されたシステムの形式は、その決定の営みの内的な論理によって人々を納得させることがもはやできなくなっているように思われる」と述べた(PG:233)直後に、こういった展開を認識しようとするのであれば、「組織のオートポイエーシスについて立ち入って検討してみなければならない」という「課題設定」をおこなっている。

言い換えると、少なくともこの文脈において、組織のオートポイエーシスについての議論は、ルーマンにとっては、新しい社会運動をも視野に入れた「市民社会論」の台頭を許す「政治の組織化されたあり方の一定の特徴」を、さらに言えば、「人々をもはや納得させることのできなくなった」そうした政治の組織化されたあり方を解明するためなのであって、したがって、ルーマンが「現にあるところのものを何か必然的なものと称する」(Weiß 1977: 77)ために、オートポイエーシス的システム論を展開しているのではない。ここで「政治の組織化されたあり方の一定の特徴」というのが前章で述べておいた組織の「不確かさ吸収」のことであるということに注目するならば、この点についてはもはや多くの説明は要しないだろう。『社会の社会』においても、『社会の政治』においても、また同じく遺稿として、『社会の政治』の数ヶ月前に出版された『組織と決定(Organisation und Entscheidung)』(ルーマンのシステム理論に依拠しつつ組織論を展開するディルク・ベッカーによれば、この著作は、「ルーマン組織論の集大成」と称されるべきものなのであるが)においても、「不確かさ吸収」は、組織のオートポイエーシスを論ずるさいの鍵概念の一つであった[148]。前章第四節においてこの概念の意味を具体的事例に則しつつ明らかにしておいたが、もう一度確認しておくなら、これは、決定から決定へといかにして継起していくのかを説明する概念であった。以前になされた決定の「根拠」や情報源を逐一確認していたのでは、効率的な組織運営とはほど遠いものとなってしまう。決定(結果)がコミュニケーションされるときには、そのコミュニケーションの受け手の側では、そこで伝えられる決定内容はすでに吟味済みのものと前提とされ、それ以上の再吟味は試みられず、「決定前提」として受容されていくことになる。こうして、当該システムの内部において決定を継起させていくという観点からみた（相対的な）確かさが生み出されることになる。あらためて言うまでもなく、それは被影響者からすれば決して「確か」なものではない。

リスク論との関わりで述べるならば、組織システムにおいて「決定」から「決定」へと「接続」させていくという観点（決定されていることにだけ着目し、いかに決定されているのかには着目しない観点）からすると、不確かさをどのようにして発見・評価し（構成し）、それをいかにして、確かさへと作り替えていくのか、が重要である。ところが、組織システムの「オペレーション」（ここでは「決定のコミュニケーション」）を続行させる必要のない、つまりは「決定者と同様の決定圧力にさらされておらず、決定者と同じ速さで反作用する必要もなく、さらにとりわけ決定者自身と同じ程度に決定の利益の分け前にあずかっているわけではない」（*SR*: 77）セカンド・オーダーの観察者の立場からすると、いくら組織が「問題は解決」したと表出しようとも、何ら問題は解決してはいない。これは、すでに第四章においてやや詳しく述べておいたとおりである。

決定過程に関与することができない被影響者からすれば、そうした「不確かさ吸収」を介して進められる決定過程それ自体が、「不十分な成果」として現出する、すなわち、あずかり知らぬところから降りかかってくる「危険」として現出することになるのである。

五　抗議の形式

さて、議論をもう一度抗議運動論に戻すことにしたい。

一九六〇年代後半以降、主としてヨーロッパ圏における（労働運動との対比で）「新しい社会運動」が隆盛してきたことは周知のとおりである。これらの運動の「新しさ」[149]は、女性、エコロジー、平和、マイノリティ権利擁護、さらには外国人排斥[150]といったように、テーマが非常に多岐にわたることや、あるいは、運動の担い手が、これまでの産業社会において、いわば「周辺部」に位置づけられていた層、たとえば、女性や、マイノリティ、身体障害者といった人々である、ということがあげられる。これらの担い手は、年齢や性、身体構造、民族的所属等といった、アスクリプティブな要因を根拠に、産業社会の「周辺部」に追いやられていた人々である。従来の素朴な「近代化」論においては、「近代化」（あるいは「産業化」）は、出生や門地や性別といった生得的要因による差異化から業績による差異化へと移行する過程として描かれるので、新しい社会運動の台頭は、こういった想定を根底から覆すものでもあった[151]。新しい社会運動の特徴としては、その他に、「脱物質主義的価値」（ロナルド・イングルハート）を目指すとか、体制変革よりも「自己変革」すなわち自己のライフスタイルの変革を目指すとかいった特徴も挙げられる[152]。

このような抗議運動の動向を見遣りながら、ルーマン（*SR*:135-154；*GG*:847-865）もまた、基本的には、「社会主義的な運動」から「新しい社会運動」へ、という流れでこれを押さえている。ルーマンによれば、もし、社会主義運動において問題とされるのが、「稀少な財あるいは稀少なサービスが不平等に配分されており、一方の富が一方の貧困を意味する」（*SR*:143）という事態であると理解してよいなら、いわゆる「新しい社会運動」は、「もはや、富のよりよい配分という目的だけを有しているのではない」（*GG*:849）。今日の新しい社会運動は、「『関与しえない被影響者』のために、また、『関与しえない被影響者』として、議論を組み立てているのである」（*GG*:852）。もちろん、「稀少な財の行使に対する抗議も完全には消え去っているわけではない。しかしながら、このようなタイプの抗議は、かつての中心的な位置づけを失ってしまっている」（*SR*:145）。

こうした抗議運動を記述するにあたって、まず、ルーマンは、「抗議」を次のように「定義」している。彼によれば、抗議とは、「他者に向けられ、その他者の申し開きを促しているコミュニケーションである」(*SR*:135)。この素っ気ない定義自体は別段新しいものを含んでおらずほとんど「自明」に近いものだが、ここで重要なのは、ルーマンが、抗議運動が何らかのまとまりを持つためには、「抗議の形式」という「触媒」が必要である、と述べている点である。

　抗議の形式が、抗議運動成立のための「触媒」であるとはどういうことか。また、そもそも、抗議の形式、とは何か。

　まず、抗議の形式について見てみよう。これは、端的に言って、「抗議する側／抗議される側」ということである。「形式(Form)」という概念は、ジョージ・スペンサー・ブラウンという数学者から借用してきたものであるが[153]、その意味するところはいたって単純である。つまり、「二つの側面を分離する境界線(Grenzlinie)」のことである。念のため、ルーマン自身の言葉で確認しておこう。「形式は、もはや……何らかの形態(Gestalt)としてではなく、境界線として、[すなわち]どの側面が指し示されているのかを明らかにすることを強いる、差異のマーキングとして、つまりは、その形式の二つの側面のうち、いまどちらの側面に立っているのか、またそれに相応して次なるオペレーションにさいしてどこにアプローチすべきかを明らかにすることを強いる、差異のマーキングとして、見なされなければならない」(*GG*:60)。この場合でいえば、「二つの側面」とは、右の「抗議する側」と「抗議される側」ということになる。それにしても、抗議がこの二つの側面を持つ、という至極当然と思われることを殊更強調されても、そこにどんな含意があるのか掴みかねるところであろう。何かに対抗して抗議をおこなうからこそ抗議運動と言われるのであって、そもそも抗議される側をもたない抗議運動などありえようか。しかし実は、後に述べるように、この自明に思える主張にこそ、重要な論点が含まれているように思われる。

　この点に立ち入って考える前に、この抗議の形式に関して補足説明をしておこう。いま、「抗議する側／される側」という形式が重要であると述べた。しかし、社会運動論の脈絡の中でしばしば話題になる点ではあるが、単に「抗議する」、「反対する」というだけであれば、たとえば政治的な「野党(Opposition)」もそうであろう。しかしルーマンによれば、「抗議の形式は、立憲的に秩序づけられたデモクラシーにおける政治的な野党」とは区別される(*GG*:856)。野党の場合には、「[将来]与党となって、それ自体の見解を主張し実行することができるような準備ができていなければならない」(a. a. O.)[154]。要するに、野党は、「被影響者」にとどまるのではなく、「決定者」へと立場変更する準備がいつでもできていなければならない。ところが、抗議運動の場合には、「自分が多数派なのかそれとも少数派であるのかは、副次的な問題」である(a. a. O.)。むしろ、抗議運動にとっては「現状反対をしていくことが、義務となる」(Luhmann [1990b]1996:159 ; *SR*:153)のである。

もっとも、「抗議している」というだけでは、「なぜ、自分が抗議している者として、抗議という形式の一方の側にいるのかを明確に」しえない(*GG*:856)。抗議運動に関与する者に対して、なぜ抗議するのか、また何のために抗議するのかを特定化する必要がある。そのことに資しているのが、抗議の「テーマ」である。たとえばエコロジー、女性、民族、平和等といったテーマである(*SR*:147)。「何がどう別様であるべきなのか、またそれはなぜなのかを、十分な徹底さでもって明確にしうるようなテーマ」によって、「抗議」をおこなうことの正当性を、運動参加者に納得させるのである。それゆえ、抗議運動には、「抗議の形式」に加えて、このような抗議の「テーマ」が必要であるとされる[155]。それゆえ抗議運動は、こうした(社会に開かれている)テーマを、抗議という形式に合致するように、その抗議運動固有の仕方でいかに作り替えていくのか、が問題となる。近年の社会運動論の脈絡では、このような「テーマの構築」が、抗議運動という統一性を保持する上での重要な戦略として取り上げられており、ルーマンのこの論述は、――ルーマン自身が明言しているわけではないものの――こうした動向を踏まえるとより見通しがよくなるものと思われる。ここで念頭においているのは、たとえば、デヴィット・スノーやロバート・ベンフォード、あるいはウィリアム・ギャムソンらが提唱する社会運動の「フレーミング分析」のような「構成主義的アプローチ」である(Snow, Rochford, Worden & Benford 1986)。この立場が述べている「フレーム」とはルーマンが述べている「テーマ」とほぼ同じ内容を指していると見てよい。この立場によると、参加者の動員の成否は、フレーミングの巧拙によって決定されるため、そのフレームの調整あるいはフレーム構築(ルーマン的にいえばテーマ設定)に腐心することになる。そうであるからこそ、抗議運動は、これまで社会が適切にテーマ化してこなかったことをテーマ化しうるわけであり、またそのことにより「日常ルーティンの中ではまずまったく論争とはならないような論争が生み出されることになる」(*GG*:860)。

ただし、抗議のフレーム(テーマ)をその抗議運動なりの仕方で「構成」するとはいっても、抗議運動が、そうしたテーマの「考案者」と見なされてはならない。確かに、抗議の「テーマ」は社会という(抗議運動にとっての)「環境」から「輸入」されたものではなく、その抗議運動それ自体で「構築」したものである(*SR*:137)。しかし、抗議運動がそうしたテーマを掲げて抗議をおこなわざるをえないのは、外部の状況(社会)のせいである、というかたちで、「外部帰属」がおこなわれなければならない。「抗議運動をして抗議運動たらしめているものは、その外部の状況に帰属される」(*GG*:856)のである。

さて、こうしてみると、抗議運動は、「抗議の形式」と「テーマ」とによって成立しているということになる。しかし、ここで問題にされるべきなのは、抗議運動にとってこの二つが重要であることをたんに確認することではなく、この二つが、必ずしも調和的関係にあるわけではない、という点である。

抗議される側も、かなりの程度まで、抗議で取り上げられるテーマを受け入れ吸収することができる(*GG*:858)。このように、環境問題やジェンダー、マイノリティ対策、平和といったテーマは、今日の重要な政策課題の一つである。このように、抗議される側も同じテーマを掲げ現状の改革の努力をおこなっているということは、抗議運動の側からみれば、(1)抗議へと人を引きつけるようなテーマが失われてしまう可能性、ならびに、(2)抗議運動が、ますます貫徹する見込みのないラディカルで先鋭な、場合によっては原理主義的なテーマを掲げることになり、「硬直化」してしまい、その結果、支持者や同調者を次第次第に失っていってしまうことになる可能性、を示唆している。つまり、運動組織体のコアメンバーが孤立化する可能性である。いずれにしても、運動の統一態(Einheit)の解体の危機を招来しかねない。

この点を踏まえて、ルーマンは、抗議運動には、テーマと抗議という形式との「緊張関係」が不可避的に附随する、と述べる。つまり、抗議を「正当化」するには、社会の中で問題となっている「テーマ」を取り上げそれを具体的な政治日程に上せていく必要があるが、他方、まさにそのことによって抗議そのものの意味が失われてしまいかねない、ということである。

実は、ルーマンのこの「抗議する／抗議されるという形式と、テーマとの緊張関係」という点は、社会運動の「制度化」の問題とも関連している。ルーマンの「抗議形式とテーマとの緊張」とは、この「制度化論」の文脈の中で言い換えれば、社会運動の「社会運動性(批判性)と運動の『成功』との間の緊張関係」ということになる。この、具体的事例に則しつつ詳述する必要のある論点に入る前に、「抗議の形式」が抗議運動の「触媒」となっている、という右に述べたルーマンの主張がどのような含意を持つものであるのかを考えてみよう。

六　抗議運動とミリュー

右に述べたように、ルーマンの場合、抗議運動の「源泉」を、「近代社会の根本的構造」に由来する社会的な亀裂に見ていた。こうした「弁別化」が促進されるのは、近代社会における重大な諸決定が、ほとんどの場合組織を通して下されるからである(Luhmann 1996a:42-43)。だからこそ、右に述べたように、決定者としての組織の「不確かさ吸収」が問題とされるわけである。近代社会は――少なくともゼマンティクの上では[156]――すべての人々がすべての機能的諸システムへと「包摂」されることが目指されているのだが、しかし組織は、そうした方向性とは逆に、成員資格の限定ということによって作動している。それゆえ、「……決定過程が組織に依存しているということは、いっさいの人が、ほとんどすべての決定が下されるさいに、自分が、排除されている者、また被影響者と感じてしまう、という事態を引き起こす。このことによって、影響を被っているというレトリック(Betroffenheitsrhetorik)には最良のチャンスが与えられ、それへのシンパが供給されることになる。彼らのアジテーションはこうしたシンパが出てくることを考慮に入れることができるようになる」(Luhmann 1996a:43)。[157]

　さしあたって、この包摂／排除という概念対を利用した叙述は簡潔で分かりやすい。しかし、この説明においては、ほとんどすべての人々が被影響者となっているにもかかわらず、ある一定の層が比較的、「新しい社会運動」に関与する傾向が高いという点は示唆されていない。

　ルーマンの『社会の社会』における「抗議運動」と題する一節には、この「新しい社会運動」の「担い手」層に関して、次のような叙述が見いだされる。「新しい社会運動は、きわめて個人化された個人と関連しており、……自分の生活状況の耐え難さをパラドックスと感じている個人……と関連している。新しい社会運動は、自己規定的な生活様式への見込みが損なわれないように……という要求を代表している。それは、『被影響者』のために、『被影響者』として、議論を組み立てているのである。とりわけ若者や学者は、……こうしたパラドックスに対して感じやすくなっているように思われる」(GG:851-852)。ここで、「若者と学者」という言い方をしているが、このルーマンの発言からすると、ルーマンのシステム理論を抗議運動論に適用しようとしている論者の一人であるカイ＝ウーヴェ・ヘルマンが、ゲルハルト・シュルツェの文化社会学に依拠した「ミリュー(Milieu)」概念を援用しつつこの担い手問題(ならびに担い手にとっての抗議運動の「意味」)にアプローチしようとしていることは、決して奇を衒ったものではないだろう。

もともとこの「ミリュー」は、一九世紀後半のビスマルク体制下のドイツ第二帝政期において登場した概念であった。[158]ビスマルクは、一八七〇年代中葉以降、政教分離政策を進める過程で、これに抵抗するカトリック聖職者を次第に「帝国の敵」と見なし始め、信徒集会を禁止したり出版物を押収するなど明らかな反カトリック路線をとるようになり、一〇年にも及ぶいわゆる「文化闘争」(フィルヒョウ)が顕在化する。また、一八七〇年代後半には、社会主義者鎮圧法を制定し、アナーキストや社会主義者の処罰をはかり、労働者を社会主義から分離する政策をとる。こうして一八七〇年代初頭と末にそれぞれ体制から排除されたカトリック教徒と社会主義的労働運動の担い手は、文化活動や日常生活でも自由主義的市民層から排除されることにより、一八八〇年代にかけて次第に、カトリック教徒と労働者層が独自の文化圏を作り上げていくことになる。これに対抗するかたちで、非カトリック系農村部の保守陣営、都市のプロテスタント系市民層の自由主義勢力などが、それぞれ独自の文化圏を作り始め、これが、ドイツの各政党の支持基盤となっていく。ミリューとはこのように、宗教や職業などを媒介項としつつ政党の支持基盤をなす文化的な環境のことであるが、しかしその後、一九八〇年代に「再発見」されるまでこの概念はドイツにおいては社会構造分析にさいして決して中心的に使用されていたわけではない(Hellmann 1996:138)。一九八〇年代初頭にこれが再発見されるのは、それまでの労働状況・収入状況という一次元的な指標に基づく構造分析では、一九七〇年代に顕在化しはじめていた新しい社会的不平等を説明するのに不十分なものとなっていたからであった(Berger & Hradil 1990)。ウルリッヒ・ベックが、「身分と階級の彼方」と題する論文(Beck 1983)を公刊し所謂「個人化論」の脈絡で脚光を浴び始めたのも、このような事情を背景としてのことであった。

こうしたミリュー概念を利用しつつ戦後ドイツの「価値転換」を論ずるシュルツェは、戦後の西ドイツの社会構造を規定したメルクマールを、「年齢と教育」に求めている(Schulze 1992)。[159] 彼はこの年齢と教育をそれぞれ、上位／下位に分化させて四つのセルを作り(高年齢－高学歴／高年齢－低学歴／低年齢－高学歴／低年齢－低学歴)、このうち、中程度ならびに高程度の教育歴をもつ若年層ミリューを、自省的な「自己実現」を希求する(先のルーマンの言葉でいえば「自己規定的な生活様式」の要求を掲げる)傾向にある「自己実現ミリュー」と名付け、[160]「新しい社会運動」のいわば「社会的基盤」として想定している。ここで、高年齢／低年齢の境界線は、このシュルツェの『体験社会』が執筆された一九九三年時点で四〇歳に設定されている。これは、いわゆる「六八年世代」(ライフコース論で言うところの「世代」)が彼の調査時点で四〇歳前後に達しているという意味合いをもっている。[161]

実際、しばしば指摘されてきたとおり、ドイツにおける新しい社会運動や「新しい社会運動の議会にのびた腕」(Müller-Rommel 1985:59)たる「非政党的政党」＝「緑の人々」の担い手・支持者は、若年、高学歴、ホワイトカラー、世俗性(年に一回以下の教会参列)といった属性によって特徴づけられる(坪郷 1985；1986；Chandler & Siaroff 1986；丸山 1988:156)。クラウス・オッフェもまた、こうした教育水準が高く経済的地位が安定し対人サービス部門で労働する「新中間層」がなぜ運動関与の度合いが高いのかについて、制度的な政治の限界に関する新中間層の知覚能力が高く、そうした経験をする機会が多いこと、を挙げている(Offe 1985)。「新しい社会運動の支持の核」は、こうした「自己実現ミリュー」という「動員潜勢力」によって形成されているのである(Kriesi 1993；Neidhardt & Rucht 1991；Hellmann 1996 など)。

ところで、先に述べたように、抗議運動が抗議運動として成立するためには、「抗議の形式」という「触媒」が必要である。まず、抗議運動は、その抗議運動を(単発的な異議申し立てやデモに終わらせないようにするには)一つのシステムとして維持していく必要がある。ヨアヒム・ラシュケは、社会運動ときわめて似ているが完全にそれと一致するわけではない諸現象の一つとして、「集合的エピソード」を挙げ(Raschke 1986:26-27)、社会運動をこれから慎重に区別している。エピソード、つまり、単発的なデモや騒動、暴動、パニックとは異なり、社会運動は、「継続的でかつ構造的な行為形態」であり、「長い持続性、確固たるコミュニケーションパタン・役割パタン、目的のより強い構造化」という特性を有している(a. a. O.)。ルーマンもまた、抗議運動を、一つのシステムとして(ということはルーマンの場合には「オートポイエティック・システム」として、ということになるが)把握しようとしており、そうしたシステムとして存立するからには、抗議運動の内部で(生成するやいなや直ちに消滅する出来事たる)コミュニケーションを次々と連関(接続)させていかなければならない[162]。このように抗議運動を「抗議運動というシステムの統一態」たらしめる「触媒」が、右に述べた「抗議という形式」そのものにほかならない(GG:852-853)。このことの含意はおおよそ次のようなことであるといってよい。

右に述べたような「自己実現ミリュー」に属し、「自己実現」あるいは「自律性への要求」「個体性への要求[163]」を掲げる関与者からみてみたとき、抗議運動に参加するということの「意味」、つまり、抗議運動の中で抗議をともにおこなう他者と「ともにいるということの意味は――とルーマンは述べているのだが――そこへの関与者にとっては、『意味探求』とか『自己実現』といった高度に個人的な問題……から構成されている」(GG:851)。つまり、抗議運動に参加することそれ自体が、たとえば――エコロジー運動であれ女性運動であれ――他者との議論を積み重ね、みずからの生活スタイルを見直し自己のこれまでの生活の「意味」を再発見するといった「自己再帰性」が促されるという意味で、「自己実現ミリュー」に属する関与者にとっては非常に大きな意味を持つ。抗議することそれ自体が、要するに――ルーマンにならった言い方をすれば――抗議運動の中でコミュニケーションを「接続」していくことそれ自体が、関与者にとってはきわめて大きな意味を持っている。「抗議という形式」が抗議運動の「触媒」であるということの意味は、「抗議という形式」の他方の側にいる「他者」(リスク論の脈絡でいえば「決定者」とされる人々)に対して抗議することとそれ自体が――担い手側での、運動に関与することの「個人的意味」に媒介されて――抗議運動という「システム」におけるコミュニケーション連関を保証することになる、という事情を踏まえてのことである、と考えることができる。要するにこれは、社会運動の集合的アイデンティティ形成の側面である。[164]

しかし、当然のことながら、抗議することそれ自体が、抗議運動を続けることの「目的」であると称するわけにはいかない(*SR*:139)。「抗議は自己目的ではない」(*GG*:856)。運動の「目的」はあくまでも、社会の中に存在している重大な「問題」をテーマ化し、警告を発することである。これは、抗議運動の「戦略」的側面であるといってよい。要するに、抗議運動は――右に述べたように――それ自体をシステムとして維持するためにコミュニケーションを連関させていくという側面(いかにして運動を「盛り上げて」いくかという側面)と、抗議運動というシステムの「環境」(＝「社会」という「外部」)との関連をいかにつけていくのかという側面(何が社会において問題であるのかという側面)とを有している。すなわち、抗議運動というシステムの自己関連的(「自己準拠」的)側面と、外部関連的(「外部準拠(Fremdreferenz)」的)な側面と、である。[165] この二つの側面が、右に述べた抗議の形式／テーマ、という区別と重なるわけである。以上から推察されるとおり、抗議運動をこのように自己準拠と外部準拠の総合としてみる視角は、手段的有効性か価値指向性か、戦略かアイデンティティかといったしばしば資源動員論と「新しい社会運動」論との対比と重ねて把握される、従来の社会運動論の二つのパラダイムを接合する地点に位置していると考えられる。

抗議運動を維持すること(＝コミュニケーション連関)それ自体を目的として抗議運動をおこすこと、つまり抗議のための抗議は、ルーマンの周知の言葉を用いるなら「純然たる自己準拠」であり(SS:605＝1995:814)、そうした自己準拠は、端的にありえない。やや抽象的な言い方をすれば、自己準拠はつねに、外部準拠をともなって、つまり、外部準拠が同時に附随する自己準拠(mitlaufende Selbstreferenz)としてのみありうるのであり、「外部準拠」といういわば「迂回路」を必要としている。ここでの事例でいえば、抗議運動は、社会との関連、つまり、社会に存在するとされる問題を抗議の「テーマ」として掲げることによって（「外部関連」あるいは「外部準拠」によって）、抗議運動におけるコミュニケーションの連関（自己準拠）を確保することができるようになる。外部（「社会」）にあるとされる何らかの「問題」についてコミュニケーションすることが、結果的に抗議運動それ自体のシステムとしての維持（＝コミュニケーション連関）へとつながる、ということである。つまり、「外部準拠（環境関連）と自己準拠（コミュニケーション関連）の間のたえざる振動を介してそれ自体のオペレーションを進行させることができる」（GG：865）。[166]

ちなみに、こうした関与者にとっての、抗議することとそれ自体の「個人的問題」に媒介された、抗議運動の自己関連的側面と、外部関連的側面との連関は、アルベルト・メルッチが述べている、抗議運動における潜在的機能すなわち運動が新しい文化的コードを作り出しそれを個人に経験させるという機能と、顕在的機能すなわち公的政策決定過程の背後にある論理に反対するという機能、との区別にほぼ対応しているとみることができるだろう（Melucci 1989=1997：81-89）。

ところが、抗議運動においては、こうした自己関連と外部関連とは、必ずしもうまく接合するとは限らない。この点は、『エコロジカル・コミュニケーション』をはじめとした一九八〇年代中葉のルーマンの抗議運動論の中でも示唆されているので、節をあらため、具体的な事例も交えつつ考えていくことにしよう。

七　抗議運動に内在する緊張

一九八〇年代半ばのルーマンの抗議運動論の要点は、そこには「理論が欠如している」という一点にほぼ集約される。ルーマンがこのように理論欠如を指摘するさいの論拠となるのが、「社会の内部にありながら社会の外部にいるかのようにふるまう」という抗議運動のパラドックスである。

さて、『エコロジカル・コミュニケーション』を刊行した一九八六年、同じ年の『フランクフルター・アルゲマイネ』紙に彼は「オルタナティブなきオルタナティブ――『新しい社会運動』のパラドックス」と題する小論を寄せている(Luhmann [1986a]1996)。「懐疑の世代」(ヘルムート・シェルスキー)の子世代が、父世代の価値観に反発する中で生まれた一九七〇年代後半以降の文化潮流を特徴づけるこの当時の流行語をもじった論文の中で、ルーマンは、次のように述べる。新しい社会運動の抗議の根拠を、その根本のところにまで突き詰めていけば、機能分化そのものに対する抗議、ということに行き着くはずである。だが、社会の「環節的分化」やソ連型のヒエラルヒー社会を望むのでなければ、「機能分化そのものには、オルタナティブがない」(Luhmann [1986a]1996:76)。確かに、エネルギー供給等個別具体的な政策や制度に対してはオルタナティブを提示することはできる。しかし、現在のところ機能分化それ自体への代替案を提示することなどはまず不可能である。それどころか、「新しい社会運動」は機能分化した社会の諸制度を利用しつつ生きながらえている。TAZのような「オルタナティブ新聞も印刷して販売されなければならない」(a. a. O.)。したがって、新しい社会運動は、徹底して社会の「内部」に位置づけられ社会によって条件づけられているのだが、「あたかもみずからが社会の外部にいるかのように」社会の描写をおこなっている(a. a. O. ; Luhmann　1986:236)。このような事情を指してルーマンは、「オルタナティブなきオルタナティブ」というパラドックスを「新しい社会運動」が抱えていると論じたのであった。要するに、抗議のコミュニケーションの「内容」(情報)としては「機能分化批判」「オルタナティブ」を述べながら、それを伝達する過程で(たとえば資本主義的経済の枠内で宣伝したり販売したりすることで)機能分化した社会を「遂行的に」再生産している。「新しい社会運動」はこうしたパラドックスを抱え込みつつもそれを自覚しないまま活動を展開している。「運動は、このパラドックスのおかげで生きながらえていながら、このパラドックスを指し示すことはできない」(Luhmann

[1986a]1996:77)。したがって、問題は、「新しい社会運動」が、社会の中で社会に対抗して社会についての描写をおこなっている運動それ自体を、適切に描写する手段(＝理論)を持っていないことである。

これは、同年の『エコロジカル・コミュニケーション』における「理論の欠如」という指摘と重なる(Luhmann 1986:234)。カール・マルクスならびに一九世紀の社会主義者たちは、社会主義運動に対して数多くの「社会理論」を提供していた。もちろん、これをモデルとして今日の理論と運動との関係を考案していくわけにはいかないが、しかし、「新しい社会運動」にはこんにち、このような「理論が欠如している」。そのために「みずからおこなう観察を書き入れることのできるような区別を、[自らの手で]コントロールする可能性も、持ちえていない」(Luhmann 1986:234)。この叙述からも分かるとおり、ここで述べられている「理論」とは、みずからの観察をも考慮に入れることのできる区別を用いた理論、すなわちルーマンが企図している自己準拠的な(あるいは「自己述語的(autologisch)」な)理論のことにほかならない。『エコロジカル・コミュニケーション』でのルーマンの「新しい社会運動」への「批判」は、ほぼこの一点に尽きるのでありそれ以上のものではない。このように「理論」が欠如しているがゆえに、「新しい社会運動」に「主として見いだされるのは、目的や至上命令をごく単純に具体的に固定化すること、またそれに相応して、支持者と反対者を区別すること、またそれに対応した道徳的価値評価」のみ、になってしまっている(a. a. O.)。友か敵かという道徳的な含みをもった区別だけでは、みずからがおこなう社会についての観察が、社会にとっていかなる位置と役割を持つものであるのかを、みずからで観察することができなくなる。それは当然、みずからもじつは、「敵」である「社会」の一部であることが覆い隠される過程でもある。それゆえ、もし、『緑の』運動」が右に述べたようなパラドックスに盲目的なまま、抗議の対象たる社会／(自分たちをも含めた)運動という区別と、道徳的な悪／善という区別とを素朴に重ねてしまっているとすれば、それは、当然のことながら、「うぬぼれた道徳的自己正当化」(Luhmann 1986:235)と言わざるをえないだろう。

なぜ、右に述べたパラドックスを問題とすべきなのか。ルーマンによれば、今日では、一九世紀のように、ヘーゲルの弁証法や革命への希望はもはや何らの実りをもたらすものではありえず、むしろ「『資本主義』であれ『機能分化』であれ、支配的となっている社会構造に対抗する立場をとるには、そうした社会構造をまずは承認しなければならない、という点こそが問題」である(Luhmann 1986:235)。抗議の対象としているものが、抗議それ自体の条件となるというこのようなパラドックスに目を向けさせるものこそ、自己準拠的システム理論である。もっとも、「新しい社会運動」の側ではまだ、社会を社会の中で観察しそれ自体をも観察の対象とするような理論の動向に関心を示す気配はないが、「逆に、システム理論のほうは、『新しい社会運動』を論ずることができる」(Luhmann [1986a]1996:77)。

したがって、注意深く読み進めるならば――確かに精緻な議論を展開しているわけではなくごく抽象的な提言にとどまっているとはいえ――『エコロジカル・コミュニケーション』が書かれた一九八〇年代においても、ルーマンは、「新しい社会運動」そのものの意義を否定したりこれに対するシニカルな見方をするところに主張の力点をおいているわけではなく、むしろ、自己準拠的な理論に依拠しつつ、「新しい社会運動」のおこなう「社会についての自己描写」の射程を真剣に推し量ろうとしていると考えるべきだろう。じじつ、右に挙げた『フランクフルター・アルゲマイネ』紙への寄稿論文の最後の部分を次のような言葉で締めくくっている。「いま述べてきたことは、『新しい社会運動』が実り豊かなものであり、さまざまなテーマを公共的な議論の俎上に載せていること、官僚制の荒廃を解消しようとしていること、あるいは少なくともそうした荒廃を可視的なものにしようとしていること、さらにとりわけ、これらの運動が、近代社会がどれほどまでリスクに立脚した社会であるのかを認識させることに貢献していること、またいかにしてそうしているのか、ということを排除しているのではなくむしろそれを考慮に入れているのである」(Luhmann [1986a]1996:76-77)(167)。

しばしば指摘されるように、ルーマンの抗議運動についての評価は、一九八六年の『エコロジカル・コミュニケーション』における否定的でシニカルなものから、一九九〇年代以降のリスク論の脈絡でのある程度肯定的なものへと「転換」したとされている(Grundmann 1999:46; Barben 1996:176ff.)。このような立論が妥当しないことについては、カイ＝ウーヴェ・ヘルマンとのインタビューでのルーマン自身の発言(Hellmann 1996:175)に示唆されているほか、本章第二節と第三節の叙述でも、彼のテキストにそってこれを裏付けておいたつもりである。だが、問題なのは、このような「転換」解釈を介して、一九八〇年代の「理論欠如」という指摘が、「新しい社会運動」に対するルーマンのネガティブなだけの批判を表しているにすぎないとされることによって、その論拠として持ち出されてくる右に述べた「パラドックス」の重要性を見失ってしまうことだろう。思うに、この一九八〇年代の「パラドックス」論は、一九九〇年代以降のルーマンの抗議運動評価へと連なるものである、と見なければならない。

社会の内部にありながら、抗議の対象たる社会／抗議しているわれわれ、という区別に基づいて、あたかも社会の外部に位置しているかのように描写するというこのパラドックスは、結局のところ、抗議している側／抗議されている側、という截然たる区別を曖昧にする可能性を持つ。つまり、このパラドックスは、抗議する側の「観察の立場の不安定性を生み出す」(Luhmann 1986:236)。この不安定性のゆえに、「『赤』がそうであったように、『緑』もまた、それが公職に就いて細々とした案件に直面するようになると、黒ずんでくることになる」(a. a. O.)。「黒ずんでくる(nachdunkeln)」、すなわち、保守中道のＣＤＵと何ら変わらないものとなってくる。このルーマンの発言は明らかに、一九八三年に連邦議会に進出を果たした後の「緑の人々」が、議会内では、議会外にいたときの原理原則を崩すような行動をとりつつあり、従来の政党と変わらないものになっていくのではないかという予想も少なからずあった当時のドイツ社会の状況を、反映している。勿論、議会進出後の緑の党に対する評価それ自体重大な論点であり、「緑が黒ずんでくる」というこうしたルーマンの叙述は慎重に吟味されるべきだが、ここで問題としたいのは、ルーマンの「緑の人々」評価の是非ではなく、文脈は多少違うものの運動に内在する緊張関係とでもいったものが、きわめて不十分ながらもここで指摘されている点である。このことをふまえて、一九八〇年代から一九九〇年代初頭にかけてのエコロジー運動を題材にしつつ、先述したテーマと抗議形式との緊張関係について考えてみることにしよう。

ディーター・ルフトによれば(Rucht 1994:265-266)、一九七五年から一九九二年の間、グリーンピース、ロビンフッド、ドイツ環境自然保護連盟(BUND)といった、(西)ドイツ国内の重要な環境団体の成員数は、環境保護市民運動連盟(BBU)を除き、増加し、また組織の予算規模も同様に増大している。ところが、デモや集会といった抗議の数は、一九八一年までは増大しているが、その後一九八九年まで減少する。その後は増減を繰り返すが、総じて見ると減少の傾向にある。そうした抗議行動への参加者の数も同様である。その後、今日にいたるまで抗議の出来事の数も参加者の数も、一九八九年よりも高くなることはないという状態にある。

なぜこのような事態になったのか。カール＝ディーター・オップはそれを、「環境政治の制度化」という点に求めている(Opp 1998)[168]。(西)ドイツにおける環境政治の動向を概略的に確認しておくと、まず、一九六九年に連邦レベルで環境保護に積極的に取り組むことが政府声明として宣言され、一九七〇年の「緊急プログラム」の公表とともに大気汚染やゴミ処理等各分野毎の具体的措置が提示される。また翌年には、ラント毎にばらつきがありまた不備も多かったそれまでの環境保護法制を大きく転換させる「連邦政府環境プログラム」が作成され、環境保護が連邦政府の基本政策の一つとして位置づけられ、また同年、環境問題専門家審議会(RSU)が連邦政府の諮問機関として設置されることになるなど、一九七〇年代の前半から、法的・政治的諸制度が整備されはじめる。一九七〇年代後半には、いわゆる「オルタナティブ文化」の波にのって、「緑の人々」が、ニーダーザクセン州議会とハンブルク特別市議会にはじめて候補者を出し(一九七八年六月)、一九七九年一〇月にはブレーメン市議会に議員を送り込み、その後、一九八〇年一月にはカールスルーエで「緑の人々」創立大会を開き、一九八三年三月の連邦議会選で得票率五%をわずかに越えて二七人の議員を当選させるといった具合に、「緑の人々」がラントと連邦の双方において大きな躍進を果たす。

また、一九八六年には、連邦環境自然保護原子炉安全省が設立され、「緑の点」行動のような環境政策上の重要施策が次々と実施されていくことになった。要するに、一九八〇年代中葉には、ドイツにおいて環境政治はかなりの程度制度化されてきていた。

このような過程は環境運動がある程度成功を収めてきていることを物語っており、一方で、環境保護に対する個々人の期待感が強化されるが、しかし、他方で、「代理人効果」(Stellvertreter-Effekt)とでも呼ぶべき現象が出来する。環境保護・改善という目的が、環境政策の制度化とともに広い賛同を得るものになることは、一見、みずからの資源(時間や貨幣)を環境運動のために投資することを価値あるものにしてくれるかのように思える。しかし逆説的だが、個々の市民の観点からすると、それはさらに価値のないものとなってくる。というのは、さらなる改善を達成することができるという自分自身の影響力に対する知覚が、相対的に減少することになるからである(Opp 1998:103-104)。したがって、いまや人は、他者が、環境保護という問題のために現実的な仕方で力を尽くしてくれていると思い、自分自身の参加は、かなりの程度余計なものに思えてくる。このような代理人効果は、容易に推定されるとおり、環境保護が政治的に大規模におこなわれていればいるほど、強いものとなる。その結果、自分の時間や金銭を使ってまでデモに参加するような誘因を減少させることになる、というわけである(Opp 1998:103)。[169]

このようにして、ルーマンも述べるとおり、抗議運動が掲げるテーマは、しばしば既存の法システムや政治システムによって取り上げられうる。「機能システムは、かなりの範囲において、抗議のテーマを受け容れそれを吸収することができる」(GG:858)。ところが、先にも確認しておいたとおり、このことは、翻って抗議運動に対して深甚な影響を及ぼす。つまり、「一部は魅力的なテーマの喪失として、一部は[運動の]内部コアの硬直化として」である(a. a. O.)。抗議運動において掲げたテーマがある程度現実化してしまえば、抗議をおこなう根拠が失われたり、そのことによって、賛同者を失い、核となる運動組織が次第に孤立化してしまいうる、というわけである。[170]

　そもそも、ルーマンの場合、抗議運動とは、相互作用としても組織としても把握されえないものである。先述したとおり、『社会の社会』において抗議運動が、社会、組織、相互作用とは区別される第四の社会システム類型として考えられていたことを想起されたい。抗議運動が居合わせている者同士の相互作用（デモや集会といった「集合的エピソード」）にとどまるものであってはならない点は、先にみたように、ラシュケも述べているとおりである。したがって「組織」（運動組織ＳＭＯ）も当然必要である。運動組織がなければ抗議運動はほとんどその活動を維持できない。しかし、抗議運動は、運動組織と同義ではない(*GG*:850)。運動は、核となる組織のほかに、デモや集会のおりにのみ活動する支持者や、「自分たちは社会の一般的な利害関心を代表しているのだという想定を運動に可能にさせている、より広い範囲のシンパ」(*GG*:864)もまた、含まれる。ルーマンは、こうした組織と、その他の支持者やシンパとの関係を、「中心」と「周辺」として——ちょうど政治システムにおける抗議運動の位置づけと類比的に——把握しているが、いずれにせよこの「周辺」がなければ運動はありえない。

　このように、運動を運動組織に限定しないというルーマンの考え方は、数多くの運動論者と共有するものであり、特にドイツではかなりの程度定着している見方である。たとえば、ラシュケによれば、運動体を一つの集合的アクターとして把握するさいには、「組織が運動を定義しているのではなく、社会運動はつねに、組織体以上のものなのであり、組織は、社会運動の一部」であることが銘記されるべきである(Raschke 1986:20)。また、統一ドイツの極右運動を「新しい社会運動」論で用いられたのと同じ理論的道具で分析を進めるヴェルナー・ベルクマンとライナー・エアプも、マリオ・ダイアニの見解(Diani 1992:13)を参照しつつ、抗議運動は、数多くのサブシステムを包含する、ルーズに組織化された多極的な行為システムとして、把握しようとしている(Bergmann & Erb 1994:81)。また、フリートヘルム・ナイトハールトもまた、社会運動はその運動組織と同じではなく、社会運動は、組織でいう「成員」と同じ意味での「成員」から成り立っているわけではない、と述べる(Neidhardt 1985:96)。

こうした支持者やシンパを失わず抗議運動として存続していくためには、たえず、抗議とテーマとの間のこうした緊張関係に耐え、抗議形式／テーマという差異を保持しつづけなければならない。こうしたルーマンの抗議運動論の視点からすると、「抗議運動の成功も失敗も、ともに同じように不幸」(*GG*:858)ということになる。抗議運動の「成功」、たとえば、アラン・スコットが述べるように、抗議のテーマとして掲げられ従来の政治的決定作成過程から排除されていた諸争点が、その過程に統合されること(Scott 1990)は、ルーマンの抗議運動論にとっては第一次的な意味をもたない。(171)(172)

こうしてみると、ルーマンの抗議運動論において強調されるのは、機能システムの作動と抗議運動の作動との間の差異である。抗議運動の自己関連性と外部関連性との連動(自己準拠と外部準拠との連動)について、「抗議という形式とテーマとの区別」として論じてきたことも、抗議運動が、いかにして「機能システムにおいて現実化されていること／要求・抗議しようとしていること」という差異を保持し続けるのかという問いに方向づけられたものであった。

容易に推定されうるとおり、こうしたルーマンの見方は、すでにかなり議論されてきている社会運動の「制度化」という問題とも直結していくであろう。たとえば、寺田良一が指摘するとおり(寺田 1998:18-19)、社会運動の「成功」とは、実際の政策決定過程の中に参入し(「体制編入」)、そこで大きな影響力をふるえるようになることを意味するが、このことは、社会運動の、いわゆる「社会運動性」(ルーマンであれば「抗議の形式」と呼ぶもの)との軋轢を生み出すことになる(社会運動の「成功」と「社会運動性」との内在的緊張)。最近では、実際の政策決定過程の中への社会運動の参入が取り上げられるさいには、ＮＰＯと行政との「パートナーシップ」といった概念が用いられる。(173)もちろんこうした近年の「パートナーシップ」論は、「小規模の運動を支援強化する力の源泉」になりうるが、しかし他方では、ＮＰＯとして制度化された社会運動が「体制編入」されていくことへの危惧も否定できず、アンビバレントな性格を有することになる。

ルーマンのリスク論に依拠するとき、もっとも問題となるのは、社会運動の体制編入によって、決定者／被影響者という図式が曖昧にされたり隠蔽される、という点であろう。ルーマン自身は、あくまでも決定者／被影響者、という図式を崩さず、「抗議の形式」の一方の側にとどまり続けることの積極的意味、を見いだそうとしているといえる。というよりむしろ、この決定者／被影響者、という図式を曖昧にし隠蔽してしまう動きを非常に警戒する。この点は、本書第三章などでも触れておいたように、ルーマンの「参加」に対する懸念にも端的に現れているとみていい。こうした決定者／被影響者という図式の隠蔽は、場合によっては、リスクの非政治化・脱政治化という問題をも呼び込むことになる。(174)

ここまで論じてきたように、一九六〇年代の大連合政権に対するＡＰＯへの初期ルーマンの評価、晩期ルーマンの政治システム論での、「コーポラティブな国家」に対する「新たなる周辺」としての抗議運動の位置づけ、さらに、一九八〇年代の抗議運動の「パラドックス」論をへての一九九〇年代リスク論の脈絡での「抗議の形式」と「抗議のテーマ」との緊張関係という論点、これらはすべて、決定者／被影響者という区別を解消し政治性が隠蔽されていく動きに対するルーマンの一貫した批判的な眼差しに支えられたものである、といえるだろう。しかもこのような結論が、「ありそうになさの公理」を基礎に据えるルーマンのオートポイエティック・システム論に内在した抗議運動理解から導出されているという点は、決して見落とされてはならない。

機能分化した社会においては、一方の領域での問題「解決」が他の諸領域における「問題」の産出に関与しうるという点に、個々の機能システムは盲目的になりがちである。「新しいリスク」という「問題」は文字通りの意味で決して「解決」されうるわけではないのであり、われわれの預かり知らぬところでの問題の再生産に、はからずも資してしまっているかもしれない。それぞれの既存の機能システムの自己描写とそれに基づく作動によってのみ、リスクを処理しようとすれば、そこで支配的になるのは、おそらく、こうしたたえざるリスクの不可視化・隠蔽の力学であろう。そうした中にあって、抗議形式とテーマとの差異の保持という点を基軸として描き出されるルーマンのシステム理論の中では抗議運動は、「積極的なリスク観察者」として、こうしたリスクの脱政治化あるいは不可視化の動向に対する警告者としての役割を担わされることになるだろう。

八　補論　包摂と排除

とはいえ、運動をこのように「被影響者」として位置づけるだけで議論が終わるわけではない。ここまでの叙述からすれば、確かに、ルーマンのリスク論は、〝リスク〟に対応して「決定者」が、「危険」に対応して「被影響者」がおり、その被影響者とはすなわち抗議運動である〟という図式に依拠するものであるという印象は拭えない。確かに『リスクの社会学』でのルーマンの叙述は、こうした印象を必ずしも否定してはいない。しかし、被影響者でありながら運動や連帯の契機が奪われていく「排除」の問題にも目を向けていくことでルーマンのリスクの社会学のさらなる含意を汲み出すことができるように思われる。ここで言う排除の問題とは、いわゆるグローバリゼーションの進展を背景に深刻化している「新しい貧困」たる「社会的排除(social exclusion)」のことである。右に述べたような決定者／被影響者の区別の解消という点も、政治的決定に関与しえない被影響者そのものが空間的に隠蔽されるということの事態を考慮に入れるとき、よりいっそう深刻な意味を持つことになるだろう。一九九〇年代以降のルーマンは、この社会的排除の問題に対して敏感に反応し、「包摂／排除」という一九七〇年代からみずから使用していたキャリアの長い概念ペアを徐々に変化させていく。このことをまず確認し、一九九〇年代初頭から使用されるようになる「蓄積的排除」の概念の含意を探ってみよう。

包摂／排除というルーマンがかなり以前から使用しているこの重要な概念ペアは、ごく大掴みに言って、一九七〇－一九八〇年代と一九九〇年代とでは、その意味内容を異にしている(もちろん、人間あるいは個人と社会あるいは社会諸システムとの関係を言い表すための概念であることには変わりはないし意味上重なり合っている点もある)。[175] また、用いられる文脈によっては、互いに相容れないとみなされるような使われ方もされているので、ある程度入念な吟味と整理が必要である。[176] 本節では、ルーマンの包摂／排除概念に関しては大まかに、(1)包摂と排除とが明確な対概念としては現れてきていない一九七〇年代、(2)明確に対概念として使用されるようになった一九八〇年代(しかしその意味内容からして①一九八〇年代前半と②一九八〇年代後半とが区別できる)、(3)明確に対概念として使用しつつさらに蓄積的排除の問題に論及しはじめる一九九〇年代、という区別に基づいて叙述を進める。

この包摂／排除の概念は、おそらく一九七五年前後あたりから使われるようになったものだが、一九七〇／一九八〇年代のそれと一九九〇年代におけるそれとの大きな違いは、前者においては「排除」概念がどちらかといえば残余的であり意味内容もそれほど明確ではなかったのに対して、後者においては包摂／排除が一つの対概念として明確に意識され、機能分化した社会における排除の問題を明確に議論の射程に収めうるようになってきているという点であろう。一九七〇年代当初は、「機能分化した社会にあっては社会の成員のすべてがすべての機能システムにアクセスすることが可能である」という意味で、包摂概念が(排除概念との関連が不明なまま)使用されていた。[177] 社会の全成員がすべての機能システムに関与しうるという場合に重要になるのが、遂行的役割(Leistungsrolle)と相補的役割(Komplementärrolle)との分化である。機能システムにおいては、たとえば医師、弁護士、行政職員といった遂行的役割に対応する相補的役割、つまり患者、依頼人、納税者という役割が分化しており、この役割分化に相応したかたちで社会のすべての成員がそのどちらかに位置づけられることになる。たとえば治療を受けるためにある病院スタッフの一員となる必要はないし、司法上のサービスを享受するのに弁護士会に所属する必要はない。したがって、組織への所属／非所属が、機能システムへの所属／非所属を直ちに意味するわけではない。逆もまたしかりである。すべての個人がすべての機能システムに関与しうるという全包摂(Vollinklusion)のテーゼそのものは、一九九〇年代に入っても変更されることはないのだが、しかし今述べた脈絡においては、「排除」概念が、包摂概念との対比において明示的に使用されてはいない。

包摂と排除が、明確に一つの対になる概念として用いられるようになるのは、一九八〇年代になってからである。もっとも、一九八〇年代においても、一九八〇年代前半の一九八四年の『社会システム理論』に代表される使用法と、一九八〇年代後半における、たとえば『社会の経済』(一九八八年)や「個人、個体性、個人主義」論文(一九八九年)におけるそれとでも、以下でみるように、若干意味合いが異なっている。しかしともあれ、一九八〇年代にいたって、包摂／排除という概念ペアがルーマン理論の中で明確な地歩を占めるにいたったと述べることはできるだろう。

『社会システム理論』においては、包摂／排除概念は、社会と個人との関係について論じた「相互浸透」の章において、次のように規定されている。少し長くなるが、引用しておく。「相互浸透が包摂(Inklusion)になるのは、一方のシステムの提供する複雑性がそれを受け取るシステムによって活用される場合にほかならない。これに対して、相互浸透が排他(Exklusion)になるのは、複数の相互浸透しているシステムが、他のシステムの複雑性の活用を実現するために、それぞれのシステムのオートポイエーシスを互いに区別しなければならない場合である。抽象の度合いを低めて言えば、社会システムに参加すること[＝包摂]は、その人間にその人特有の寄与を求めているのであり、また、そのことから、個々の人間が互いに区別され、相互に排他的に行動する〔＝排除〕ということになるのである。……個々の人間が協力する場合にはまさしく、人々のあらゆる自然的類似性があるにもかかわらず、誰がいかなる寄与をしているのかが明確にされなければならない。デュルケムは、このことの洞察を、機械的連帯と有機的連帯の区別として定式化した。しかし重要なのは、相互浸透には〔こうした〕諸形式がある、ということではなく、相互浸透が強まれば強まるほど、益々多くの包摂と益々多くの（相互的）排他が必要になる、ということなのである。このことから生み出される問題は、人格の『個人化』によって解決される」（*SS*：299＝1993：348-349．ただし〔　〕は引用者）。要するに、その人なりの仕方で社会システムへの参加が求められるという事態を、包摂概念と排他概念を連関させることによって論述しているのである。確かに、ここでは、包摂と排除（この場合は、「排他」との訳語のほうが適切だが）は、互いに他方を前提とする概念として使用されており、明らかに、ここでは概念ペアとして意識されている。

「個人、個体性、個人主義」論文においては、包摂／排除概念は、次のような脈絡で使用されている。すなわち、社会の第一次的な（primär）分化形式が、機能分化へと変化するにつれて「包摂をとおしての個体性」から「排除による個体性」へと変化するという考え方である（Luhmann 1989：165）[178]。成層的に分化した社会にあっては諸個人はある一つの、しかもたった一つの部分システムにしか、所属することができなかった。諸個人は、そうした一つの部分システムへの「包摂」をとおしてみずからの個体性を作り上げていたのだが、機能分化した社会にあってはもはや、たった一つだけの部分システムに所属することで個体性を形成するということはありえず、むしろ各人は、それぞれの機能システムの外部で、多数のシステムと関わり合いながらみずからの個体性を形成している（アルミン・ナセヒのいう「多元的包摂」（Nassehi 1993：350））。ただし、この場合の「排除」概念には、個人はどの部分システムにも所属しておらず、部分システムの中へのそうした安定した位置づけがあるわけではない、といった含意しかなく、包摂概念のわかりやすさに比べると排除概念が不明確であるという印象は否めない。とはいえ、この意味での「排除」概念は、人間を社会システムの「環境」に位置づけるという、さまざまな論議と誤解を生みだしたテーゼと直結しているので、きわめて重要である。このテーゼはしばしば、「人間の主体性を軽視し社会システムに対する人間の創造的な働きかけを無視するものだ」というように誤解されているのだが、先述したとおり、そうした主張とは正反対に、このテーゼは、社会システムには包含しつくせない人間(あるいは心理システム)の独自性(固有の複雑性)を強調するためなのである。(179) これは、ルーマンも『社会システム理論』においてとくに力説しているとおりである(*SS*:288=1993:335)。

とはいえ、こうした主張自体は、包摂／排除という概念を用いなければ表現できない、というものではないし、(180) 何よりも、社会システム論における人間一般の位置づけが問題とされているので、こういった意味での包摂／排除概念では、これ以降で述べる、機能分化した社会におけるある特定の層の人間の「蓄積的排除」という事態にアプローチする方途は生まれてこない。

こうした包摂／排除概念が一つの対概念として(あるいは差異として)もっとも明確な意味あいを獲得するのは、一九九〇年代になってから書かれた二つの論考においてであろうと思われる。すなわち、「包摂と排除」と題する一九九五年の論文と『社会の社会』(一九九七年)の社会の分化について論じた章の中の一節「包摂と排除」とにおいて、である。しかもここでは、包摂ならびに排除の概念内容が大きく変化することになる。

これら二つの論文においては、包摂／排除概念は次のように定義されている。「包摂(またそれに相応して排除)は、コミュニケーション連関の中で人間が指し示される方法とのみ関連づけられうるのであり、したがってもっぱら、そうしたコミュニケーション連関の中で人間が重要なものとみなされるその方法と関連している」(Luhmann 1995c:241)。あるいは、『社会の社会』においては、端的に、包摂は、「個々の人格が社会的な顧慮を受けるチャンス」

(*GG*: 620)と定義される。この定義からすれば、排除とは、個々の人格が、社会的な顧慮を受けるチャンスがない状態、あるいはコミュニケーション連関の中で重要な(relevant)ものとしては指し示され得ない状態である(*GG*: 621)。

このこととの関連で、ペーター・フックスとともに、人格として社会的に(=コミュニケーションの中で)顧慮される、ということを、コミュニケーションの水準において伝達能力ある審級(Mitteilungsinstanz)として、あるいは伝達行為が帰属されうる地点として、社会的に承認されることである、と解釈することができるだろう(Fuchs 1997)。フックスは、包摂/排除という「形式」を、コミュニケーションにおける「アドレス構成の形式」と読み換え、それを社会システム理論の基本概念にまで彫琢することを提案している(Fuchs 1997)。このように読み換えると、ある人格が、コミュニケーションにおいて伝達行為の帰属されうる地点としてのアドレスとみなされうるのかどうかが、包摂/排除概念の内実とみることができるようになる。ルーマン自身、包摂と排除とを(とくに排除について)、コミュニケーションにおける情報と伝達の差異と関連づけて説明している(Luhmann 1995c: 263)(この点については後述)。問題は、このように考えることでルーマンのリスク論にとってどのような含意がもたらされるのか、という点である。そのさい、重要になってくるのは、排除領域における諸機能システム同士の「問題ある構造的カップリング」(Stichweh 1997: 132)という事態である。

一九九〇年代になってから右に述べたような「包摂」の定義をとるルーマンは、社会の成員すべてをすべての機能システムへと「包摂」するというテーゼに対して、この仮定が近代における一つの「理想化(Idealisierung)」にすぎないことを、指摘する(*GG*: 630)。ここにいたって、全包摂テーゼからルーマンは大きく距離をとることになる。マールクス・ゲーベルとヨハネス・シュミット(Göbel & Schmidt 1998: 98-99)は、ルーマンの機能システムへの「全包摂」のテーゼが、近代におけるたんなる自己描写の産物(要するに「理想化」)のことを述べているのか、それとも実際に見いだされる「構造的な事態」を描写するためのコンセプトなのかが、曖昧である、とルーマンを批判しているが、『社会の社会』におけるこうした叙述をみるかぎり、この批判は妥当しないだろう。ルーマンによれば、このような「人間の全包摂」という「理想化」のゆえに、ある重大な問題についての思い違いが生じているというのである。

それが、機能分化した社会における「蓄積的な」「排除効果」という問題にほかならない。ドイツでは、一九九〇年代に入ってから、この蓄積的排除の問題を議論する論者が、とくにルーマンの周辺で研究を進める人々の間で爆発的に増加してきている[181](一例としては、Bergmann 1994 ; Fuchs, Buhrow & Krüger 1994 ; Stichweh 1994 ; Fuchs & Schneider 1995 ; Fuchs 1997 ; Nassehi 1997b ; Nassehi & Nollmann 1997 ; Stichweh 1997 ; Göbel & Schmidt 1998 ; Werber 1998 ; Werber 1999 ; Kuhm 2000)。

さて、ルーマンによれば機能分化した社会においては、包摂の規制は各機能システムにゆだねられている。ところが、ルーマンは、排除領域においては「すべての機能的諸システムの間の横断的な結びつき」が現象してしまっていると述べる(a. a. O.)。そうした現象の典型として、ルーマンは、大都市のゲットー形成やブラジルのスラムを挙げている[182]。重要なのは、こうした領域においては、ある一つの機能システムからの事実的な除外が、それ以外の機能システムにおいてその人が達成されうることを著しく制限してしまう(GG:630 ; Luhmann 1995c:259)、ということである[183]。

たとえば「街路に寝泊まりし確固たる住所をもたない家族はその子供を学校に通わせることができない」し「身分証明書を持っていない人は、社会福祉事業から排除され、選挙権を得ることもできず、合法的に結婚することもできない」(Luhmann 1995c:259)といった事態がそれである[184]。これまでの福祉国家は、各種の社会政策を施すことで、産業化過程に不可避的に附随する貧困に対処してきたが、いまや、従来公共的なかたちで提供されてきた医療や教育といったサービスも、多くの場合、市場的なメカニズムにゆだねられ、それ自体が、こうした新しい貧困やセグリゲーションの加速化に荷担する。いわゆるグローバリゼーションの結果、ある一地域で下される重要な決定は、一国内にとどまらず、そこから空間的にかけ離れているこうした排除領域に対して、重大な影響をもたらしうる。ところが、そこでは、みずからの利害関心を政治化していくための政治的資源も著しく欠如し、排除領域におかれた人々が、前節までにおいて述べておいたような運動や連帯を形作ることも非常に困難となる。

ルドルフ・シュティッヒヴェー（Stichweh 1997）は、こうした事態を踏まえつつ、確かに包摂領域においては世界社会、グローバリゼーションという考え方が妥当するかもしれないが、しかし、排除はつねにローカルに、地域的な条件に依拠して生起していると述べている。その上で、シュティッヒヴェーは、排除領域が「世界社会」のグローバルなコミュニケーションから取り残されていることを念頭におきつつ、こうした排除領域を「ブラックホール」というメタファーで表現する。つまり、外からは見えにくく、また、いったんそこに入り込むと抜け出る可能性も機会も奪われていくような、そういう領域である。

さらに「環境的公正」（Bryant 1995；Bullard 1990；戸田 1994）の観点からしても、より深刻な環境被害がこうした排除領域に偏って現出しやすいという点を問題にせねばならないだろう。ベックも、「とりわけリスクに満ちた工業部門は周辺の貧しい諸国に疎開」し、「世界的にみると、リスク社会における無産階級の居住地は、第三世界の工業地帯にある煙突の林立した場所や、精錬所や化学工場の近辺へ移動している」という現実（Beck 1986：54-56＝1998：60-63）を指摘している。要するに、すべての決定に伴って不可避的に析出される「被影響者」の中でも、比較的大きな被害を被りやすく、それゆえみずから経験する「危険」を可視化しそれをコミュニケーションの俎上に載せてしかるべきだが、連帯のための資源も欠如し、また伝達審級とは見なされえないような人々が、「排除領域」に集中して現れるわけである。

包摂／排除を、右に述べたようなアドレス構成の形式としてみてみるならば、こうした排除領域における人間は、もはや「情報と伝達の差異」に依拠しては観察されえなくなる(Luhmann 1995c:259; Stichweh 1997:133)。つまり、環境被害に関してもっとも「情報と伝達の差異」に依拠して観察され「理解」されてしかるべき排除領域の居住者が、伝達行為の帰属されうる地点とはみなされないということである。情報と伝達の差異とは――言語行為論のタームで述べるなら――述定的(constative)要素(コミュニケーションで伝えられている情報の内容)と遂行的(performative)要素(それを伝えることで発話者が何をおこなおうとしているのか)との差異である。コミュニケーションにおける「理解」は、こうした差異に基づかなければおこなわれえない。こうした視点からすると、排除領域における「人間」は、都市再開発のようなかたちで施策の対象とはなりえても(=コミュニケーションのテーマ、対象、情報内容とはなりえても)、何かを伝えようとしているのだと見なされる側面、つまりコミュニケーションにおける遂行的要素は、著しく切りつめられることになる。「コミュニケーションにとって重要な、情報と伝達の区別は、極端に縮減された、情報への関心へと剪定されてしまう」のである(Luhmann 1995c:263)。情報と伝達の差異に基づいて観察されない、ということは、排除領域との「コミュニケーション」が極度に貧困化していることを意味する。ルーマンは、コミュニケーションすることの可能な最大限の領域を「社会(Gesellschaft)」と呼び、そのような意味での社会はいまや実質的に「世界社会」であり、これまでの社会学における「社会」概念が明示的あるいは暗黙裡に「国民国家」を前提としてきたことを批判するが、しかし、こうした排除領域は、そうした世界社会に取り残された、いわばブラックホールとして、すなわちコミュニケーションが遮断された空間として、現出することになる。

ルーマンは、『社会システム理論』の中で、「情報と伝達の区別に応じて、行為は、二つの異なるコンテキストにおいて、社会システムつまりコミュニケーションにとって重要な構成因となる。すなわち、一つには、情報としてないしコミュニケーションのテーマとして、また一つは伝達行為として」であると述べている(*SS*:227=1993:260-

261）が、右に述べたことをこの叙述と関連させるならば、排除領域におけるコミュニケーションにおいては、前者は見いだせても後者の構成因は軽視されてしまうのである。

すでに述べたように、リスクというテーマは、社会そのもの（あるいは人類そのもの）にかかわる。前述したとおり、ある特定層、ある特定ミリューが抗議運動の主たる担い手であっても、このようなリスクというテーマのおかげで、決定過程から排除される非常に広い範囲の被影響者がこの抗議運動へのシンパとなることをあてにできる。これにより抗議運動は、「自分たちは社会の一般的な利害関心を代表＝表象しているのだという想定」をおこないうるようになる（*GG*: 864. 傍点は引用者）。ここでは、社会の部分（＝抗議運動）が社会全体であるというパラドックス（部分＝全体）が、リスクのテーマにより隠蔽されている。それゆえに、リスク論の脈絡ではしばしば、被影響者とされる側に立つ抗議運動や「市民」は、決定者とされる側が依拠する「科学的合理性」や「政治的合理性」に対抗する「社会的合理性」を体現している、という主張がしばしば見られる（たとえばBeck 1986=1998）。しかしこうした「排除」の問題を前にしてみるとき、「被影響者として」「被影響者のために」という語り口が、どこまで「社会」を代表＝表象（representation）し「社会的」合理性に値するのか、という代表＝表出の問いを避けてとおることができなくなる。

また、一九九〇年代以降のヨーロッパにおける「社会的排除」論も指摘しているように、このような排除領域の大部分の人々は、「居住地に応じてしばしば隔離されており、したがって不可視化されている」（*GG*: 631）。通常、あらためて述べるまでもなく、機能システムにおけるコミュニケーションにとっては、空間のもつ意味は減少してきている。(185) しかし「包摂と排除の分化にとっては、何らかの空間的な実質（Substrat）が必要なのであり、つまりは空間的な境界が必要になっている」（Luhmann 1995c: 260）のである。空間的な分断と決定者／被影響者という社会的な分断とが、排除領域においては重なり合ってしまうことになる。こうしたルーマンの指摘は、今日とくに大都市部において、エスニシティや人種ごとに一定の空間の中に囲い込まれる「セグリゲーション」が進行している事実と明らかに符合する。(186)

こうした分断によって、環境被害を被る「被影響者」の存在はますます隠蔽されていき、被影響者が、そもそもみずからの見解を政治的な交渉の場に持ち込み、リスクを政治化していく機会は失われていく。決定過程への（実質的であれ形式的であれ）「参加」を通しての「合意」によってある決定が「正当化」されたとしても、こうした排除領域は、そもそも、その政治的交渉の場にコミュニケーションの「伝達審級」として現出してくることが困難であり、その「被影響者性」が覆い隠されていくことになる。

以上のようにみてくると、ルーマンのリスク論が「セカンド・オーダーの観察」に焦点を当て、一貫して、決定者／決定に関与できない被影響者との差異を解消しようとする動向を非常に警戒し、むしろそうした「社会的亀裂」を際だたせ明るみに出し、再政治化することの必要性を認識させようという方向で議論を組み立てていることの今日的な意味が、浮かび上がってくるのではないだろうか。

結語　批判的リスク論の可能性

一　ルーマンのリスク論の意味

　ここまでの論述をとおして明らかにされたとおり、ルーマンのリスク論の基礎視角は——説得されずに進捗する意思疎通の考え方にせよ、信頼の技法の危うさの指摘にせよ、リスク変換のメカニズム、さらには抗議運動や蓄積的排除の問題にせよ——リスク／危険の差異、ならびに決定者／被影響者の差異にある。

　決定者／被影響者の溝はすべての決定にともなって生み出されざるをえないものであり、ルーマンはここに今日の社会の「根本問題」を見いだしている。この区別は、他者に危害を加えない限りでの自由という危害原理に依拠する古典的な自由論が、単純な意味ではもはや妥当しえないことをわれわれに告げている。とはいえルーマンは、本書の第三章ならびに第五章で確認しておいたように、このことを決して否定的にのみ捉えているわけではなく、むしろ、「被影響者」を機能分化した社会の中にポジティブに位置づけようと試みている点は特に着目されてよいだろう。

　こうしたルーマンのリスク論は——これまでのリスク研究がそうしているように——決定者／被影響者の溝という問題から、「ではいかにしてその溝を架橋することができるのか」という二次的な問いへと移行したりすることはない。あるいは、「不確かさ」がわれわれの精神状態を掻き乱しがちな今日の社会の中で、数々の不安からわれわれを解放してくれる安心感、「存在論的安心」(ギデンズ)を育む「信頼」はいかにして構築されうるのか、といったことを主導的な課題にするわけでもない。むしろ、ルーマンは、今日さまざまなかたちで実践されている、人々の安心への希求衝動に訴えかけるこれらの架橋の試みそれ自体に重大な陥穽を嗅ぎつけ、それが暗黙裡のうちに遂行してしまう被影響者の隠蔽という事態に大きな警戒感を抱く。合意調達のための多様な信頼の技法は、その意味でルーマンのシステム理論の立場からすると批判的な眼差しで捉えられることになる。まさに「合意の工学」とでも呼ぶべきものによって脱政治化・非政治化されうる傾向を不断に孕むリスクを、再政治化し、被影響者をたえず可視化することの意味を問おうとするルーマンからすれば、この二つの立場の緊張関係をたえず保ち続けることが重要になる。「説得されない意思疎通」という政治文化の構想も、このような視点によってこそ生み出されるものであった。

社会システムは、みずからの「オートポイエーシス」を確保するために、「問題」をたえず「解決」し(あるいは解決しうる能力があることを呈示し)ていかなくてはならない。そのために、システムは、そのシステムのオペレーションを続行させるという視点を離れた視点からするといかにも「ありそうにない(unwahrscheinlich)」メカニズムを作動させ、システムの機能充足能力に対する「信頼」を付与するために、「問題」を「問題解決」へと「定義変更」しようとする。だが、それは同時に、被影響者の存在の隠蔽へとつながる過程でもありうる。このようないかにも「ありそうにない」メカニズムを(当該システムにとって)「ありそうなこと」へと変換する過程――この過程によってシステムの自律性が支えられているのだが――で不可視化されてしまったものを掘り起こし再可視化していく作業こそ、ルーマンのリスク論の、というよりもルーマンの社会システム理論そのものの基本的な着想であるといえる。

今日の「リスク論」としては、一方で、決定の受容を促すそのイデオロギー的機能によってしばしば批判にさらされる定量的リスク評価に依拠する立場があり、他方、そうした立場から距離をとりそれに批判的な態度をとる「リスク論」もまた現れつつある。定量的なリスク評価にのみに専念するのでないかぎり、今日のリスク論は、専門家と非専門家との「開かれた対話」に重点をおく語り口に支配されているといえそうである。たとえば、批判理論の彫琢の傍らでベックとともに社会学的リスク研究に従事し本書でも度々取り上げたウォルフガング・ボンスもまた、従来のようなリスク政策、すなわち、「［誰が見ても客観的で正しい基準という意味での］絶対的合理性の概念」に則りながら「理想的で一義的な解決策」があるとの信念に依拠する「専門家支配や『エリート的』決定モデル」に代えて、その都度のコンテキストに依存したかたちで関係者の「合意」を作り出していく『参加型』モデル」を対置している（Bonß 1995:303）。さらに、クラウス・エーダーもまた、ハーバマスの公共圏論を検討しつつ、「対話をとおしてのリスク制御」の必要性を力説し、それをもとにデモクラシーのあり方に関する展望をおこなう（Eder 2000）。周知のとおり、一九八九年十二月に東ドイツのモドロウ政権のもとで、プロテスタント教会の仲介によって設定された「円卓会議（Der Runde Tisch）」を、合意づくりの「モデル」として提案するウルリッヒ・ベックもまた、こうした論者の一人である。ドイツに限らず、日本でもこのような思考法は広く受容されてきていると見てよいだろう。

このような動向からすると、本書なりの仕方での解釈を経た後のルーマンの「批判的」リスク論は、システムの閉鎖性のテーゼに立脚している点で、時代の潮流に抗いかにも頑迷な思考として人々の眼に映ずることだろう。オートポイエティック・システム論に与する論者の中にも、オートポイエーシスを「段階的な」ものに「和らげ」、システムの「間」や「開放性」を「ある程度」許容する論理を展開しようとするグンター・トイプナーやヘルムート・ヴィルケらの議論が現れている中で、あくまでも厳格に閉鎖性に固執し続け、オートポイエーシスに「段階」

などありえずオートポイエーシスであるかそうでないかのどちらかである、と主張するルーマンの姿は、一見すると右に述べたようなルーマンに対する一般的な印象を強化するだろう。しかし、たとえば、自律的で相互依存しあう諸部分システムのシステム間関係を作り上げることをねらいとし、「社会全体」の「合理性」を特殊な部分システム同士の「再帰的な調整」から導出しようとするヴィルケの構想は、各システムが自律的であり固有の「自由度」を有していることを前提としつつも、そのシステムの作動のコンテキストを適切に変化させることによって、システムの自己制御に影響を及ぼそうとするものである。その任を担うのが、各種の「交渉システム」を備えた監督指導(Supervision)をおこなう国家であり、それゆえヴィルケにおいては、政治システムが「社会」の「統一性」を保証する審級として把握されるが、結果的に彼の理論は、ネオ・コーポラティズム的な立論に近いものとなり(Habermas 1992:416ff.)、政治システムに社会全体を制御するといういささか過大な地位を賦与する結果になる。

二　開放性と閉鎖性

右に述べたような行政・専門家・多様な非専門家の間の「開かれた対話」は、とくに日本の場合、オランダやデンマークとは異なり、その対話や会議の結果と決定策定過程との関連がきわめて不明瞭であるため(松本 2002)、「決定者」が場当たり的に「民意」を構築しそれを当該決定の正当化に利用するための装置へと転化しかねない。このような「開放性を経過した決定」をかなりの程度まで「構築」しうる状況の中では、「開かれた対話」という言説が、むしろ逆説的に、システムのそれこそ「閉鎖性」の再生産に寄与しうるという可能性は、決して否定できない。もちろん、このような論調が従来の規制政策を再考させる契機を孕んでいることは確かだが、しかし、こうした事情に鑑みればその主張にはやはり一定程度慎重であってしかるべきであろう。

こんにちではもはや、異質性や多様性、開放性の保持のみを価値的な前提として社会理論の「批判力」を云々することはできないだろう。たんに同質性圧力に抵抗し異質性を認め相互の対話を進めるべきという訴えだけで「批判的」な社会理論を構想しうるわけではない（斎藤 2001）。なるほど、社会を描写するその筆致は、開放性を力説するほうが、一般に受容されやすいかもしれない。しかし、事態はもう少し複雑で捻れているのでありむしろ、異質性や差異性あるいは開放性の強調それ自体が、如才ない排除の論理へと転化しかねない。しかも、そこに、その排除を脱政治化する動きが連動する。

一方に、自足性や自閉性といったタームで「システム」を描いておき、他方に、開放性や公共性を対置するような身振り、あるいは開放性に与するみずからのスタンスを対比的に浮き彫りにするために、個人の「能動性」や行為とは独立して作動する「抑圧」的な、あるいは自動機械のようなシステムという半ば戯画化されたシステム像を作り上げる語り口は、もはや過去のものであるといわなくてはならない。インプットもアウトプットもない「自己準拠的」な「オートポイエティック・システム」論は、個人を社会システムの環境に位置づけるというその基本的な構想ゆえに、かねてから、「閉鎖性」に「開放性」を対置するこのような身振りに晒されてきたわけだが、いまや、こうした物言いそのものが、パラドックスの隠蔽をめざすシステムにとって十分「使い物になる」という点に留意すべきであろう。

繰り返しておくが、決して開放性の主張それ自体に意味がないというのではない。たとえばベックのように、専門家等が担う科学的合理性に当該住民や「素人」の「社会的合理性」を対置し両者の「せめぎ合い」を問題化する視角は、前者を相対化し従来の規制政策に一石を投ずるという重要な意味を有しているのは確かである。だが、「社会的合理性」を見遣るその視線の先にあるのは、いったいどんな層の、どこに住む誰のことなのだろうか。「社会的」という形容詞はいかにも曖昧であり、そうであるがゆえの危険性を、はたして顧慮せずにおいていいのだろうか。ルーマンのシステム合理性の「パラドックス」を問題にした本書の叙述はまさにこの危険性にこそ焦点を当てるものであった。

われわれとしては、ブラックボックス化しがちなこうした「社会的」合理性なる語り口に乗ずるよりもむしろ、ルーマンのリスク論を検討してきたいま、システムの「閉鎖性」に対する透徹した眼差しを保持しつづけたい。システムの作動が不可避的に依拠することになる「問題」をたえず可視化していくこの眼差しこそ、ルーマンがかねてから「社会学的啓蒙」と呼んでいたものと直結するだろう。またそのことが、結果的にシステムへの批判性を確保する回路にもなるであろうことは、すでに本書において示してきたとおりである。

しかし他方で、それゆえに「参加」など単なるレトリックにすぎず対話の可能性を追求しても意味がないといったシニカルな態度に終始してしまうとすれば、我々は、そうした思考停止に行き着く議論に対しても批判の矛先を向けねばなるまい。馬場靖雄がかねてから強調しているとおり（馬場 2001）、また、ウィリアム・ラッシュ（Rasch 2000）もルーマンに依拠しつつ述べているように、我々は、何かを「本質的」で「自然」と見なしてしまう議論に対抗すると同時に、逆に、すべては相対的だと語ってすませる相対主義にもまた同程度に抵抗しなければならない（「二面戦争（two-front war）」）。開放性の訴えは、理念にとどまるものであったとしても、たとえば、遂行的役割／相補的役割の区別に厳密に則った、機能システムへの従来の「包摂」のあり方を問い直し新しい現実を作り出していく大きな力を持ちうるのであり、現に持ちつつある。ルーマンのリスク論が、「開かれた対話」の主張を問題にするとすれば、それは、この主張そのものを問題化する方途が閉ざされ、その意味で逆説的ながら、閉鎖的なものとなってしまうその限りにおいて、である。開放性そのものが閉鎖性を生み出し、当該社会システムにとっての問われがたい新しい「非対称性」（本書第三章参照）として君臨するような事態もまた、我々は避けなければならないのである。どのようなものであれこうした「非対称性」をいつでも問い直せるような態勢を整えておかねばならない。おそらく、こうしたルーマンのシステム論は、公共圏論議に対しても重要な論点を提起することだろう。いかなる決定も、少なくとも潜在的には、その決定によって「ライフチャンス」が侵害される者を生み出し、しかもそのような侵害がときとしてコミュニケーションの中で不可視化され覆い隠される。ここでわれわれがルーマンのリスク論から受け取るべきメッセージがあるとすれば、それは、たえざる政治的なリスク変換を促進せよ、であろう。むろん、言うほどこれは簡単ではない。だが、今日もっとも斥けられるべきなのはシニシズムである。シニシズムに絡め取られずまた不安感の中で我を失うこともなく、積極的なリスク観察者として振る舞うことを勧めるこのメッセージは、不必要に楽観的なものでもなければ、決して非現実的なものでもあるまい。

もっとも、言うまでもなく、このような観察が社会システムと独立に現実化されうるわけではない。われわれは社会システムにどこまでも依存しながら生活しているのであり、システムなしには一日たりとも生活することができない。そのただ中からしか、つまり、そのようにシステムに依存するわれわれの日常、われわれ自身の身体への眼差しによってしか、リスク変換を促す積極的なリスク観察者としての個人の自律性の契機は生まれてこないであろう。依存しているがゆえに自律的たりうると言ってもいい。現代は、そのような意味でも依存と自律がこれまでになく相互強化している時代なのであり、決して、これらを相反するものとして描いてしまってはならない。

リスクが昨今問題にされるその背景の一つに新自由主義的な趨勢、さらにはまた「第三の道」の流れもあるだろう。ルーマン理論が今日的な新自由主義や「第三の道」論といかなる関係に立つのかはやはり気になるところであり、重要な課題ではあるが、ここでは、この趨勢と密接に関わる、能動的市民の創出を目指すリスク管理の私事化の議論について一言だけ言い添えておこう。ルーマンの述べるリスクの概念は、選択の結果が決定者へと帰属されうる将来的損害のことを意味していた。しかし、ルーマンは、「リスク社会」に生きる個々人が将来的損害の可能性を「能動的に」引き受けるべきだと主張しているわけではない。一九世紀以降の社会学理論はことごとく主観性と客観性、あるいは個人と社会との亀裂に対する鋭敏な感覚をその基盤としていたはずである。複雑性が著しく増大するこの社会の中で生きるわれわれが、そのライフコースの中でおこなう数々の選択や行為の結果のどれほどまでを、みずからのコントロールのもとにおくことができるだろうか。ルーマンの社会システム理論は、このような「幻想」から徹底的に袂を分かつことを出発点としていた。能動的な生き方それ自体はもちろん個人的な信条としては尊重されるべきものである。だが、政治的なあるいは学的な物言いとして、より「賢明」な選択をおこない人生で出会うリスクとそれへの「責任」を積極的に引き受けるポジティブな生き方を称揚することは、しばしば指摘されるとおり、失業や疾病といったライフコース上の「リスク」を、諸個人のモラルや生き方の問題に帰属し、たとえば恒常的失業者をモラルの欠如した人間として描くことを許容する一方で、そうした「リスク」の、社会構造に帰属されるべき側面を覆い隠す効果をもたらす。リスクの社会学は、独特の道徳観やコミュニティ観と結びつきがちなこうした「リスク管理の私事化」論とは距離を保ち続ける必要がある。「社会的なもの」はそのような見地からしか再構想されえないであろう。

いずれにしても、繰り返し見てきたように、ルーマンの社会システム理論あるいはそれに依拠したリスク論は、決して、額面通りの意味でシステムの「閉鎖性」を「正当化」するようなものではない。閉鎖性を軸にしてシステム論を構想することと閉鎖性を正当化することとはまったく別のことである。むしろ、この理論は、著しく複雑な現代社会のただ中にあって、リスクの「政治性」を隠蔽し「排除」を完遂させようとするその気付きがたく見えない力に抵抗するための契機を、またそのための「自由」の可能性を、われわれに呈示しているとみることができるのではないだろうか。システムの閉鎖性に力点をおくからこそ見えてくるものをうかつにも逸してしまってはならない。

注

まえがき

(1) 環境問題との区別については脇田健一による解説を参照(脇田 2002:58-59)。

(2) ドイツの社会学でのリスク論では、こうした問題は、「テクノロジー的-エコロジー的リスク」と呼ばれることがある。原子力発電所など高度テクノロジーに伴う「リスク」の場合、毒性を有する物質をできるだけ因果的に決定できるかたちで操作し遊離させなければならない。それゆえ——チャールズ・ペローが用いる概念で表現するなら——因果連関は「緊密なカップリング」をなしており、計算不可能な攪乱が生じた場合、きわめて短期間のうちに甚大な損害をもたらす「突発的カタストロフィ」を帰結させてしまう。こうした「テクノロジー的リスク」には、誰もまえもって予見しえない深刻な事故がつねに可能性として附随していることから、ペローはこれを「ノーマル・アクシデント」と名付け、これらのハイリスクテクノロジーの制御不可能性について論じている(Perrow 1984)。これに対して「エコロジー的リスク」の場合、生態系に対する損害は、生態系自体がある程度の内的柔軟性を有しているため(「ルーズなカップリング」)、一つあるいは若干の攪乱(汚染)だけで根本的に変化してしまうことはありえず、むしろ数々の攪乱の蓄積的な効果によって次第次第に、制御しえず予見することのできないカタストロフィが出来する(「忍び寄るカタストロフィ」)。いずれにせよ、これらのリスクは、因果連関の複合化、長期的潜伏、損害の不可視化等を際立った特徴としており、従来的な意味でのリスクと類比的に取り扱うことはできない。

序論

(3) オートウィン・レンならびにクラウス・ヤップによる、近年のリスクに関する議論状況の整理を参照されたい(Renn 1992；Japp 1996:8-19)。

(4) ルーマンやユルゲン・ハーバマスも、この時期に、それぞれ「個人、個体性、個人主義」(Luhmann 1989)、「社会化をとおしての個人化——ジョージ・ハーバート・ミードの主体性論」(Habermas 1988=1990)といういずれも長大な論考を著している。ルーマンのこの「個人、個体性、個人主義」という論文は、ベックの所論に立ち入った検討を加えているものではないものの、後に、ベック夫妻によって編集された「個人化」に関する論文集に、「キャリア」に関して論じた一節が(多少言い回しの変更を加えた上で)再録されており、また、ハーバマスも、この論文の最終節において、ベックの個人化論を取り上げ批判している。内容的にみても、両者の論考には、ベックの個人化論を意識してのものと思われる叙述を随所に見いだすことができる。ルーマンの個体性論については、拙稿を参照(小松 1997a)。

(5) ウルリッヒ・ベックにあっては、確かに、「産業社会からリスク社会へ」あるいは「単純な近代から再帰的な近代へ」という図式が呈示されているが——ベック自身いたるところで強調しているとおり——これを単純に「近代から脱近代へ」という流れで捉えてはならない。むしろ近代化原理の徹底として、「リスク社会」が現れているのである。『リスク社会』の副題が「新しい近代への道」となっていることからもそれは明らかだろう。ベックによれば、単純な近代(産業社会)の段階は、半ば近代的で半ば前近代的な社会であった。たとえば個人の自由と平等という本来分割不可能な原理を分割し、一方の性にはそれを認め、他方の性にはそれを認めなかった。確かに、産業社会は、伝統社会の集団的帰属から人々を解放したが、しかし近代化の原理を徹底させたわけではない。むしろこうした「性」に基づく分割といった前近代的なものが、産業社会を支えていたのであり、それゆえ、近代化原理を徹底させる必要性があるというわけである。ベックは、「近代化原理」の擁護者として読まれなくてはならないだろう。なお、池田寛二によるベックの社会変動論についての整理は簡潔で分かりやすい(池田 1999:12)。またこれ以降の論述においてベックとギデンズのリスク論に関しては丸山正次の論考を参照した(丸山 2001)。

(6) 今日、各国に「原子力保険」制度が確立されており、日本でも一九六〇年に「原子力損害の賠償に関する法律」(原賠法)、「原子力損害賠償補償に関する法律」が制定されている。原賠法では、事故の場合、原子力事業者に対して無過失責任とし、無限責任を課しており、損害賠償に備えることを義務づけている。しかし原発事故の場合は、保険制度による貨幣的補償によってはカバーしきれない致命的な打撃を受けることが問題となる。

(7) この二つのリスクの区別は、クリストフ・ラウの枠組みでいえば、「産業社会的-福祉国家的リスク」と「新しいリスク」との区別に対応する。これについては後述(第一章)。

(8) こうした事態に鑑みつつ、ウォルフガング・ボンスは、今日的リスクと伝統的なリスクとの相違について論じ、次章で述べるルーマンの「リスク」概念と「危険」概念の区別に依拠しつつ、次のように述べている。「発展の道は危険からリスクへ、という方向にだけ進むのではなく……近代の近代化によって同時に、逆の発展もまた可視的なものとなってきている。対比的にいうなら、リスクからセカンド・オーダーの危険へという移行が見られる」(Bonß 1995:84)。もちろん、リスクからセカンド・オーダーの危険へ、とはいっても、宿命や神や自然に帰属されるような危険への単純な立ち返りではない。そうではなく、確かに損害は、何らかのリスク行為によってもたらされるものではあるが、しかしその何らかのリスク行為によって変化させたり制御したりできず、被影響者にとってのみならず決定者自身にとってもただ甘受するほかはないような「新しい自然の力」(Bonß 1995:82)として顕在化することになる。本書の後の議論を先回りして述べておくなら、リスクに対する指向性(決定への帰属指向)が保持されたまま今日のこうした「セカンド・オーダーの危険」に対処せざるをえないとき、そこに、観察の観察(つまり誰がどんな決定をしているのかについての観察)に対する感受性が著しい高まりを見せ、決定者と被影響者との溝に起因するコンフリクトが激化することになる。

(9) こうした点をふまえて、ベックは、「コードの統合」あるいは「システム間の媒介」をこそ問題にすべきであるという主張を展開する。「コードの統合がすでに現在どこで、どのように生じているのかを探求すべき」(Beck, Giddens, & Lash 1994:25=1997:51)というわけである。ただし、「システムの媒介」や「コードの統合」は従来つねに「腐敗」の温床でもあったわけであり、ある種の価値前提をあらかじめ弁証しておかないかぎり、この論点を抜きには「媒介」や「システム間」を理論的に論じえないのではないだろうか。春日淳一は、メディアの混用の危険性をルーマンの経済システム論の視角から論じている(春日 1996)。また、システムの媒介や開放性の主張に依拠したベックのルーマン批判に対する反批判としては、馬場靖雄の指摘を参照(馬場 2001:99-100)。

(10) ルーマンのリスクの社会学については、拙論を参照(小松 1998；1999；2000；2000a)。もっとも新しいまとまった論考としては、山口節郎の著作をあげることができる(山口 2002)。だが、山口のこの論考には、細かい誤解を措くとしても、いくつかの問題がある。まず、ルーマン理論の基礎である「ありそうになさの公理」の含意が掴みきれておらずこれをリスク論と充分に結びつけることができていない。また、ルーマンの「説得されずに進捗する意思疎通」の考え方を社会的対立の「緩和」のための条件と位置づけるのは大きな問題があるし(後に本書で見るように、そもそもルーマンは社会的対立を「緩和」したり社会的溝を「埋めたり」する試みを非常に警戒している)、また、外部の視点の取り入れによる再帰性の強化＝合理化の方策を手放しで称賛するのも後の「リスク変換」の議論と絡めてみると不適切と言わざるを得ず(これはおそらく、山口の「システム合理性」概念の理解が不十分であることによる)、さらに、被害者や病者といった受苦者の視点を取り入れ(しかし誰が被害者かそれ自体がコンフリクトの焦点にならざるをえない状況のもとでは、こうした「取り入れ」という表明自体が決定者の側での一戦略にすぎない場合も多いのだが、ここではこの点は措いておく）「合理的な構え」として専門家に要請される「二・五人称の視点」なるものも（また、そもそも、社会学者として専門家に「心構え」を立言するとはどういうことだろうか）、山口がルーマンに即して検討のうえ斥けているリスク・コミュニケーション（論）ではほぼ周知のことである。たとえば、リスク・コミュニケーションのさいの当該主体のコンテキスト理解や新しいコンテキスト生成の重要性について論及した、山本長史と大竹准一の論考（山本・大竹 2000）など、を参照。このような点からすると、右に述べた「取り入れ」の危険性に無防備である点ともあわせて、山口の議論の組み立ては、ルーマンのリスク論の、あるいは、リスクの社会学のポテンシャルを十分に汲み出すにはいたっていないと言わざるを得ない。

(11)　これはクラウス・ヤップによる命名である（Japp 1996）。

(12)　また、個人主義的―構造的、客観的―構成主義的、という二つの軸を交差させた整理図（Renn 1992:68）においても、システム理論的リスク論は、「構造的でかつ客観的」なリスク概念に依拠するものとして類別されており、これも後述するとおり、かなりの問題があるといわざるをえない。

(13)　もちろん、このことは、ルーマンのリスク論が社会の中で「役に立たない」などということと同じではない（ただし、「役に立つ」ということで何を念頭におくかにも拠るが）。これはルーマンの自己準拠的な社会理論（Theorie der Gesellschaft）の基本的構想そのものとも関わる論点なのでここで簡単にまとめることは到底できないが、本書の今後の議論の展開のためにも、さしあたり『リスクの社会学』における次のような叙述を銘記しておきたい。ルーマンはウルリッヒ・ベックの『リスク社会』を念頭におきつつ「社会学は、ここで［＝リスクという言葉を用いるようになったことで］旧来の社会学の役割を、新しい内容で満たすための新しいチャンスを手に入れている。すなわち、それは、社会に対して警告を発するための新しいチャンスである」（*SR*:13）。しかし、そうはいっても、これまでのところリスクの社会学では、社会の中での「社会学自体の役割について考慮されていない」（a. a. O.）とし、「自己述語的（autologisch）」な構成要素を考慮することのできる自己準拠的システム理論こそが、これをみずからの課題として引き受けることができる、と述べる（a. a. O.）。こうした叙述に依拠するかぎりでは、ルーマンは、社会の外部から観察するのではなく社会の中で作動（operieren）する（さらに言えば、社会を観察・描写する試みそれ自体が社会を「遂行」してしまう）リスク社会学、という観点を自覚的に保持しようとしていることは明らかである。その具体的なあり方については彼のリスクの社会学を精査するほかはない。

(14) こうした分類のほかに、たとえばライナー・グルントマン(Grundmann 1999)は、分類の基準を明示化せずに、また、ドイツの議論状況にかぎって、次のような整理をおこなっている。(1)「新しい社会運動」論(ヨアヒム・ラシュケやディーター・ルフト)、(2)リスク知覚に取り組むもの(リスク心理学)、(3)理論的なあるいは規範的な指向性を与えるもの(ここに、ベックやウィルダフスキー、ルーマンが位置する)。(3)のうち、ノルベルト・エリアスに倣って距離化のパースペクティブと参加指向的なパースペクティブという軸で比較するなら、ルーマンやウィルダフスキーは前者、ベックは後者ということになる(Grundmann 1999:45)。

(15) 「欠如モデル」については、金森修・中島秀人の編集による『科学論の現在』(金森・中島 2002)所収の杉山滋郎、小林傳司の各論文を参照。

(16) 「グリッド」次元とは、端的に言えば、個人を拘束する規則の強さの度合いであり、「グループ」次元とは集団への個人の包摂の度合いである。グリッドが強化されれば自律的な選択が制限され、グループが強化されれば集団の決定に従属しがちになるとされ、いずれも、その強度が増すと個人の自律性はそれだけ制限されることになる。グリッドの強/弱、グループの強/弱を組み合わせ、グリッドが強くグループも強い文化的傾向がヒエラルヒーと名付けられ、次いで、グリッドが強くグループが弱いものは、運命論、グリッドが弱くグループが強いものは、平等主義、グリッドもグループも弱いものは、個人主義、という四つの文化的傾向が区別される(Douglas 1992:176-177)。また、クラウス・ヤップによる解説が簡潔である(Japp 1996:109ff.)。

(17) 代表的なものとしてはたとえば、クラウス・ヤップによるもの(Japp 1996:115ff.)、ならびに新機能主義の旗印を掲げるジェフリー・アレグザンダーらの論考(Alexander & Smith 1996:256-257)などがある。

(18) クラウス・ヤップは、本人からの談話によると、社会運動論やリスクに関する議論を展開していたということで、ルーマンによってビーレフェルト大学に招聘されたということである。

(19) 法学の領域でのリスク論の議論状況については、福井康太の論考を参照(福井 1996)。

(20) もっとも、周知の通り、ルーマンにおいては、社会システム理論の「対象領域は……その理論による分析的な概念構成の相関物であるとは考えられ」ていない(SS:10=1993:xiii)。詳述は避けるが、社会システムは当該システムそれ自体が、システムと環境との区別をおこなうのであり、それが、「システムは実在する(es gibt Systeme)」、精確に言えば「自己準拠的システムは実在する」という叙述に込められた意味であった(これについては、SS:30ff.=1993:17ff. を参照)。

(21) もちろん、念のため繰り返して確認しておくが、こうした「意外さ」は必ずしも個人が「意図的に」おこないうるわけではない点に注意されたい。

(22) むしろ、ルーマンもいうとおり、「主体の視点から」社会学理論を構築しようとするアプローチは、「誰」についての問いを等閑視する結果、暗黙裡に一定の層の人間を排除することに資しているだけでなく、人間についての経験的な指示物を欠いた、曖昧模糊とした概念構成物を分析対象に仕立て上げていると非難されてしかるべきであろう。一九九三年に邦訳された『社会システム理論』におけるルーマンの「日本語版への序文」vi頁を参照されたい。

(23) マトゥラーナとバレーラは、この概念を、「生命システムに固有の自律性のダイナミクスにおいて生じている事柄を端的に指し示す」(Maturana & Valera 1980=1991:24)ために採用している。一九六〇年にチリ大学医学部生物学科の研究員として神経生理学と神経解剖学の研究に従事していたマトゥラーナは、数人の共同研究者とともに、ハトやカエルの神経系、とりわけ視覚に関する実験に基づく研究をおこなっていた。大きな転機は、一九六四年にガブリエラ・ウリベが研究者に加わったことによって訪れた。ウリベらが加わった研究の結果、「神経システムの活動を、外界ではなく神経じたいによって規定されるものとして扱わねばなら」ず、「したがって外界は、神経システムに内的に規定された活動がひきおこされるにあたっては、引金の役割しか果たしていない」(Maturana & Valera, 1980=1991:21)という着想を得るにいたる。このときの「発見」、すなわち、「神経システムの作動を説明するためには神経システムを閉鎖する必要があり、知覚は外的現実の把握ではなく、むしろ外的現実の[そのシステムによる]特徴づけだとみなすべきである」という発見が、後の「オートポイエーシス」論に直結することになる。したがってマトゥラーナは、「オートポイエーシス」論に近い発想自体は、六〇年代にすでに有していたわけであるが、それが、バレーラやイリノイ大学のハインツ・フォン・フェルスターらとの出会いをとおして、オートポイエーシス論へと結実していくわけである。「オートポイエーシス」概念が形成されていく経緯については、河本英夫の整理も参照(河本 1995)。

(24) システム理論史的に見た場合、オートポイエーシス論は、動的平衡システム(第一世代)、自己組織性システム(第二世代)に続く「第三世代システム論」として議論されてきている。これについては、河本英夫による解説(河本 1995;2000)を参照。

(25) この『社会システム理論』において、社会システムの要素は「コミュニケーション」であるという見解が明確に打ち出されることになる。たとえば、ルドルフ・シュティッヒヴェーは、彼の個人的な経験をふまえつつ次のように語っている。「……私は、一九七〇年代の終わり頃かあるいは一九八〇年代の初め頃に、ルーマンが彼の講義やセミナーで、繰り返して、自分はまだ主要な理論的決断をどのようにおこなったらいいのかわからない、と発言していたのを覚えている。つまり、社会システムの、要素たる地位にもっともふさわしい構成要素を探すとすれば、それは、行為なのだろうかコミュニケーションなのだろうか、ということである。その数年後、一九八四年の『社会システム』において、その決断は下されることになった。システム理論は、コミュニケーション理論として再定式化されることになり、それとともに、行為の概念は副次的な地位にあるものとみなされることになった」(Stichweh 2000:7)。

(26) 石戸教嗣は、さらに細かく、一九七四年までの第一期(自己準拠概念以前)、一九七五-一九八三年までの第二期(オートポイエーシス概念なしの自己準拠概念の時期)、一九八四-一九九〇年までの第三期(オートポイエーシス概念導入後)、一九九一-一九九八年までの第四期(社会システムの「パラドックス展開」への着目期)、という四区分をおこない、さらに、教育システム論に即した新しい時期区分も提案している(石戸 2000:12-18)。本書の主題であるリスク論は、ルーマンにあっては、一九八六年頃から展開されはじめた比較的新しい論題であるため、一九八〇年代前半以前/以後という大まかな区別に依拠するだけで、当面は十分である。もっとも、本書では、前期ルーマンと後期ルーマンとの間にそれほど大きな懸隔があるとはみていない。確かに、初期の立論を後期のルーマン理論に過度に読み込んでいくことは危険も伴うが、本書では、(リスク論の脈絡にかぎってだが)初期の諸概念や考え方が一九九〇年代にいたっていかに新しい形態をまとって現れてきているのかにむしろ着目してみたい。

(27) とはいえ、ルーマンの死後日本におけるルーマン研究は、このようなルーマン像を提示するものが増えつつある。馬場靖雄による論考(馬場 2001)をはじめ、福井康太が法システム論の視角から(福井 2002)、石戸教嗣が教育システム論の視角から(石戸 2000)、春日淳一が経済システム論の視角で(春日 1996)、高橋徹がゼマンティク論の領域で(高橋 2002)など、それぞれルーマン理論をもとにした論考を公刊している。もっとも、一九九〇年代初頭にも、たとえば、中野敏男が、「根拠なき時代の法批判」の理論的基盤の一つとして、コンティンジェンシーや機能的等価性を強調するルーマン理論を高く評価している(中野 1993)。しかし、中野は(詳述は省かざるを得ないが)、以下で述べるルーマンの「ありそうになさの公理」の含意を十分にくみ取ることができていないために、結局ルーマンの意想をみずからの立論に生かすことができないままとなってしまっている。たとえば、中野は、ルーマン理論における法システムの「システム的自律」をシステムの「自閉化」と同義なものとして捉えてしまっているため、そうした自閉化こそは、「現存の実定法システムへの外部からの批判の拒絶にほかならず、それが『別様でもありうる』という可能性を塞いでしまうもの」というルーマン批判へといきつく(中野 1993:257)。したがって、せっかく「ありそうになさの公理」に着目しようとした中野のルーマン理解は、結局のところは山口節郎(山口 1987; 1995)やハーバマス(Habermas & Luhmann 1971:145=1987:186)のルーマン理解と基本的には変わるところのないものになってしまっている。また、結論としてややハーバマスに引きつけたかたちで提起される「批判的コミュニケーション」の考え方、すなわち、実定法システムの決定プログラムに関する「構造的再審の批判的コミュニケーションが現に自由に活性化しているときに、それにもかかわらず、棄却されずに生き続けている法的決定は『正当』である、と言える」という考え方(中野 1993:260)も、「開かれた」「批判的コミュニケーション」に実質的に参加しえない人々や十分な教育の機会が与えられないことで言語的資源に恵まれず他者を説得しうる「合理的根拠」を呈示しえない人々が数多く存しているにもかかわらず、「自由に」「活性化」している「開かれた」コミュニケーション空間のなかで「それにもかかわらず棄却されていない」から当該決定プログラムは「正当である」と言いきってしまうことは、見かけ上は「差異」や「異質性」に敏感で「開かれたコミュニケーション」を目指すものではあっても、実際には、「開放的なコミュニケーション」という言葉のもとで異質性を如才なく排除する論理に容易に転化しうるだろう。

(28) 一九九〇年代以降のルーマンは、このことを、パラドックスとその「展開」(Entfaltung)＝隠蔽との関係として、論述するようになる。システムには、当該システムの作動を観察する視点からすると、たえず何らかのパラドックスが孕まれており、システムとして存立することはいかにも「ありそうにない」。ところが、システムは、何らかの方法で、このパラドックスを隠蔽する(これを「パラドックスの展開」という)ことによって、かろうじて存立を保っているのである。したがって、システムの作動は、パラドックスを展開(隠蔽)するその方法によって支えられているともいえるだろう。

(29) もちろん、こうした結合が可能になったのは、「機能主義」そのものの転換をルーマンがすでにおこなっていたからにほかならない。つまり、等価機能主義の考え方がそれである。

(30) 「コンティンジェンシー(Kontingenz)」という概念は、タルコット・パーソンズにあっては、「依存性」の意味で使用されているが、ルーマンはこの概念に「現にあるのとは別様の可能性」という意味を込める。ルーマンによれば、コンティンジェンシー概念は、その起源となっている様相論理学の中では、「必然性の否定と不可能性の否定」を意味している。スコラ哲学でいう世界の contingens は、神の絶対性のコロラリーであった(Luhmann 1976a:508)。つまり、神の絶対性を認めるのであれば、神は、この世界以外の世界をも創造することができたであろうから、この世界が現にあるように現実化されていることは確かに不可能ではなかったがしかし必ずこのように創造されねばならないという必然性もない。ルーマンは、今日通常意味される「依存」という意味よりも、この「必然性の否定と不可能性の否定」、端的に言えば別様にも可能であるという含意のほうがより根元的であるとして、一貫してコンティンジェンシー概念をこの意味で使用している。

第一章

(31) 実際、高城和義によれば、パーソンズは、実証主義的観点にたつナイトと往復書簡等を通じてかなりの対話をおこなっていたようである(高城 1992:370)(パーソンズの経済システム論については、高城 1986:159-220 を参照)。

(32) 後述する「非知」の問題はこのうちの「不確実性」の側面と関わる。スミッソンも指摘するとおり、ここで言われる「不確実性」を第三章で取り上げる「非知」と同義あるいは非知概念に包含されるものと捉えるのが一般的かと思われるが(vgl., Smithson 1989)、非知の概念が、リスクと不確かさを越えた知識類型として把握されることもある。非知の概念について詳しくは次章を参照。

(33) 後述するように、リスクと危険(Gefahr)の区別に基づいたドイツのインミッシオン防止法では、リスクの言葉こそ異なるが、そこでのいわゆる「反比例原則(Grundsatz der gegenläufigen Proportionalität)」や「比例原則」も、こうした発生確率と損害の重大さとの積として危険を規定するという観点によるものである。ただし、後述するように、ここでのリスク/危険の区別はルーマンのそれとは異なる。

(34) 広田・増田・坂上 2002:16-17 を参照。また、中西準子は、リスクとハザードの区別について、後者がある物質の毒性そのもの、前者が人体の健康に対する危険度、と定義し、両者を混同させることなく前者をこそ規制すべきであるとする。また、保険学の分野でのリスク、ハザードなどの概念については、亀井利明による解説を参照(亀井 1995:72-91)。

(35) この点ですでに右に述べた「リスク」と「不確実性」とが区別されずほぼ同義語として使用されている。ただし、ベックは『リスク社会』刊行ののちに、非知の問題を取り上げはじめ、同じく再帰的近代化といっても非知に着目する点でA・ギデンズ、S・ラッシュと異なる点を力説するようになるので(これについては後述)、リスクと不確実性とが区別されていないことが彼の議論にとって致命的というわけではない。

(36) したがって、損害をもたらしうる物質の属性そのものではなく、当該物質の損害発生の確率・損害の重大さのほうをこそ(あるいは中西に準じていえば、ある物質の毒性そのものと区別された、その物質が人体に及ぼす危険度を)考慮に入れなければならないという、リスク規制の脈絡では決定的に重要な区別はベックの議論にとってはそれほど重要なものではなく、その意味では、安全工学やリスクマネジメント論とは区別されるだろう。しかし、両者とも、「何が」(どれだけ)リスキーなのかに着目しておりファースト・オーダーの観察者のレベルに位置しているという点では、同じである。

(37) ただしこのようなリスク概念の規定は、リスクという概念の意味内容を、学の側で一方的に確定させてしまうことができる、ということを前提にしているのではない。むしろ、ルーマンの力点は、リスクに関する定義そのものが社会的な争点になるということである。これについては、本章において後述。

(38) ルーマンにおいて、「決定」は、心理学的な対象ではなく、「意志決定」とか「決断」といった言葉に置き換えることができない(*SR*:6f.)。ルーマンの場合、決定とは、ある心理システムの選好による選出という意味ではなく、さまざまな選択肢がみられるという条件のもとであることがらが生起したとき、そうした生起した出来事を、ある一つの「選択」として、あるシステムに帰属させるようなコミュニケーションのこと、である(*SR*:7；*OE*:63ff. など)。「決定」をこのように社会学的に説明することの利点は、決定者とされる者が「決定を下した」と意識していない場合でも、「決定を下した」ものとされてしまう事態を記述できる点である。また、近代社会において決定帰属の宛先とされるのは主として「組織システム」であると考えられている(*SR*:211)。これらを考えあわせると、「ルーマンの決定の概念は個人に帰属されているのでシステム論的ではない」といったベックやそれにならった山口節郎の疑問はやや的をはずしたものといわざるをえまい(山口 2002:262)。

(39) それゆえ、ルーマンは、かつてハイデガーも引用したヘルダーリンの言葉をもじって次のように言う。「されど制御の存するところ／リスクもまた芽生える(Wo aber Kontrolle ist/Wächst das Risiko auch)」(*SR*:103)。

(40) このような区別でいうと、ベックの述べている「リスク社会」とはどちらかといえば「危険社会」のことであるという点については、「リスク」についての類型に関するベック自身の議論を参照(Beck 1988:120f.)

(41) ルーマンがリスクの概念を考えるにあたって重要だとみなしているのは、この語の起源が海上貿易にあるという点である(*SR*:17-18)。つまり、考えられる損害を避けようと思えば簡単に避けることができる——なぜなら損害を避けたいのなら家の中にいればいいのだから——のに、あえて、積極的に(aktiv)損害の可能性を作り出していかなければしかるべき利益を得ることができないという典型的なケースが海上貿易であり、このような事例において「リスク」という言葉が用いられていたことは、「リスク」という概念を考えるうえで示唆的である。ここでは、自分の現在の決定とは関わりなく降りかかってくるもの、として「損害」が考えられているのではなく、みずからの手で何かを積極的におこなった結果として、将来においてある種の損害が起こるかもしれない、ということをあらかじめ見越した上で、それでもなおあえて何かをする、という態度が問題となっている。ルーマンのリスク概念が、このような意味内容を捉えようとしていることは明らかだろう。

(42) ルーマンのリスクと危険の区別を、能動的／受動的という区別に依拠して把握してよいかどうかという点は、ここで述べること以上の含みを持つように思われる。たとえばアンソニー・ギデンズは明らかに、リスクと危険の区別をこの能動的／受動的という区別と重ねている。「アクティブな市民社会」を目指す「第三の道」を提唱し、人生設計の中で能動的にリスクを引き受け管理する市民の涵養をもくろむギデンズにとって重要なのは、このような意味で、危険ではなくリスクなのである(ギデンズの「第三の道」論については Giddens 1998=1999)。しかし、ルーマンは当然、このような意味での「リスク」の引き受けを積極的に人々に推奨しているわけではない点で、このような議論とは袂を分かつ。こうした議論の危うさについては本書結語にて後述。

(43) この概念については、本章第三節でも若干触れることになるだろう。

(44) 以下、ドイツ環境法・技術法についての記述については、戸部真澄による整理を参照(戸部 2002)。

(45) また、高橋信隆の議論を見るかぎり、日本における環境法の脈絡で環境リスク規制と言われるさいのリスクの概念も、このような意味に近い(高橋 1999)。

(46) この概念は、ルーマンのシステム論の鍵となるものであり、かなり精確に論定しておく必要があるが、さしあたりは下記の説明にとどめておく。なお、この概念について詳しくは馬場靖雄の説明を参照(馬場 2001:13ff.)。

(47) たとえば、ゴットハルト・ベヒマンはこのように捉えている(Bechmann 1993a:267)。だが、本書はこうした立場をとらない。このような見方は、こんにちの非知の問題が孕むダイナミズムへの目配りを鈍らせるおそれがある。このことを看過してしまっては、現在のとりわけエコロジー問題をめぐるディスコースの有する意味を捉え損ねてしまうだろうし、いかなる社会の変動のゆえに「リスク」が学の内外において問題にされるのかという問いを背景にした社会学的リスク論形成の可能性は、事実上閉ざされてしまうことになる。

(48) ルーマンが、近代的時間を、社会構造の変化(成層的に分化した社会から機能的に分化した社会へという変化)と関連づけながら主題的に論じている著作としては、Luhmann 1973a; [1976]1982; 1995; *GG*:997-1016などがある。

(49) 確かに、アウグスティヌスも、過去と未来との区別に基づきつつ、存在するのは三つの時間のみ、つまり過去のものの現在(記憶)、現在のものの現在、未来のものの現在(期待)のみが存在するのであって、過去、現在、未来が存在するというのは不正確であると述べ、現在からみた過去、現在の現在、現在からみた未来という「時間的諸様相の反復的使用」(Luhmann [1976]1982:278)をとおして時間把握をおこなっているが、しかしルーマンの述べる「過去と未来の差異」に基づく「時間」は、アウグスティヌスの場合のように、そうした過去と未来との連続性を保ち「時間の統一性」を保証するものとして「神」を指示しなくてはならないような「時間」ではない。いまや、神であれ魂であれ、何かあるものが「永遠」で「固定」されており「流れない」という考え方は、(機能分化した社会のサブシステムの一つである)宗教システムに特有の世界描写にすぎないとされている(Luhmann 1995:84)。

(50) ルーマンの考えでは、「現在」とは、「排除された第三項」である。言い換えると、それぞれの現在の時点から過去や未来を観察するわけであるが、この過去と未来との区別をまさに設定しているのが、この現在である。そのような現在は、すべてのものがこの現在においてしかありえない以上、何によっても、また誰によっても、観察されえない「盲点」となる。時間は未来と過去の区別に基づいて観察されているわけであるが、その区別それ自体を設定しその区別のどちらの側面にも所属しないもの、つまりは「排除された第三項」(これがなければそもそもその区別それ自体がおこなわれない)が、「現在」なのである(現在が把握不能ということは、現在の観察において使用されている区別それ自体はその区別にとっては観察されえないことを含意する)。したがって現在は、「いたるところにみられるがどこにもみられないもの(überall und nirgend)」となる(*SR*:50)。また、清水太郎による、ルーマンの「現在」の観察不能性の所説についての論考も参照(清水 1993)。

(51) したがって、環境には直接「接触」することはできない、とされる。

(52) ベックについての池田寛二の論考を参照(池田 1999:19)。

(53) ベルンハルト・ギルの記述も参照(Gill 1999:184.)。

(54) ルーマンは、今日のいわゆる「新しい社会運動」の源泉を、この点にみている。ルーマンの抗議運動論については、第五章で取り上げる。

(55) アロイス・ハーンらは、エイズを、このような、リスクの社会学の観点から経験的に分析している(Hahn et al. 1992)。当人がＨＩＶ感染にいたった経緯によって、セクシャル・マイノリティの運動として展開されたり、いわゆるＨＩＶ訴訟の運動として展開されたりと、異なった展開を示すことは周知のとおりである。しかも、この両者が反目しあうことも決して稀ではなく、また、後者の側が「自分たちは同性愛によるＨＩＶ感染ではないのだ」と公言することで差別が再生産されていくという深刻な事態も出来している。

(56) ルーマンは、この時間結合という概念に言い表されている事態が、ジョージ・ハーバート・ミードの客体の同一性をめぐる一連の議論の中にも見いだされると述べている。「G・H・ミードは、（ホワイトヘッドにならって）アイデンティファイ可能で繰り返して認識可能な客体に対して、主として時間結合的な機能(zeitbindende Funktion)を割り当てていた。この機能は、体験や行為のリアリティが出来事そのもののシークエンスから成り立っている、つまりたえざる自己消滅から成り立っているがゆえに、必要なものなのである」(Luhmann 1995d: 80-81)といい、ミードの「社会的自己」、「有意味シンボルについての行動主義的説明」、「自己の発生と社会的コントロール」の各論文を参照するよう指示している。

(57) したがって視点を変えて、接続するオペレーションを準拠にしてみてみれば、この現在のオペレーションが過去として一つの「条件」となる。あるオペレーションがおこなわれそれを準拠に何かをしようとするならばもはや「すべてのことが可能だ」というわけにはいかなくなる。このような基底的自己準拠の概念は、ルーマンの「システム史」や「構造決定的なシステム」の概念の基礎となるものでもあるので、銘記しておきたいところである。また、今日の制度派組織論で議論されている所謂「経路依存性」の問題も、この基底的自己準拠を出発点として解明されるべきものである。事実、オートポイエーシス概念に依拠したルーマンの組織論は、ハーバート・サイモン、ジェームス・マーチ、ヨハン・オルセン、ニルス・ブルンソンといった論者から多大な影響を受けている。これについては、またあとで立ち返る(第四章)。

(58) ただしそれは、実際にこの「現在」が生起した時点で過去のある出来事が一つの「条件」とさせられる(＝構成される)のであって、現在が未来の(接続の)可能性を言葉の本来の意味で限定するわけではない。

(59) もっとも、ルーマンは、規範(「理念」)と稀少性(「利害」)以外にも数多くの時間結合の形式がありうることを示唆している(*RG*: 143)が、彼がこの二つを引き合いに出すのは、注(60)で述べるように、「社会」把握の変遷、ならびにそれと対応した「抗議運動」のあり方の変化を捉えるためであろうと思われる。

(60) さらにルーマンは、規範的コンフリクトから経済的コンフリクトへというこうした抗議運動の変遷は、「社会」概念の変化と対応しているとみる(*SR*: 145)。近代初期の法制度としての社会、契約に基づく「社会」の概念から、一九世紀における「経済秩序」としての「社会」へという変遷である。このとき「社会と国家」との区別が生まれ、この区別が、社会主義運動の確立のコンテキストとなる。

(61) 外国人排斥運動をいわゆる「新しい社会運動」に含めることはできないとされることが多いが、しかし、近年のドイツにおける抗議運動の中に占める外国人排斥のテーマの割合を考えてみると、もはやリベラル左派的な観点からのみ抗議運動を取り上げることは現実にそぐわないといわざるをえない。ヴェルナー・ベルクマンやライナー・エアプといった論者が分析してみせているとおり、このような極右主義的な抗議運動もまた、これまで「新しい社会運動」論を説明してきた概念装置によって記述可能であることは明らかであり、これを社会運動に含めない、というのは、ルーマンが指摘するとおり、とりわけ左派リベラルの「知的不遜」のなせるわざであろう(GG:850(Anm. 451))。花田達朗のいう社会運動の「アンビバレンス」(花田 1996)が語られるゆえんである。

(62) その意味では、ルーマンの『リスクの社会学』は、諸機能システムにおける決定者の決定の正統性問題を取り上げているという点で、ハーバマスの『後期資本主義における正統性問題』と対になるべき著作である、とするクリストフ・ラウの『リスクの社会学』書評論文は納得できるものだろう(Lau 1993:158)。

(63) アルミン・ナセヒによる整理を参照(Nassehi 1997: 265)。

(64) ベック(Beck 1986=1998)によれば、このような保険制度によって生涯の所得の再配分がうまくいくには、個々人のライフコースが十分に標準化・制度化されていなければならない。つまり、個々人の人生行路の中で、教育期間と年金期間の間に挿入される就業期間が、標準的にはどの程度の年月にわたるものであるのか、どの程度の人口かなどが、ある程度明確化されているからこそ、福祉国家は、フルタイム労働からの拠出によって保険をまかなうという見込み(計算)を立てることができるのである。ここから、「個人化」と「標準化」「制度化」との相互連関という事態が現れる。つまり一方では、個人は伝統的な絆から解放され選択の自由がある程度保障され、自分自身のライフコースのいわば計画主体となることができるようになるが(「個人化」)、しかしそれは他方において、不可避的に、ライフコースの標準化・制度化と結びつく、というわけである。ベックの「個人化テーゼ」について詳しくは、小野隆弘の解説を参照(小野 1994)。なお、「システム社会」におけるベックの個人化論の意義については山之内靖の論考を参照(山之内 2003)。

(65) ミッシェル・フーコーの統治性研究の一環としてリスクと保険に関する議論を展開するエヴァルドもまた、保険制度が今日大きな転換期にさしかかっていることを明確に認識している(Ewald 1993)。ちなみに、エヴァルドのこの本のドイツ語訳にはウルリッヒ・ベックが保険とリスク社会に関する序文を寄稿している。

(66) したがって保険はあくまでも喪失した価値そのものの再生ではなく、代替的な貨幣的価値の回復である。

(67) 周知のとおりもともと社会保険は労働者保険と呼ばれていた。社会保険が開始されたのはビスマルクのドイツにおいてであり、一八八三年に疾病保険、一八八四年に労災保険、一八八九年には年金保険を導入し、一九一一年にはこうした各種の社会保険を統合して社会保険法を成立させた。日本においても、社会保険の起源は労災保険であり、一九二二(大正一一)年に工場、鉱山で働く労働者を対象とした健康保険が成立し、これが、一九三八年には厚生年金へと発展する。戦後一九四七年には労働者災害補償保険および失業保険の制度が創設され、その後さまざまな統廃合をへて、今日のような国民皆保険制が成立した。

(68) 重田園江における「社会的リスク」の概念についての説明を参照(重田 2000:143)。

(69) 一般に、保険経営が成立するには、次の三つの原則が必要である。(1)リスク大量の原則(多数の契約者と契約しなければならない)、(2)リスク同質性の原則(保険経営が成立するためには、たんに大量のリスクを結合させるだけでなく、できるかぎり同質のリスクを集める必要がある)、(3)リスク分散の原則(リスクは可能な限り広範囲にわたって分散されていなくてはならず、一定の地域や範囲に集中していてはならない。特定の地域にリスクが密集していると、一回の事故で保険経営を危うくするおそれがあるためである。したがってこれを実現するために、元受段階で、たとえば地域ごと、船舶ごとなどに、保険契約高を制限するなどの技術が必要となる)。これについては、亀井利明による整理を参照(亀井 1995:170-171)。損害の出来頻度が極度に低く「大量の原則」も見込むことができずそもそも「リスクの種類」の同質化を確保しにくい「新しいリスク」はそれゆえこれらの保険成立の原則を掘り崩す可能性をもつものであるといえる。

(70) 保険自体がリスクに満ちたものになるというルーマンの発言は、新自由主義的な趨勢の中でリスク管理の半ば強制的な「私事化」が進行する今日――「個人は個人化の刑に処せられている」(ベック)――重要な意味を持ってくるだろう。

(71) こうした「新しいリスク」の顕在化と、「社会的なもの」を敵視する新自由主義的な趨勢の現出とが時期的にほぼ合致している点は、単なる偶然として済ますことのできない重大な含みを持つように思われる。

(72) 言うまでもなく、このような新しいリスクを分析の視野に入れているということと、「新しいリスク」がもたらす多様な社会的変動に賛意を表することとはまったく別のことである。「ありそうになさの公理」に基づくルーマンのシステム論がいわば批判的システム論とでもいうべき構成をとっていることに注意しておきたい。もっとも、ルーマンの福祉国家論や一九八〇年代以降の新自由主義に対するスタンスを明らかにするという重大な課題は別の機会にゆだねたい。

第二章

(73) こなれない訳語ではあるが、ここで述べるNicht-wissenという概念には、日本語の「無知」という言葉が時として喚起する軽蔑的な意味合いや「本来知っておくべきもの(将来において知りうるようになるもの)を(まだ)知っていない」といったような意味合いとは異なる意味が込められているので、あえて「非知」と訳出しておく。ダニエル・バルベンによるルーマンの「非知」概念についての論述も参照(Barben 1996)。

(74) もちろん、過去の社会学において参考にすべき文献がないわけではない。たとえば、ロバート・マートンの「意図せざる結果」の議論や、あるいはそこから示唆をえたルイス・シュナイダー(Schneider 1962)、あるいは、ハインリッヒ・ポーピッツによる分析(Popitz 1968)はいまや古典と称されるべきものであろう。また、ゲオルク・ジンメルの「秘密の社会学」もまた、コミュニケーションにおける「知らないこと」の必要性に言及している点で、非知の社会学において参照されるべき作品といえよう。また、秘密をキーワードにしつつシステム論的な日本社会論を展開する正村俊之の研究をも参照(正村 1995)。さらにマックス・ウェーバーもまた『理解社会学のカテゴリー』や『職業としての学問』の中で「了解(Einverständnis)」と「理解(Verständnis)」を区別しつつ「授与(oktroyie-ren)」について述べているが、これもまた、後述するような知と非知の同時性という事態を考えるさいの重要な示唆を含んでいるように思われる。現象学的社会学の領域でも、アルフレッド・シュッツとトーマス・ルックマンは、その共著『生活世界の構造』の第三章「生活世界の知識」の中の一節を「非知の構造について(Über die Struktur des Nichtwissen)」にあてている(Schütz & Luckmann 1979)(とはいえ、シュッツとルックマンの場合の焦点は「潜在的な知としての非知」を叙述することにありその意味では特定化されない非知を議論するここでの視点とは異なる)。

(75) こんにち、非知の問題ならびに非知が生み出す不安や問題を解消・解決していくための数々の試みが、多様な分野で模索されている。たとえば社会の中に「行動規範」を確立させそれによる社会の「コントロール」を目指して、「抽象的な危険」の段階での処罰を認め、個々人のある種の「態度」が将来的にもたらしうる危険性に照準をあてる(環境刑法の分野で典型的に見出される)「積極的一般予防論」が、ある程度の浸透をみるならば、潜在的に秩序(あるいは「美しい環境」などといった「普遍的法益」)に対して危害を及ぼしうるとされる人間はほぼ任意に拡張しうるのであり、それが近い将来の自分自身かもしれないという想像は、おそらくは誰の脳裏にも浮かんでくるにちがいない。この予防指向・結果指向の積極的一般予防論は、「予防」や「安全」への志向が個人の「自由」と著しく抵触する可能性を惹起する典型的な事例といえるだろう。これに限らず、こんにち、安全性や予防への志向が自由と相反する効果をもたらすケースは、いたるところでわれわれの耳目に触れる。しかし言うまでもなく予防や安全が、近代の最良の遺産の一つである自由や譲渡不可能な個々人の人格性の犠牲の上に成り立つものであってはなるまい。積極的一般予防論については、金尚均の論説を参照(金 2001)。

(76) たとえば、獣医学の領域で提起されるBSEに関する非知の問題は、政治システムの領域では、政治的決定に対する根拠づけなどとして利用されることを介して、政治システムなりの仕方で処理されることになる。小林傳司は、獣医学の脈絡でのBSEに関する言説が政治的決定の脈絡に移し替えられたことによってイギリスにおけるBSE問題が深刻化したことを指摘している(小林 2002:18)が、これは、「リスク変換」の概念とも関わる。リスク変換については、本書第四章で取り上げる。

(77) こうしたルーマンの「制御ペシミズム」の主張をめぐって、ルーマンと、レナーテ・マインツやフリッツ・シャルプフらとの間で、「制御」論争が繰り広げられている。

(78) ジェームズ・マーチとハーバート・サイモンの組織論においては、このような事態は「不確かさの吸収」と名付けられる(March & Simon 1958:165=1977:252)。こうした権威は、その権威を有する立場の者がおこなっているというその事実だけでもって人々は出発することができる。つまり情報の内容そのものの吟味をおこなう必要がなくなるわけである。組織の中においては、事実それ自体が伝達されるのではなく、そうした権威に基づく推論が伝達されることになるのであり、そのことが不確かさの吸収をもたらすというわけである。これについて詳しくは、本書第四章第四節を参照。

(79) このようなルーマンの主張は、たとえば、薬害エイズ事件、東海村のJCO事故、BSE騒動など、一九九〇年代になって立て続けに、「専門知」への信頼の基盤を問いなおされるような事件が頻出した日本の事情に照らし合わせても、納得できる主張であろう。

(80) 合州国では一九七六年に「資源保全法」から発展し新たに「資源保全再生法」が制定されたが、この事件のような過去の汚染や原因の特定できない汚染の責任追及、またそれに対する公的浄化対策を欠いていた。ラブキャナル事件は、たとえば寺田良一もが指摘するように、当時画期的と評されていた資源保全再生法の欠陥を図らずも明るみに出すことになった(寺田 1998a:147、東京海上火災保険株式会社 1992:18-33)。

(81) マキシマリストの人々が住民の三分の二程度であり、ミニマリストが三分の一であると報告されている(Fowlkes & Miller 1987:60)。

(82) もちろん、リスクと非知とはまったく次元の違う概念であり厳密に区別されるべきだが、ベックの議論においては明確に区別されているとはいえないので、ここでは、ベックの主張の脈絡で「リスク」の概念を使用するさいには、「 」を付けている。

(83) 原著は英語で書かれているが(Beck, Giddens & Lash 1994=1997)、これがドイツ語圏で刊行されたさい(Beck, Giddens, & Lash 1996)、三人の討論部分のベックの論文が"Wissen oder Nicht-Wissen? Zwei Perspektiven〉Reflexiver Modernisierung〈"(Beck 1996a)という論文と差し替えられている。

(84) クラウス・ヤップによれば、ベックは、「社会的なるものはすべて行為している人間へと帰属されうる」との想定のもとで「コミュニケーションが固有のリアリティを作り出すことはありえないという素朴な行為論的な考え方」を採っている(Japp 1996:80[Anm. 3])。『リスク社会』や『再帰的近代化』、あるいは『解毒剤』(一九八八年)等、ベックの代表的な著作を読む限り、こうしたヤップの見方は妥当なものであろう。

(85) 「情報」はシステムによって選択的に構成されるという自己準拠的システム論あるいはオートポイエティック・システム論の基本的な考え方にしたがえば、この点は容易に導出されうるものである。なお、これは、システム論と因果的説明との関係に対しても重大な帰結をもたらしている。これについてのルーマンの基本的な考え方については、『社会システム理論』第一章を参照(SS:69=1993:64)。

(86) ブライアン・ウィンにならって言えば、"unknown unknown"ということになる。このウィンの無知の概念については、平川秀幸による紹介を参照(平川 2002:114-115)。あるいは、クラウス・ヤップにならって、知/非知の区別の非知の側に、知/非知の区別が「再参入(re-entry)」している、と述べることもできよう(Japp 1997:300)。

(87) 詳述することはできないが、このように、非知を「コミュニケーション」として捉える立場によって、非知がいかに言明されまたいかに理解され受容されていくのかに焦点を当てるものであるので、マイケル・スミッソンも述べているとおり、非知が、社会的に定義され産出され承認されていくものであるという事態にまで視野を拡大していくことができるものと思われる。

(88) とりわけ日本の脈絡ではそうである。

(89) 実際、第三章で検討をするリスク・コミュニケーションは、このような希望を明確に表明している。

(90) 村上淳一は、ルーマンが一九九〇年代に入ってから、「意思疎通」というハーバマスを彷彿とさせるこのタームを用いるようになったことを、ハーバマスとの「議論」を介してルーマンが「自己修正」をおこなった結果として捉えているが(村上 1993)、この捉え方はいささか性急であろう。確かに、ルーマンは、ハーバマスを意識しつつこの概念を使用したのかもしれないが、この概念を使用することを通して、ルーマンがみずからの理論骨組みを「自己修正」した、とまでは言えないからである。ここで述べている意思疎通概念は、ルーマンのこれまでのシステム理論の枠組みにしっくりと収まるような意味を有するものとして導入されており、これからみていくとおり、ハーバマスのそれとは意味が異なる。

(91) こうした意思疎通概念についての考え方は、容易に推測できるように、心理システムと社会システムとの明確な分離というルーマンのシステム理論の根幹をなす考え方に由来する。この点も、ベックとルーマンは明確な対照をなしている。また、ルーマンのコミュニケーションにおける「理解(Verstehen)」概念も、こうした意思疎通の考え方を把握するうえで示唆に富む。ルーマンの「理解」概念については、拙稿を参照(小松 1997)。

(92) シーラ・ジャサノフはこれを「規制的交渉」と呼ぶが、ルーマン自身、みずからの「意思疎通」概念とこのジャサノフの概念との近似性を指摘している(*SR*: 245)。ちなみに、ルーマンはジャサノフを自己準拠的システム論の発想ときわめて近いところにいるとして高く評価している。ジャサノフとルーマンとの関係については、第四章であらためて取り上げることにしたい。

第三章

(93) リスク・コミュニケーションについて、藤原静雄、ならびに吉川肇子の紹介を参照(藤原 1999; 吉川 1999)。

(94) ドイツの大学生の決闘文化については、潮木守一の叙述を見よ(潮木 1992)。

(95) 山岸俊男の代表作を参照(山岸 1998)。

(96) この意味では、信頼と慣れ親しみ(Vertrautheit)(英訳では familiarity)の区別は、山岸俊男の信頼論(山岸 1998)を支える一つの柱である「信頼」と「安心」の区別と、内容上ほぼ対応するように思われる。

(97) 本書は、信頼論そのものの展開を企図したものではないので、ルーマンの信頼論をこれまでの信頼研究の中に位置づける作業は、論旨をはずれるので、おこなわない。

(98) もっとも、システム信頼と類似した内容であれば、たとえばすでに、ウェーバーが、『職業としての学問』の中で、「科学および科学によって裏付けられた技術による主知主義的合理化」の意味を述べるさいに(Weber [1919] 1922=1980: 32-33)、あるいは、『理解社会学のカテゴリー』

論文の末尾において合理化過程の中の「了解行為」の位置づけを論述するさい(Weber [1913] 1922=1990:120-126)などに、こうした「システム信頼」と類比的な問題に関する重要な指摘をおこなっており、今日のリスク論の脈絡の中でも繰り返して参照されるべき論点を提示していたように思われる。とはいえ、ルーマンの「システム信頼」において問題となるのは、ウェーバーの場合とは異なり、個々の特殊なコードを有するサブシステムの作動である。また、注(99)も参照。

(99) 容易に見て取れるとおり、このルーマンの貨幣への信頼の所説は、ゲオルク・ジンメルの次の論述の中にすでに見て取ることができる。ジンメルによれば、貨幣が貨幣として通用するさい、「不可欠にして決定的なことは、〈銅ではなく信頼 non aes sed fides〉――つまり経済圏に対する信頼である。……人間の相互の信頼が存在しなければそもそも社会というものは崩壊するように……信頼が存在しなければ貨幣取引も瓦解してしまうであろう」(Simmel 1922:164=1981:241)。

(100) ここでの「権威」は、前述したとおり、コミュニケーションにおける説得力の基盤を増大させたり強化したりする能力という意味で使用されている(ÖN:174=2003:130)。

(101) しかしアンソニー・ギデンズは、ルーマンの信頼論を次のように批判する。ルーマンは、信頼を近代的な概念であるリスクと結びつけ、人々が意識的にほかに取りうる行為の仕方に思いをめぐらすことができることを前提に、信頼概念を構想しているが、しかしこれは、今日の専門家システムに対する信頼状況を説明するのにふさわしくない。専門家システムへの〝信頼〟は、むしろ、他に取りうる選択肢がないまま素朴におこなわれる「確信(confidence)」である、というわけである(Giddens 1990:29-36=1993:45-53)。

(102) この点については、福井康太の叙述を参照(福井 1996)。

(103) クラウス・ヤップのいささか揶揄的な言い方に託して表現するなら、リスク・コミュニケーションは、「決定結果を決定者の視点から考慮にいれ、決定者と決定に関与しえない被影響者との間にみられる知覚の差異を、その決定者にとって都合のいいように、最小化しようとする」試み(Japp 1996:181)である。

(104) 山本長史と大竹准一によれば、合州国の環境保護庁(ＥＰＡ)が掲げる比較リスクアセスメント(Comparative Risk Assessment)やローカルアジェンダ21も、このような側面を有しているとされる(山本・大竹 2000:62)。

(105) 村上陽一郎の「安全学」における「寛容の主張」(村上 1998:234-235)なども、このような論脈の中に位置づけることができるだろう。

(106) むしろ、合意に達した時点で(実質的な解決にいたっていなくとも)それ以上の探求がうち切られたり、実質的な解決にむすびつかない決定でも正当化されてしまいうるという意味で、それ自体がリスクに満ちている。

(107) つまり、ここに見られるのは、意味の事象的(内容的)次元(非知の問題)と社会的次元(自我／他我の合意／不合意の問題)との差異の極小化、あるいは両次元の混同である。意味の三次元とその分化については、『社会システム理論』第二章を参照(*SS*:111ff.=1993:115)。

(108) ただし、急いで付言しておくならば、これは決して、リスク・コミュニケーションをことごとく斥けようという立論ではないし、ましてやこれを議論することが社会学的に意味がないといっているのでもない。しかしリスク・コミュニケーション(論)をこのようなかたちで問題にしなければならないのは、それが、とりわけ日本の脈絡においては、松本三和夫が指摘するように、右に述べたような社会心理学に裏付けられたシンボル操作をはじめとした「印象管理」に陥る可能性が少なくないからである(松本 2002)。ルーマンのリスク・コミュニケーション(論)批判は、「開放性」、「開かれた参加」あるいは対話による合意を希求するだけの議論が、得てしてこの種の「合意の工学」と結託しがちである点に、向けられているとみるべきである。

(109) 問題は解決できないという言明、たとえばリスクは必ずつきものだ、という言明もまた、決定に附随する残余リスクの受容を促すものであるならば、当該システムの決定を、つまりは作動(オートポイエーシス)を続行させるのに役立つことになる。ルーマンにならって言えば、問題は、「非解決によって解決」されることになるわけである(*ÖN*:209=2003:158)。

(110) このことと関連して、ニルス・ブルンソンによれば、組織は、決定プログラムそれ自体を実行する「アクション」部門(中心)と、そのアクションに対する人々のコンセンサスをしつらえたり支持を作り出すための自己表出を旨とする「トーク」(周辺)部門とを区別する(Brunsson 1985)。

(111) ただし、付言しておきたいのだが、これは、「正しい」選択／「誤った」選択が無意味になる、ということでは決してない。選択はすべて「コンティンジェント」だという主張を、ファースト・オーダー／セカンド・オーダーという観察のレベルの区別とは無関係に強調しすぎると、ルーマン理論の可能性を取り違える結果となる。

(112) したがって、よく言われるように、ルーマンのオートポイエーシス論においては「リアリティ」と「バーチャル・リアリティ」とが区別できない、ということではない。区別できないのはファースト・オーダーの観察者にとってであって、そうした観点を離れたセカンド・オーダーの観察者からすれば、十分に区別できるのである。

(113) こうしたシステムにおける自己準拠性の隠蔽の技法を、ルーマンは、「自己準拠の制限(Einschränkung)」というタームでも説明している(Luhmann 1987:171)。

(114) 厳密には、「固有値」は、「固有構造(Eigenstruktur)」、「固有行動(Eigenverhalten)」などと区別されるべきものだが、ルーマンは、これらの違いにあまり固執せず、術語としては「固有値」概念を主として使用しているようである(Luhmann 1990c:113)。

(115) 固有値については、馬場靖雄の整理をも参照(馬場 2001:18-19)。

(116) もちろん、その被影響者、たとえば抗議運動もまたそれぞれの「固有値」を各々の作動の前提としているのであって、被影響者の立場が「特権化」されているわけではない点にも注意が必要である。

第四章

(117) 繰り返しになるが、現在取り組んでいる「問題」が、システム固有の働きによる「定義変更」の結果として現出したものなのだ、ということは、当該システムにとっては、潜在化されている。

(118) 目的プログラム／条件プログラムの区別については、たとえば『目的概念とシステム合理性』を参照(Luhmann 1968a:99-106=1990:67-72)。

(119) それゆえこの概念は、シーラ・ジャサノフの「状況依存性」の概念と重なる。事実ルーマンはジャサノフの見解を自己準拠的システム論に近い立場にあるものとして高く評価し、いたるところでみずからの見解を補強する立論として援用している。ジャサノフについては、後述。

(120) ルーマンの組織システム論は、不確かさ吸収の概念をはじめとして、明らかに新制度派組織論の影響を色濃く受けているが、しかし、近年の新制度派に対しては、説明変数として持ち出される「文化」や「制度」の概念自体が不明確であるという批判も展開している(*OE*:413ff.)。また不確かさ吸収の概念についても、マーチやサイモン自身は、そのポテンシャルを十分に汲み尽くすことができなかったとしている(*OE*:184)。

(121) 河野勝の指摘を参照(河野 2002:56)。

(122) ルーマンはしばしば「オペレーション」なる概念を多用するが、この概念が言い表しているのは、「出来事としての性格を有する要素の再生産」のことである(*SS*:79=1993:77)。

(123) ルーマンのダブル・コンティンジェンシーについては、拙稿を参照(小松 1996)。また馬場靖雄は、これをラカンの囚人のゲームと関連づけて説明している(馬場 2001:66-89)。

(124) しかし、ルーマンは、このような提言にも反意を表明する。「確かに、新しい原子力発電所が近所に建設されることによって押しつけられる危険が、一年に三㎞多く自動車を運転するという決定のリスクよりも大きいものではない、ということを算出することはあるかもしれない。しかしながら、このような計算はほとんど誰をも納得させることはないだろう。なぜなら、一方の[原子力発電所の]ケースでは、カタストロフィとして知覚されており、他方の場合にはそうではないからである」(*SR*:158-159)。このようなルーマンの考え方は、今日のいわゆる「リスク論批判」の脈絡ではすでになじみのものであろう。ただし思うに、「リスク論」が問題なのは、単に定量的リスク評価に依拠している、つまり確率論を前提にしており決定の受容可能性を高めるのに暗黙裡に一役買っているから、つまりイデオロギーだからという理由だけでなく、機能システムの「間」を無媒介的に横断しうると考えているからである。

(125) 日本におけるワクチン禍の生々しい実態については、吉原賢二による記録を見よ(吉原 1975)。

(126) ちなみに、ルーマンは、(政治的)「権力」とともに「不確かさ吸収」を、「影響力」の中の一特殊形態として把握し、その枠内で権威と権力とを区別する(*PG*:38ff.)。ルーマンによれば、影響力には次の三つの特別な形態がある。すなわち、(1)不確かさ吸収に依拠するもの、(2)ポジティブなサンクションに依拠するもの、(3)ネガティブなサンクションに依拠するもの、である。このうち、第一のはたらきをするものが「権威」と呼ばれ、第二のポジティブサンクションをおこなうものが「貨幣」、逆にネガティブサンクションの働きを担うのが、「権力」であるとされる。

(127) さらに、こうした不確かさ吸収によって組織は組織固有の「確かさ」を作り出しているが、同時に、組織における「不確かさ」もまた組織固有の「構成」による。「不確かさが成立するのは、知と非知とが同時に発生することによって、である。……そのさい、知も非知も、それぞれ、そのシステムの中で作成された社会的な構築物であり、この構築物を、その当の社会システムが利用するわけである」(*OE*:184)。つまり、組織という社会システムにとって「不確かさ」が生ずるのは、現在何が分かっていて(「知」)、未来について何が分からないのか(「非知」)を、その組織なりの仕方で特定化することによってである。「未来についての非知なしには、人々はいかなるオルタナティブも考えることができなくなるだろう[=したがって、「決定を下す」ことは、その背後にそれ以外の諸可能性が存在することを前提にするものだから、「決定を下す」こともできないだろう(あるいは決定を下したと言うことが意味ないものとなるだろう)]」(*OE*:186. ただし[　]は引用者)。だから、「不確かさ」は組織にとって「逆機能的」なものでは全くなく、むしろ、不確かさなしには何事も決定されないという意味では、きわめて機能的なのである。こうした不確かさが、その組織システム自体が「構成」するものであるという点については、たとえば、山口光恒が解説しているとおり(山口 1998:106)、企業のリスクマネジメント過程において処理されるべき、「リスク」という将来的不確かさは、その企業が固有の仕方で(またもや「決定」を通じて)「発見」かつ「評価」するものであるという点に鑑みても、明らかだろう。

(128) ディルク・ベッカーは、たとえば、「柔軟な組織」とか「有機的」組織といったかたちで、「不確かさ吸収のメカニズムの中に不確かさを再導入する」新しい組織形態について述べているが(Baecker 1997)、こうした組織形態における「不確かさの再導入」がはたしてうまくいくのかどうかについては判断を留保している。

(129) ヴェロニカ・タッケの指摘を参照(Tacke 2000:95)。

(130) ただし、ここで注意しておきたいのは、ルーマンが、社会学でおなじみの、個人の行為の合理性/社会システムのレベルでの合理性という区別のうち、後者にだけに力点をおき、前者の側面をなおざりにしている、というのではない、ということである。もともと、ルーマンの関心は、この二つの合理性をいかにして統一的に記述していくのかという点にあり、その回答として出されたものが「システム合理性」なのである。むしろ、個々の行為だけに着目するだけではその行為自体の「合理性」を云々できない、というのがルーマンのそもそもの発想であった。「個々の貢献、個々の作用、目的設定といったものは、それ自体だけでは合理性を主張することはできない。これらのものは、システムへの準拠の枠組みの中においてまたそれに準じてのみ、合理的たりうるのである」(SA1:47)。ある行為が合理的か否かは、その行為が遂行される脈絡に即してはじめて評価されるというごく当然の事態を考慮に入れるならば、このルーマンのシステム合理性の考え方はさして突飛なものとはいえまい。

(131) また、ウェーバーが、このように、秩序保証のための内的過程にのみ眼差しを限定してしまったがゆえに、「ウェーバーの出発点から導出されるはずの重要な帰結が見過ごされてしまうことになった」とルーマンは見る。つまり、「団体《フェアバント》の成員もまた人格としてその環境に属しており、決して団体システムの部分なのではない」ということが、である。ウェーバーは、団体は決して人格から「成り立っている」わけではなく「行為」から成り立っているのであり、したがって具体的な人格は社会システムへと吸収合併されてしまうわけではなく、ある一定の行為を通してのみ社会システムへと関与していくのだ、という視点を保持していたにもかかわらず、この点を十分に展開することができなかった、というわけである(Luhmann [1964]1971:104)。このウェーバー批判は、ルーマンが展開する「人間は社会システムの環境である」という物議を醸したテーゼに直結するものであり、重要であろう。本来であれば、ウェーバー自身の叙述に即しつつこのルーマンの議論を考察していくべきところであるが、本書の議論にとっては傍論であるので、ここでは措いておく。

(132) たとえば船橋晴俊は、フランスの公益調査制度について「環境保全等の通過地域住民の要求を十分に考慮し、……公益調査の手続きを無事通過することが、事業主体とその職員にとっても『合理的戦略』となるのである」と述べているが(舩橋 1989:151-152)、これはまさにここで述べているシステム合理性についての具体的な記述にほかならないだろう。

(133) 事実、ルーマンは、「ヨーロッパの合理性」と題する論文(Luhmann 1992:51-91=2003:31-62)や『組織と決定』(*OE*:447)などにおいて、合理性概念を「セカンド・オーダーの観察」と関連づけて考察している。

(134) 何が、あるいはどういう事態が合理的・普遍的なのかを述べるという、「世界」についての描写という見せかけをとりながら、じつは、合理性の名のもとに行動する特定の行為者集団の特殊利益の貫徹のための言説である、と捉える視点である。こうしたブルデューの考え方については、水島和則の整理(水島 1995:198)を参照した。また、馬場靖雄は、「システム合理性」を、偶然的契機への依拠というトラウマを抑圧して自己(=システム)の必然性・一貫性を維持しようとする空虚な試み、として捉え、システム合理性概念をルーマンが「称揚」しているわけではない、と述べている(馬場 2000:268)。本書の立場からすれば、システム合理性がそうであるにもかかわらずいかに機能しているのかを観察することのほうにもう少し力点をおきたいところだが、右に述べたようなかたちでの「システム合理性」解釈の先例といえる。

(135) ただしこの第二の環境は、決して、「現実にある」環境とか「真の」環境などではないことは銘記されるべきであり、システムが構成する環境と「現実の」「真の」環境が単純に対比されているわけではない。

第五章

(136) 今日、ルーマンのシステム理論の依拠した抗議運動論が——ドイツ語圏にほぼ限定されてはいるが——現れ始めてきている。たとえば、そうした論者としては、クラウス・ヤップ(Japp 1993, 1996; Halfmann & Japp 1993)あるいは、カイ=ウーヴェ・ヘルマン(Hellmann 1996)、ハインリッヒ・アーレマイヤー(Ahlemeyer 1995)、などを参照。とりわけ、ヘルマンの著作は、社会運動論の諸パラダイムをルーマンの抗議運動論を手がかりにしつつ統合しようという野心的な試みであり、注目に値しよう。

(137) もとより、一九六〇年代、一九七〇年代といった初期の論考と、「オートポイエティック・ターン」をへた一九八〇年代後半以降の議論との間に無理に連続性を確認していくだけでは、彼の理論の全体像をむしろ逸してしまうことになりかねない。しかし、本書は、かつてのルーマン読解が、初期ルーマン理論の否定的な側面を後期の議論の中にも強引に読み込んでいくという側面が強かったことに鑑みつつ、それとは逆に、むしろ、後期のルーマン理論の読解のさいにも重要な手がかりとなりうるポジティヴな契機を、初期の論考の中にも見いだしていくというスタンスを採っている。

(138) 法システムにおける中心と周辺の区別については、『社会の法』の該当部分(Luhmann 1993a:320ff.)を参照。立法を裁判の上位に位置づける大陸法系のヒエラルヒー図式が、法を生み出す拠点の多様化(立法、契約、行政、裁判等々)などの事情により説得力を失った結果現れる図式が、中心/周辺図式である。ここで中心に位置するのは、「司法拒絶の禁止」の原則、つまりハードケースをも含めたあらゆる法的事案に決定でもって対処しなければならないという原則を掲げる裁判所であり、周辺とは、立法や行政などの領域とされる。ルーマンの法システムにおける中心/周辺ついては、福井康太の手際よい論述を参照(福井2002)。

(139) したがって、政治システムは、「国家」そのものと同一視することはできなくなる(*PG*:242)。これまで、多くの論者は、ルーマンが「政治システム」を「国家活動」と同一視しているという観点からルーマンを批判してきた。たとえば、フリッツ・シャルプフは、ルーマンの政治システム論では、政治が、権力配分をめぐる政治的対立の過程に縮限されているため、政治学もまた、結果的に、エリートの自己準拠的循環や政党やその選挙キャンペーンの分析へとおとしめられてしまうことになるというルーマン批判を展開している(Scharpf 1989:12)し、また、ダニエル・バルベンもまた、ルーマンの政治システム論が(政治を権力の貫徹能力の問題に縮減しているという意味で)「シュミット主義的」なそれに傾いている、と批判している(Barben 1996)。ルーマンによれば、「国家組織」は、それ以外の数多くの組織の中の一つとして把握されうるのであり、その結果、政治システムは、多種多様な政治的組織の間の相互作用として捉えられる(*PG*:242)。

(140) 中心と周辺の分化は、ヒエラルヒーの関係としては把握されえないのであるが、しかし政治システムという「まとまり」を国家組織という中心に代表させて記述・描写することは可能である。日常われわれが「政治」というときには、国家組織の活動のことを思い描きがちであるが、それは、政治システムをこうした「中心」を基点にして「描写」しているからにほかならない。ルーマンによれば、一九世紀以来「政治的なもの」の概念がかなり制限され「すべての政治的活動が国家に関連」づけられ、「政治システムが国家として描写」されてきた。

(141) 言うまでもなく、この相対的な中心/周辺の区別は、第二章で検討しておいた、リスク/危険の区別、決定者/被影響者という区別と、重なってくる。

(142) これは、運動論の脈絡でいえば、ネオ・コーポラティズムが運動を促進するとする「促進説」に相当しよう。ただし、ネオ・コーポラティズム体制(これが指し示す内容も個別具体的に明示化される必要があろうが)と社会運動との関係は単純ではなく、それが運動を促進するとする促進説のほか、逆に抑制するとする「抑制説」、あるいは「無関係説」、さらには、コーポラティズム度が中程度の場合にもっとも抗議運動が現出しやすいとする「ハンプ型説」、逆に両極端で高いとする「U字型説」など、多様である。桐谷仁は、とくにU字型仮説の検証を論述の中軸にしている(桐谷 2002)。

(143) この大学論は、大学の民主化は学生反乱の成果であるが、しかしそうした民主化こそが、まさに今日の大学の官僚制化を招いた、ということを主旨とするものである。

(144) ちなみに、この大連合政権によって、基本法が大幅に改正されたことにより、連邦における政権交代が、大幅な政策の変更を伴わないような構造をもたらすことになったと言われる。これについては、平島健司の記述を参照(平島 1994:5)。

(145) ルーマンは、この文の後に脚注を付し、次のように述べる。「ちなみに、このことはとりわけ、計画経済についてあてはまる。計画経済もまた……現状から出発しなければならないのである。すべての可能性をそれ以外のすべての可能性と対比しつつ吟味することによって包括的に新しい年次予算編成をおこなうという方法は、国家予算についてすら発展させることができない云々」。しかし、この発言は、ルーマンが「現状追認」していることを意味するわけではない。

(146) ただし、後に書かれた学生運動に関するテキストでは、後述するような一九八六年の社会運動論と同様の論拠によって、「内部にいながら外部にいるかのように描写する」というパラドックスを、学生運動についても確認している(Luhmann 1992d)。

(147) 勿論、同じ現象を視野に入れているとはいっても、これらの市民社会論者あるいはハーバマスと、ルーマンの所説との間にはかなりの距離がある。詳述する準備はないが、たとえば、デモクラシーについての所説の違いにそれは顕著であろう。

(148) この概念は、初期の組織論においては、組織システムを説明するさいに散見される程度のものであったのだが、一九八〇年代以降になると、組織のオートポイエーシスにとって不可欠の概念として大きく取り上げられるようになる。この「不確かさ吸収」の概念の台頭は、一九八〇年代以前のルーマンの組織論と比較するとき、もっとも顕著な変化の一つであるといっていいだろう。

(149) 一九八〇年代に新しい社会運動を日本において特徴づけたものとしては、高橋徹ならびに山口節郎の各論考を参照(高橋 1983; 山口 1983)。

(150) 「新しい社会運動」が社会学において着目されはじめた当初は、当然極右運動はそこに含まれていなかった。しかし先にも触れたとおりルーマンは、抗議運動の多様なテーマの中に、「外国人排斥」をも含めている。「新しい社会運動」が「自己実現」を目指すものであるとするならば、「もっとも新しい、新しい社会運動」たる「第三世代」の運動としての外国人排斥運動もまたそうである。「もし彼らにそうした活動をする動機は何かと問うならば、彼らは、その敵対者、つまり外国人を指し示すだろう。また彼らのおこなうその抗議が何に役立つかといえば、それはほとんどのところ、下層の人々なりの行動様式での『自己実現』に資するのみ、なのである」(*GG*:850)。

(151) この点と関わって、ウルリッヒ・ベックは次のように述べている。「そこ[=産業社会]では、近代の二分することのできない諸原理(個々人の自由、生まれによる制約を超越した個々人の平等)が、いまもなお二分され、生まれという資格で一方の性には不当にも渡されず、もう一方の性にはあてがわれている。……産業社会は……常に半分は産業社会、半分は身分制社会として存在してきた。その身分制的な側面は、決して[産業社会が成熟すれば次第に消滅する]伝統的な遺制などというものではなく、産業社会が作り出したものであり、かつ産業社会の根幹をなすものである」(Beck 1986:132=1998:141)。

(152) ルーマンもこの点は明確に認識しており、新しい社会運動が、「きわめて個人化された諸個人と関連しており、すでにたびたび述べられているとおり、自分の生活状況の耐え難さをパラドックスと感じている個人」(*GG*:851-852)をその担い手としている点に注意を促している。

(153) スペンサー・ブラウンの形式計算とルーマン理論との関わりについては、村上淳一の論述を参照(村上 2000:112-142)。

(154) ここからも見て取ることができるように、与野党の入れ替わりを念頭においた二大政党制が、ルーマンの政治システム論の基礎に想定されている。そもそも、ルーマンの場合、政治システムのコードは「与党/野党」とされており、明らかに戦後西ドイツの状況を反映したものとなっている。このルーマンの主張の是非については、「政治システムのコードはこれとは別様に考えるべきではないか」などといったいくつかの批判が見られる。本書では、その是非について立ち入って議論することはできないが、日本では、たとえば、毛利透によるルーマン批判を参照(毛利 2002:66-70)。

(155) この「抗議の形式」と「テーマ」とは、ちょうど機能システムにおける「コード」と「プログラム」の関係にある、とされている。つまり、抗議運動は「抗議の形式」(コード)に関しては閉じられているが、しかしテーマ(プログラム)に関しては開放的である、という『社会システム理論』以来繰り返し論じられてきた「オートポイエティック・システム」の特徴を、抗議運動にあてはめている。たとえば、女性運動においては、女/男が「抗議の形式」

であり、「男女同権」が抗議のテーマ（=要求内容）、つまりプログラムである。また、ルーマンは、抗議運動を一つのオートポイエティック・システムとして捉えようとしているのだが（というよりもルーマンにとって、あるシステムがシステムとして存立するかぎり、それはことごとくオートポイエティック・システムなのだが）、そうであるならば、その「構成要素」が何かが問題となる。しかしこれについては、ルーマンのシステム理論に依拠しつつ抗議運動論を展開する論者の間で、見解が一致していない。たとえば、クラウス・ヤップらはそれを「不安のコミュニケーション」と把握するが、ハインリッヒ・アーレマイヤーは「動員のコミュニケーション」を構成要素として設定することを提案している（Ahlemeyer 1995）。おそらく、アーレマイヤーの見解のほうがより明確であり社会運動論の展開状況とも合致するだろう。ルーマン自身は、ヘルマンとのインタビューの中では、この二つの立場のどちらに賛意を表すべきかについて態度を決めかねているという趣旨の発言をおこなっているが（Luhmann ［1994］1996：182）、しかし『社会の社会』などの論述をみると、アーレマイヤーの見解を取り入れる方向で議論を組み立てていたようである（たとえば**GG**：854）。

(156) 当然のことながら、ルーマン自身は、「すべての人々がすべての機能システムに包摂される」という近代に特有の「理念」あるいは「ゼマンティク」（ヘルマンとのインタビューにおいては「イデオロギー」とすら表現しているのだが（Luhmann ［1994］1996：187））を「追認」しているわけではなく、むしろ、こうした理念のゆえに、厳然たる事実として見いだされる「蓄積的排除」が隠蔽されてしまっているとみている。蓄積的排除については後述。

(157) また、ヘルマンとのインタビュー（Luhmann ［1994］1996：187-188）における同様の発言をも参照。

(158) 木村靖二の叙述を参照（木村編 2001：236-238）。

(159) シュルツェの浩瀚なミリュー分析に関しては、ヘルマンによる説明（Hellmann 1996：138ff.）、ならびに、高橋秀寿による整理も参照（高橋1997：292-293）。

(160) その他のミリューとしては、上流ミリュー、統合ミリュー、調和ミリュー、娯楽ミリューといったものが想定されている。

(161) 高橋秀寿による指摘を参照（高橋 1997：60）。

(162) ルーマンは、「集合的エピソード」をたんに「抗議」と呼び、「システム」としての「抗議運動」からは区別している。

(163) ルーマンは、抗議運動と直接的な関連をもった脈絡においてではないが、おそらくは新しい社会運動の動向をも念頭においた上で、「要求個人主義」に関して議論をおこなっている（Luhmann 1989）。この論文については、拙稿でその概要を明らかにしておいた（小松 1997）。

(164) ただし、ルート・クープマンスは、集合的アイデンティティ論は、「新しい社会運動」よりも実は極右運動のほうについてこそ、その説明力を発揮する、と指摘している(Koopmans 1998:218-219)。このことは、ヴェルナー・ベルクマンらが集合的アイデンティティ論を用いて、極右運動の展開・衰退過程をクリアに説明していることによっても裏付けられよう(Bergmann & Erb 1994, 1998)。

(165) カイ=ウーヴェ・ヘルマンは、この自己関連あるいは「自己準拠」的側面/外部関連あるいは「外部準拠」的側面、というこの二つの側面について、手段的/表出的という社会学において周知の概念対を用いて、後者を抗議運動の手段的機能として、前者を抗議運動の表出的機能として、議論を展開している(Hellmann 1996:117ff.)。ヘルマンは、たとえばルフトらの抗議運動論は、この手段的/表出的、という変数を実体的に捉え、どちらかといえば手段的機能に重点をおくエコロジー運動/どちらかといえば表出的機能に重点をおく女性運動、といった区別をおこなっている点で、不適切であると述べている。いかなる抗議運動も、双方の側面が必要であるというわけである(Hellmann 1996:266)。

(166) ここでの自己準拠/外部準拠の区別は、抗議の「コミュニケーション」における、遂行《パフォーマティブ》的側面/述定《コンスタティブ》的側面(=伝達/情報)の区別と対応していると見ることができる。

(167) パラドックスを指摘する一方でこうしたポジティブな評価をおこなっているその間には次のような論理がある。抗議運動には、右に述べたとおり、抗議する側(運動)が抗議される側(社会)の一部である(Aは非Aである)、というパラドックスが孕まれているが、たとえばセンセーショナルな抗議行動や、ノーネクタイ、セーター姿での議会への登院等といった慣習にそぐわない行動などによって、「オルタナティブ性」、すなわち「従来の社会」からの差異を際立たせ、このパラドックスを不可視化している(Luhmann [1986a]1996:76)。このようにして不可視化しパラドックスを「展開」することが、「官僚制の荒廃」を浮き彫りにすることに資することになる(「パラドックスの創造的な展開」)。

(168) カール=ディーター・オップは、資源動員論に主として依拠しつつ、こうした抗議の数や参加者の数の減少を、(1)「環境の質」、(2)「目的コンフリクト」、(3)環境政治の制度化、(4)グローバリゼーション、(5)抗議を促すネットワーク、という、個々人が、みずからの時間や貨幣を、抗議行動のために投入するよう促したり阻害したりする要因から説明しているが、(1)、(2)、(4)、(5)の要因は「環境政治の制度化」の効果を強めるのに資しているとして、一九八〇年代以降の変動は、基本的には、この(3)によって説明できると述べている(Opp 1998:106)。

(169) しかしではなぜ、環境保護団体の予算規模や成員の数は増大しているのか、という点については、カール=ディーター・オップは、次のように説明する。環境問題が改善されたとはいっても解決されたわけではない以上、そのための努力は続けるべきである。しかし、そうした努力は、自分たちが直接参加することによって、というよりは、これまで大きな影響力を発揮しある程度実績を残してきた大規模な組織に任せればよい(それゆえ寄付金を出したり賛同者名簿に名を連ねたりはする)、と考えるからであるとする(Opp 1998:105-106)。

(170) 同様に、「抗議のテーマ」が機能システムに制度化されたことが、「抗議の形式」を侵食するという事態は、極右運動についてもあてはまる。たとえば、ヴェルナー・ベルクマンらは、CSUが緊密な欧州統合やECUに反対しCDUが一九九四年の選挙戦を「治安維持」を掲げて戦うとき、これらの「デモクラシー的政党」の保守的な施策が結果的に極右主義から「効果的なテーマを奪っている」と見る。このことも一因となって一九九〇年から一九九二年までの大きな成果の後、極右運動は「潜在性の局面」に移りつつあると結論づけている(Bergmann & Erb 1994:91-93)。

(171) アラン・スコットについては、丸山仁の論考を参照(丸山 1991:19-24)。

(172) このようなルーマンの姿勢は、メルッチの「シンボリックな挑戦」という考え方を想起させる。メルッチのこの考え方については、伊藤るりによる整理を参照(伊藤 1993:143-144)。

(173) もちろん、体制編入がことごとく社会運動性の喪失を意味するわけではない。たとえば、長谷川公一は、この点を明確にするために、「コラボレーション」概念を「パートナーシップ」概念から区別し、単なる「協力関係」や「共同作業」とは異なる概念として位置づけている(長谷川 1996:244;2003:183-184)。ここでは、明らかに、体制編入と社会運動性(抗議性)との緊張を孕んだあり方が意識的に呈示されているとみてよい。

(174) 脇田健一は、この図式の隠蔽を厳しく批判する論点を呈示している(脇田 2002)。また、平川秀幸は、科学社会学の分野でフレーミングによる「脱政治化」に警告を発している(平川 2002)。思うに、公共(圏)に関する論議はもはやこの論点を抜きには語りえない。

(175) このことを踏まえて、ルーマンは、デヴィット・ロックウッドに由来する「システム統合」と「社会統合」の概念を引き合いに出しつつ、前者が、それぞれの「部分システムがいかにして他方のシステムを参照しまたいかにして互いに他方のシステムに依存しているのか」を問う「システム分化形式」の区別というテーマで取り上げてきたのに対して、包摂/排除という概念ペアが対象にするのは、後者すなわち社会統合である、と述べている(*GG*:619)。

(176) たとえばこれ以降で少しだけふれるとおり、この概念ペアを機能システムの脈絡で述べるときには、遂行的役割(Leistungsrolle)と相補的役割(Komplementärrolle)との分化に基づいて近代社会の(原則として)すべての成員がそこに所属するということが意味されているのに対して、組織システムの脈絡においてこの対概念が用いられるさいには、ある組織への所属(たとえば入社)/退出(たとえば退社)の規則という意味で利用される。ところが、ルーマン自身述べているとおり、組織システムと機能システムとの最大の相違点は、前者が、成員資格の厳格な限定に依拠して成立するという点にある。それゆえ組織システムの脈絡でのこの概念対の内容は、成員/非成員という区別とほぼ重なってしまう。この用い方は、組織の非成員の相補的役割をも含めた意味で包摂概念が用いられる機能システム論の脈絡での包摂/排除概念とは明らかに相容れない。

(177) そうした使用例としては、一九七五年の「進化と歴史」と題する論文(Luhmann 1975)や一九七九年の『教育システムにおける再帰の問題』(Luhmann & Schorr 1979)等を挙げることができる。たとえば、後者においては、包摂概念に関して、次のように述べられている。「社会というシステムの機能的部分システムの分出は、役割同士のすでに確立された相補的関係から出発し、こうした非対称的な社会関係を、機能と関連した社会システム形成のための触媒として利用しているのである」(Luhmann & Schorr 1979:30)。ここで述べられている「非対称的」な「相補的」関係というのが、これ以降で述べる遂行役割と相補的役割のことにほかならない。

(178) この意味での包摂/排除概念については、拙稿を参照(小松 1997)。

(179) 村中知子(村中 1996:52-53)、佐藤勉(佐藤 1997:19)、ならびに、石戸教嗣(石戸 2000:4-5)、福井康太(福井 2002:197(註 17))の指摘をも参照。

(180) 事実、ルーマン自身も(SS:288=1993:335)、この人間と社会システムとの関係についてのテーゼを議論した箇所では、包摂/排除の概念は使用していない。

(181) ちなみに、この排除論を、ドイツ統一に伴う「外国人問題」、とりわけゼノーフォビア(外国人敵対)をめぐる問題と絡めて論ずる論者もいるが、ここではこの点には立ち入らない。ヴィルヘルム・ハイトマイヤーが編集した浩瀚な二巻本(Heitmeyer, 1997)では、社会学においてなじみの、統合/不統合(Desintegration)を論ずるさいの重要な経験的なレファレントの一つとして、ドイツにおける青年の暴力的なゼノーフォビア問題が取り上げられている。この本の中のアルミン・ナセヒの論文では、編者のハイトマイヤーのこうした意図も念頭におきながら、包摂/排除論が展開されている(Nassehi 1997b)。

(182) 逆に、一定層の人々がいくつもの機能的領域にわたって優位な地位につくこともありうる。これは「階級」の形成として把握され、ルーマンも、一八世紀以降の近代における階級の意味を軽視しているわけではない。だが、これは、身分的に分化した成層的社会から機能的に分化した近代社会へというルーマンの社会進化のモデルを掘り崩すものではなく、階級形成は、あくまでも社会の機能分化の副次的産物にほかならない(Luhmann 1985a あるいは Luhmann & Schorr 1979:239)。

(183) こうした「蓄積的排除」を語るルーマンの視角は、おそらくは、社会の全領域を貫く平等原理を拒否しある一領域での財の分配が他の領域での財の分配にまで影響が及ばないようにしなくてはならないという、複合的平等論を掲げるマイケル・ウォルツァーの正義論とも親和的であろう。ウォルツァーの正義論については、川本隆史による考察を参照(川本 1995)。因みに、ルーマンは、ウォルツァーのこうした主張に相当する考え方として、機能システム同士の相互依存遮断(Interdependenzunterbrechung)という概念を用意する。「社会は、個々の機能システム内部での不平等をも許容しうる。ただしそれは、あるシステム[における不平等]が他の諸システムへと転移することが阻止されうるかぎりにおいて、である。したがって、大金持ちは、大金持ちであるという理由だけですでに政治的権力や芸術に対する理解力や愛されるよりよいチャンスを有しているわけではない」(*GG*:768. ただし[ ]は引用者)。

(184) ちなみに、今日の貧困や現代的不平等に関する研究は、こうした機能分化論による排除論ときわめて近接した位置にある。たとえば、「貧困」を食糧不足とか貨幣収入の機会の喪失といったかたちで物質主義的に捉える「一次元的な」貧困概念を拒否し、むしろ現代の「貧困」とは、教育、健康、福祉といった各種領域における苦境という多元的な要因が共同作用することで生ずるものであるとするアマルティア・センの研究が、そうである。

(185) ルーマンには、社会システムにとっての「空間的境界」の意味について論じた作品もある(Luhmann 1982)。

(186) こうした事態を指摘する論考は、とくにミッシェル・フーコーの統治性論を援用しながら、近年日本でも増加している。アメリカのロサンゼルスを事例にしたマイク・デイヴィスの『クォーツの都市』(Davis 1992=2001)を題材にしたいち早い論考としては、酒井隆史の著作を参照(酒井 2001)。また、斎藤純一による論述(斎藤 2001)も参照。なお、ルーマンのシステム理論に空間論を連接することでこうした隔離問題について論じたものも近年増加している(Stichweh 1998; Kuhm 2000; Werber 1998 等)。

あとがき

本書は、二〇〇〇年度に東北大学文学研究科に提出した課程博士論文を大幅に補筆修正したものである。構成にはあまり変わりはないが、その後の学会報告や研究会報告などをもとに内容は大きく書き換えてある。博士論文を書き上げるにあたって元にした論文は、以下の通りである。

小松丈晃　一九九八　「〈リスク〉の社会理論――ルーマンの社会学的リスク論の射程」『社会学年報』二七号、八七-一〇六頁。
小松丈晃　一九九九　「近代的時間とリスク――時間次元と社会的次元の緊張関係」『社会学研究』六六号、二一-四五頁。
小松丈晃　二〇〇〇　「非知のコミュニケーション――エコロジーのシステム理論」『社会学研究』六七号、五九-八九頁。
小松丈晃　二〇〇〇　「リスクとシステム信頼――批判的リスク論の可能性」『社会学年報』二九号、六七-九二頁。

なお、本書では、ルーマンの著作の翻訳をはじめ、すでに刊行されている邦訳書を適宜参照しているが、訳文は必ずしもこれに従っていない。また、文献を本文あるいは注であげるさいには、日本社会学会のスタイルガイドにしたがい、( )内に、(原本年号[あるいは原本略記号]:原本ページ数)の形式で、また邦訳書がある場合には、(原本年号[あるいは原本略記号]:原本ページ数=訳本年号:訳本ページ数)の形式で示してある。

本書は、ルーマンのリスクの社会学を主題としているものだが、彼の叙述をただなぞっていくというよりも、ルーマン自身がわずか二、三行しか述べていない論点でも、その他の脈絡でのルーマンの叙述と結合させて大きく膨らませたり、あるいは、ルーマン自身がリスク論の脈絡ではまったく論じていなくてもルーマンのリスク論のポテンシャルを探る上で重要だと思われる論点であれば、彼の膨大なテキストに探りを入れて、積極的に本書の中に組み入れた。それは確かに大変な作業ではあったが、しかし楽しい時間でもあった。したがって本書は、「リスク」という具体的問題から複雑で広大な彼の社会システム理論を本書なりに解釈し再構成していく試みの一つであって、その意味で、本書は、『リスク論のルーマン』と題されている。もちろん、こうした作業は、わたし一人だけの力でなしうるはずがなく、沢山の友人たちや先生方の指導や批判、助言によって曲がりなりにもこうして書き上げることができたものである。日常的に接している友人や先生のみならず研究会や学会での数少ない機会にお会いする方々の的確なコメントがなければ、おそらくわたしは方向性を見失っていたに違いない。

大学院時代の指導教官でありわたしをルーマンをはじめとしたシステム理論の面白さにいざなってくださった佐藤勉先生、東北大学の正村俊之先生には、心から御礼を申し上げたい。佐藤先生は、ゼミなどで社会システム理論の手解きをしていただいただけでなく、何度も頓挫しそうになったわたしの大学院生活を陰に陽に支えてくださった。また、ゼミや日常的な会話の中で社会学の枠にとらわれない新しく刺激的なアイデアを次々と紡いでゆく正村先生は、頑なになりがちなわたしの研究生活にたえず新鮮な風を送り込んでくださっている。

また、高城和義先生(元東北大学・現帝京大学)からは、大学院でのゼミや、佐久間政広先生(東北学院大学)、徳川直人先生(東北大学)、永井彰先生(東北大学)と共に主催されている「現代社会学理論研究会」などをとおして、数多くの助言と激励をいただき、幾度も心を引き立てられた。さらに、わたしの辿々しいルーマン解釈にも温かい姿勢で接してくださる馬場靖雄先生(大東文化大学)にも、ここで心から御礼を申し述べたい。馬場先生からは本書の執筆・刊行についてとくにご援助をいただいた。村中知子先生(茨城大学)は、博士論文を仕上げるおりに長時間にわたる読み合わせをとおして、厳しくも建設的なコメントと励ましをくださった。この過程がなかったならば、わたしはおそらく博論を仕上げることができなかったであろう。さらに、いち早くベックらのリスク社会論に関心を示され一九九九年度の日本社会学会のテーマ部会での報告にお誘い下さったりゼミで報告の機会を与えてくださったりした東北大学社会学研究室の長谷川公一先生も、その後のわたしの研究生活を温かい目で見守ってくださっている。脇田健一先生(元岩手県立大学・現龍谷大学)は、仙台にいらしたおりや学会のおりに、多くの励ましをくださった。福井康太先生(元山形大学・現大阪大学)からも、学会や研究会や日常的なやりとりでたくさんの刺激をいただいた。あらためて御礼申し上げたい。また、社会学でのリスク論にも深い造詣をお持ちの丸山正次先生(山梨学院大学)から研究報告のおりにいただいた詳細なコメントや御論文の抜き刷りをとおして、わたしは、本書の重要な部分についての構想をまとめていくことができた。東北大学社会学研究室の吉原直樹先生、永井彰先生、東北大学行動科学研究室の原純輔先生からも、博論の審査のおりに大変貴重な批判をいただいた。

メーリングリスト「ルーマンフォーラム」の多くの方々、またフォーラムをコーディネートされている酒井泰斗氏とのネットの内外での会話から得たたくさんの示唆は、本書を書き上げるにあたって大きな励みとなった。

また、日頃心の中にあってもなかなか形にならない思いを吐露しあう東北大学社会学研究室のたくさんの友人たちのおかげで、あらためて研究意欲をかき立てられることもしばしばである。良き対話相手であり飲み仲間でもある彼らに深く感謝したい。机周りを散らかしていつも迷惑ばかりをかけている事務補佐員の石上恵子さんにも、本書の執筆にあたっていろいろとお世話いただいた。その他、数え切れない多くの方々に謝意を表すべきであるが、本書をお送りすることでささやかながら感謝申し上げることにしたい。

なお、日本学術振興会からの助成ならびに科学研究費補助金(特別研究員奨励費)によって、東北大学において研究に集中しうる環境を整えることができた。本書はその成果の一部である。

最後になったが、勁草書房編集部の徳田慎一郎氏は、仙台で生活するわたしにも、的確で鋭い助言と励ましを与えてくださった。本書のタイトルも氏のアドバイスによるものである。氏の指摘がなかったならば、本書の重要ないくつかの部分が散失してしまっていたに違いない。心から感謝申し上げげたい。

二〇〇三年一月

小松丈晃

著者略歴

1968年　宮城県に生まれる

1998年　東北大学大学院文学研究科博士課程修了

現　在　北海道教育大学函館校准教授，博士(文学)

論　文　「リスクとシステム信頼——批判的リスク論の可能性」『社会学年報』29号(2000年)，「リスク変換とそのリスク——システム理論的考察」『年報 科学・技術・社会』第18巻(2009年)，「システミック・リスクと社会の《危機》——社会システム理論による複合災害の記述」『現代社会学理論研究』第6号(2012年)ほか

翻　訳　N. ルーマン『社会システム理論(上・下)』(共訳，恒星社厚生閣，1993年，1995年)

リスク論のルーマン

2003年7月25日　第1版第1刷発行
2012年6月20日　第1版第3刷発行

著　者　小《こ》松《まつ》丈《たけ》晃《あき》

発行者　井村寿人

発行所　株式会社　勁《けい》草《そう》書房

112-0005 東京都文京区水道2-1-1　振替 00150-2-175253
(編集) 電話 03-3815-5277／FAX 03-3814-6968
(営業) 電話 03-3814-6861／FAX 03-3814-6854
大日本法令印刷・鈴木製本

ISBN978-4-326-60161-5　　Printed in Japan

索引

あ行

か行

さ行

た行

な行

は行

ま行

や行

ら行

わ行

文献

Niklas Luhmann の文献

Luhmann, N., 1962, “Funktion und Kasalität”, *Kölner Zeitschrift für Soziologie und Sozialpsychologie* 14:617-644.

———, 1964, “Zweck-Herrschaft-System. Grundbegriffe und Prämissen Max Webers”, *Der Staat* 3:129-158. Wiederabdruck in : Luhmann, N., 1971, *Politische Planung: Aufsätze zur soziologie von Politik und Verwaltung*, Westdeutscher Verlag, 90-112.

———, 1964a, *Funktionen und Folgen formaler Organisation*, Duncker & Humblot, Berlin. (=1992, 1996, 沢谷豊・関口光春・長谷川幸一訳『公式組織の機能とその派生的問題』上・下, 新泉社.)

———, 1967, “Soziologie als Theorie sozialer Systeme”, *Kölner Zeitschrift für Soziologie und Sozialpsychologie*, Sonderheft 19:615-644. Wiederabdruck in : *SA1*, 113-136.

———, 1968, “Status quo als Argument”, Baier, H., hrsg., *Studenten in Opposition*, Bielefeld, 74-82. Wiederabdruck in : Luhmann, 1992c, *Universität als Milieu*, Haux, 16-29. [*SQ* と略]

———, 1968a, *Zweckbegriff und Systemrationalität*, Suhrkamp. (=1990, 馬場靖雄・上村隆広訳『目的概念とシステム合理性』勁草書房.)

———, 1970, *Soziologische Aufklärung Bd.1*, Westdeutscher Verlag. [*SA* 1 と略]

———, 1971, “Komplexität und Demokratie”, Luhmann, *Politische Planung: Aufsätze zur Soziologie von Politik und Verwaltung*, Westdeutscher Verlag, 35-45.

———, 1973, *Vertrauen: Ein Mechanismus der Reduktion sozialer Komplexität*, 2aufl., Ferdinand Enke Verlag. (=1990, 大庭健・正村俊之訳『信頼——社会的な複雑性の縮減メカニズム』勁草書房.)

———, 1973a, “Weltzeit und Systemgeschichte : Über Beziehungen zwischen Zeithorizonten und sozialen Strukturen gesellschaftlicher

Systeme", *Kölner Zeitschrift für Soziologie und Sozialpsychologie,* Sonderheft 16:81-133.

———, 1975, "Evolution und Geschichte", Luhmann, *Soziologische Aufklärung Bd.2,* Westdeutscher Verlag, 150-169.

———, 1976, "The Future Cannnot Begin : Temporal Structure in Modern Society", *Social Research* 43:130-152. Reprinted in : Luhmann, 1982, *The Differentiation of Society,* Columbia UP, 271-288.

———, 1976a, "Generalized Media and the Problem of Contingency", J. J. Loubser, etc., ed., *Explorations in General Theory in Social Science : Essays in Honor of Talcott Parsons,* The Free Press, 507-532.

———, 1979, *Reflexionprobleme im Erziehungssysteme,* Suhrkamp (zusammen mit K. E. Schorr).

———, 1981, *Soziologische Aufklärung Bd.3,* Westdeutcher Verlag.

———, 1982, "Territorial Border as System Boudaries", Strassoldo, R. & G. D. Zotti, hrsg., *Cooperation and Conflict in Border Areas,* Franco Angeli Editore, 235-244.

———, 1982a, "Autopoiesis, Handlung und kommunikative Verständigung", *Zeitschrift für Soziologie* 11:366-379.

———, 1984, *Soziale Systeme : Grundriß einer allgemeinen Theorie,* Suhrkamp. (=1993, 1995, 佐藤勉監訳『社会システム理論』上・下, 恒星社厚生閣.)[*SS* と略]

———, 1985, "Die Autopoiesis des Bewußtseins", *Soziale Welt* 36:402-446.

———, 1985a, "Zum Begriff der sozialen Klasse", Luhmann, hrsg., *Soziale Differenzierung : Zur Geschichte einer Idee,* Westdeutscher Verlag, 119-162.

———, 1986, *Ökologische Kommunikation : Kann die moderne Gesellschaft sich auf ökologische Gefährdungen einstellen?,* Westdeutscher Verlag.

———, 1986a, "Alternative ohne Alternative. Die Paradoxie der ›neuen sozialen Bewegungen‹", Frankfurter Allgemeine Zeitung vom 2. Juli 1986. Wiederabdruck in : Luhmann, 1996, *Protest : Systemtheorie und Soziale Bewegungen,* Suhrkamp, 75-78.

———, 1986b, "Die Welt als Wille ohne Vorstellung : Sicherheit und Risiko aus der Sicht der Sozialwissenschaften", *Die politische Meinung* 31:18-21.

———, 1987, "Tautologie und Pradoxie in den Selbstbeschreibungen der

modernen Gesellschaft", *Zeitschrift für Soziologie* 3:161-174.

———, 1987a, "Autopoiesis als soziologischer Begriff", Haferkamp, H. & M. Schmid, hrsg., *Sinn, Kommunikation und soziale Differenzierung: Beiträge zu Luhmanns Theorie sozialer Systeme*, Suhrkamp, 307-324. (= 1993, 馬場靖雄訳「社会学的概念としてのオートポイエーシス」『現代思想』21-10:109-130.)

———, 1988, *Die Wirtschaft der Gesellschaft*, Suhrkamp. (=1991, 春日淳一訳『社会の経済』文眞堂.)

———, 1989, "Individuum, Individualität, Individualismus", Luhmann, *Gesellschaftsstruktur und Semantik Bd.3*, Westsdeutscher Verlag, 149-258.

———, 1990, "Risiko und Gefahr", Luhmann, *Soziologische Aufklärung Bd. 5*, Westdeutcher Verlag, 131-169. [*RG* と略]

———, 1990a, "Gleichzeitigkeit und Synchronisation", Luhmann, *Soziologische Aufklärung Bd.5*, Westdeutcher Verlag, 95-130.

———, 1990b, "Dabeisein und Dagegensein: Anregungen zu einem Nachruf auf die Bundesrepublik", *Frankfurter Allgemeinen Zeitung* vom 22. August 1990. Wiederabdruck in: Luhmann, 1996, *Protest: Systemtheorie und Soziale Bewegungen*, Suhrkamp, 156-159.

———, 1990c, *Die Wissenschaft der Gesellschaft*, Suhrkamp.

———, 1991, *Soziologie des Risikos*, Walter de Gruyter. [*SR* と略]

———, 1991a, "Verständigung über Risiken und Gefahren", *Die Politische Meinung* 36:86-95.

———, 1992, "Europäische Rationalität", Luhmann, *Beobachtungen der Moderne*, Westdeutscher Verlag, 51-91. (=2003, 馬場靖雄訳『近代の観察』法政大学出版局, 31-62.)

———, 1992a, "Die Beschreibung der Zukunft", Luhmann, *Beobachtungen der Moderne*, Westdeutcher Verlag, 129-148. (=2003, 馬場靖雄訳『近代の観察』法政大学出版局, 91-108.)

———, 1992b, "Ökologie des Nichtwissen", Luhmann, *Beobachtungen der Moderne*, Westdeutcher Verlag, 149-220. (=2003, 馬場靖雄訳『近代の観察』法政大学出版局, 109-167.) [*ÖN* と略]

———, 1992c, *Universiät als Milieu*, Haux.

———, 1992d, "1968-und was nun?", Luhmann, *Universität als Milieu*, Haux, 147-156.

———, 1993, "Die Moral des Risikos und das Risiko der Moral", Bechmann, G., hrsg., *Risiko und Gesellschaft : Grundlagen und Ergebnisse interdisziplinärer Risikoforschung*, Westdeutcher Verlag, 327-338.

———, 1993a, *Das Recht der Gesellschaft*, Suhrkamp.

———, 1994, "Systemtheorie und Protestbewegungen. Ein Interview", *Forschungsjournal Neue Soziale Bewegungen* 7(2) : 53-69. Wiederabdruck in : Luhmann, 1996, *Protest : Systemtheorie und Soziale Bewegungen*, Suhrkamp, 175-200.

———, 1995, "Die Behandlung von Irritation : Abweichung oder Neuheit?", Luhmann, *Gesellschaftsstruktur und Semantik Bd.4*, Suhrkamp, 55-100.

———, 1995a, "Metamorphosen des Staates", Luhmann, *Gesellschaftsstruktur und Semantik Bd.4*, Suhrkamp, 101-137.

———, 1995b, "Die Soziologie des Wissen : Probleme ihrer theoretischen Konstruktion", Luhmann, *Gesellschaftsstruktur und Semantik Bd.4*, Suhrkamp, 151-180.

———, 1995c, "Inklusion und Exklusion", Luhmann, *Soziologische Aufklärung Bd.6*, Westdeutcher Verlag, 142-154.

———, 1995d, *Die Kunst der Gesellschaft*, Suhrkamp.

———, 1996, *Protest : Systemtheorie und soziale Bewegungen* (hrsg. von Kai-Uwe Hellmann), Suhrkamp.

———, 1996a, "Gefahr oder Risiko, Solidarität oder Konflikt", Königswieser, Haller, Maas & Jarmai, hrsg., *Risiko-Dialog : Zukunft ohne Harmonieformel*, Deutscher Instituts-Verlag, 38-46.

———, 1996b, "Das Risiko der Versicherung gegen Gefahren", *Soziale Welt* 47:273-283.

———, 1996c, "Umweltrisiko und Politik", Luhmann, 1996, *Protest : Systemtheorie und Soziale Bewegungen*, Suhrkamp, 160-174.

———, 1997, *Die Gesellschaft der Gesellschaft*, Suhrkamp. [*GG* と略]

———, 1997a, "Grenzwerte der ökologischen Politik : Eine Form von Risikomanagemment", P. Hiller, & G. Krücken, hrsg., *Risiko und Regulierung : Soziologische Beiträge zu Technikkontrolle und präventive Umweltpolitik*, Suhrkamp, 195-221.

———, 2000, *Organisation und Entscheidung*, Westdeutscher Verlag. [*OE* と略]

———, 2000a, *Die Politik der Gesellschaft*, Suhrkamp. [*PG* と略]

———, 2000b, *Die Religion der Gesellschaft*, Suhrkamp.

その他の文献

Adam, B., 1996, "Re-vision : The Centrality of Time for an Ecological Social Science Perspective", S. Lash, B. Szerszynski & B. Wynne, eds., *Risk, Environment and Modernity : Towards a New Ecology*, SAGE, 84-103.

Ahlemeyer, H. W., 1995, *Soziale Bewegungen als Kommunikationssystem : Einheit, Umweltverhältnis und Funktion eines sozialen Phänomens*, Leske +Budrich.

Aleman, U. & R. G. Heize, 1981, "Kooperativer Staat und Korporatismus : Dimensionen der Neo-Korporatismusdiskussion", U. Aleman, hrsg., *Neokorporatismus*, Campus Verlag, 43-61.

Alexander, J. C. & P. Smith, 1996, "Social Science and Salvation : Risk Society as Mythical Discourse", *Zeitschrift für Soziologie*, 25(4):251-262.

Andersen, 1994, "Historische Technikfolgenabschätzung : Das Beispiel des Metallhüttenwesen und der Chemieindustrie", W. Abelshauser, hrsg., Umweltgeschichte, Vandenhoeck, 76-105.

Baecker, D., 1988, *Information und Risiko in der Marktwirtschaft*, Suhrkamp.

———, 1989, "Rationalität oder Risiko?", M. Glagow, H. Willke & H. Wiesenthal, hrsg., *Gesellschaftliche Steuerungsrationalität und partikulare Handlungsstrategien*, Centaurus, 31-54.

———, 1991, *Womit handeln Banken?: eine Untersuchung zur Risikoverarbeitung in der Wirtschaft*, Suhrkamp.

———, 1993, *Die Form des Unternehmens*, Suhrkamp.

———, 1997, "Durch diesen schönen Fehler mit sich selbst bekannt gemacht : Das Experiment der Organisation", T. Hijikata, & A. Nassehi, hrsg., *Riskante Strategien*, Westdeutscher Verlag, 249-271.

———, 1999, *Organisation als System*, Suhrkamp.

馬場靖雄, 1988,「ルーマンの変貌――社会学的オートノミーの原理のために」『社会学評論』39(1):17-31.

———, 1994,「システム理論と『抵抗』の戦略」『社会学史研究』16:31-47.

———, 2000,「ルーマン理論の到達点」鈴木広監修／嘉目克彦・三隅一人編『理論社会学の現在』ミネルヴァ書房, 262-275.

———, 2001,『ルーマンの社会理論』勁草書房.

Barben, D., 1996, *Theorietechnik und Politik bei Niklas Luhmann : Grenzen einer universalen Theorie der Modernen Gesellschaft*, Westdeutcher Verlag.

Bechmann, G., hrsg., 1993, *Risiko und Gesellschaft : Grundlagen und Ergebnisse interdisziplinärer Risikoforschung*, Westdeutcher Verlag.

———, 1993a, "Risiko als Schlüsselkategorie in der Gesellschaftstheorie", Bechmann, hrsg., *Risiko und Gesellschaft : Grundlagen und Ergebnisse interdisziplinärer Risikoforschung*, Westdeutcher Verlag, 237-276.

Beck, U., 1983, "Jenseits von Stand und Klasse", *Soziale Welt*, Sonderband 2:35-74.

———, 1986, *Risikogesellschaft : Auf dem Weg in eine andere Moderne*, Suhrkamp.（=1998, 東廉・伊藤美登里訳,『危険社会――新しい近代への道』法政大学出版局.）

———, 1988, *Gegengifte : Die organisierte Unverantwortlichkeit*, Suhrkamp.

———, 1996, "Risk Society and the Provident State", S. Lash, B. Szerszynski & B. Wynne, eds., 1996, *Risk, Environment & Modernity : Toward a New Ecology*, SAGE, 27-43.

———, 1996a, "Wissen oder Nicht-Wissen? Zwei Perspektiven 〉reflexiver Modernisierung〈", U. Beck, A. Giddens, & S. Lash, *Reflexive Modernisierung : Eine Kontroverse*, Suhrkamp, 289-315.

———, 1996b, "Weltrisikogesellschaft, Weltöffentlichkeit und grobale Subpolitik : Ökologische Fragen im Bezugsrahmen fabrizierter Unsicherheiten", *Kölner Zeitschrift für Soziologie und Sozialpsychologie*, Sonderheft 36:119-147.

Beck, U., A. Giddens, & S. Lash, 1994, *Reflexive Modernization : Politics, Tradition and Aesthetics in the Modern Social Order*, Polity Press.（= 1997, 松尾精文・小幡正敏・叶堂隆三訳『再帰的近代化――近現代における政治, 伝統, 美的原理』而立書房.）

———, 1996, *Reflexive Modernisierung : Eine Kontroverse*, Suhrkamp.

Berger, P. A. & S. Hradil, hrsg., 1990, *Lebenslagen, Lebensläufe, Lebensstile, Soziale Welt* Sonderband 7.

Bergmann, W., 1994, "Der Externalisierte Menschen. Zur Funktion des 》Menschen《für die Gesellschaft", P. Fuchs, & A. Göbel, hrsg., *Der Mensch――das Medium der Gesellschaft?*, Suhrkamp, 92-109.

Bergmann, W. & R. Erb, 1994, "Eine soziale Bewegung von rechts?

Entwicklung und Vernetzung einer rechten Szene in den neuen Bundesländern", *Forschungsjournal Neue Soziale Bewegungen* 7(2):80-98.

———, 1998, "'In Treue zur Nation' Zur kollektiven Identität der rechtsextremen Bewegung", K-U. Hellmann & R. Koopmans, hrsg., *Paradigmen der Bewegungsforschung*, Westdeutcher Verlag, 149-165.

Bonß, W., 1991, "Unsicherheit und Gesellschaft——Argumente für eine soziologische Risikoanalyse", *Soziale Welt* 42(2):258-277.

———, 1995, *Vom Risiko : Unsicherheit und Ungewissheit in der Moderne*, Hamburger Edition.

Brunsson, N., 1985, *The Irrational Organization*, John Wiley & Sons.

Bryant, B., 1995, *Environmental Justice : Issues, Politics, and Solusions*, Island Press.

Bullard, R. D., 1990, *Dumping in Dixie : Race, Class, and Environmental Quality*, Westview Press.

Castel, R., 1991, "From Dangerousness to Risk", G. Burchell, C. Gordon, P. Miller, eds., *The Foucault Effect : Studies in Govermentality*, Harvester Wheatsheaf, 281-298.

Chandler, W. M. & A. Siaroff, 1986, "Postindustrial Politics in Germany and the Origins of the Greens", *Comparative Politics* 4:303-339.

Cornell, D., 1992, *The Philosophy of the Limit*, Routledge.

Davis, M., 1992, *City of Quartz : Excavating the Future in Los Angeles*, Vintage Books. (=2001, 村山敏勝・日比野啓訳『要塞都市 LA』青土社.)

Diani, M., 1992, "The concept of social movement", *Sociological Review* 40(1):1-25.

Douglas, M., 1992, *Risk and Blame : Essays in cultural theory*, Routledge.

Douglas, M. & A. Wildavsky, 1982, *Risk and Culture*, University of California Press.

Eder, K., 2000, "Taming Risks through Dialogues : the Rationality and Functionality of Discursive Institutions in Risk Society", M. J. Cohen, *Risk in the Modern Age : Social Theory, Science and Environmental Decision-Making*, Macmillan Press, 225-248.

Eichmann, R, 1989, "Systemische Diskurs : Zur produktiven Nutzung von Dissens", M. Glagow, H. Willke, & H. Wiesenthal, hrsg., *Gesellschaftliche Steuerungsrationalität und partikulare Handlungs-*

strategien, Centaurus, 55-79.

Elster, J., 1979, "Risk, Uncertainty and Nuclear Power", *Social Science Information* 18:371-400.

Ewald, F., 1991, "Insurance and Risk", G. Burchell, et al., ed., *The Foucault Effect : Studies in Govermentality*, Harvester Wheatsheaf, 197-210.

———, 1993, *Vorsorgestaat*, Suhrkamp.

Faber, D., ed., 1998, *Struggle for Ecological Democracy : Environmental Justice Movements in the United States*, Guilford Press.

Fowlkes, M. R. & P. Y. Miller, 1987, "Chemicals and Community at Love Canal", B. B. Johnson, & V. T. Covello, eds., *The Social and Cultural Construction of Risk : Essays on Risk Selection and Perception*, D. Reidel Publishing Company, 55-78.

Fuchs, P., 1992, *Die Erreichbarkeit der Gesellschaft*, Suhrkamp.

———, 1997, "Adressablität als Grundbegriff der soziologische Systemthorie", *Soziale Systeme* 3:57-79.

Fuchs, P., D. Buhrow, & M. Krüger, 1994, "Die Widerständigkeit der Behinderten. Zu Problemen der Inklusion/Exklusion von Behinderten in der ehmaligen DDR", P. Fuchs, & A. Göbel, hrsg., *Der Mensch : das Medium der Gesellschaft?*, Suhrkamp.

Fuchs, P. & D. Schneider, 1995, "Das Hauptmann-von-Köpenick-Syndrom. Überlesungen zur Zukunft funktionaler Differenzierung", *Soziale Systeme* 2:203-224.

Giddens, A., 1984, *The Constitution of Society : Outline of the Theory of Structuration*, University of California Press.

———, 1990, *The Consequences of Modernity*, Polity Press. (=1993, 松尾精文・小幡正敏訳『近代はいかなる時代か？——モダニティの帰結』而立書房.)

———, 1998, *The Third Way. The Renewal of Social Democracy*, Polity Press. (=1999, 佐和隆光訳『第三の道』日本経済新聞社.)

Gill, B., 1999, "Reflexive Modernisierung und technisch-industirell erzeugte Umweltproblem : Ein Rekonstruktionsversuch in präzisierender Absicht", *Zeitschrift für Soziologie* 2(3):182-196.

Göbel, M., & J. F. K. Schmidt, 1998, "Inklusion/Exklusion : Karriere, Probleme und Differenzierungen eines systemtheoretischen Begriffspaars", *Soziale Systeme* 4:87-117.

Graham, J. & J. B. Wiener, 1995, *Risk vs. Risk*, Harvard UP. (=1998, 菅原努

監訳『リスク対リスク』昭和堂.)
Grundmann, R., 1999, "Wo steht die Risikosoziologie?", *Zeitschrift für Soziologie* 28(1):44-59.
Habermas, J., 1985, *Der philosophische Diskurs der Moderne——Zwölf Vorlesungen*, Suhrkamp. (=1990, 三島憲一・轡田収・木前利秋・大貫敦子訳『近代の哲学的ディスクルス』Ⅰ-Ⅱ, 岩波書店.)
———, 1985a, *Die Neue Unübersichtlichkeit*, Suhrkamp. (=1995, 河上倫逸監訳『新たなる不透明性』松籟社.)
———, 1988, *Nachmetaphysisches Denken: Philosophische Aufsätze*, Suhrkamp. (=1990, 藤沢賢一郎・忽那敬三訳『ポスト形而上学の思想』未来社.)
———, 1990, *Strukturwandel der Öffentlichkeit*, 2 Aufl., Suhrkamp. (=1994, 細谷貞雄・山田正行訳『第2版 公共性の構造転換』未来社.)
———, 1992, *Faktizität und Geltung: Beiträge zur Diskurstheorie des Rechts und des demokratischen Rechtsstaats*, Suhrkamp. (=2002, 2003, 河上倫逸・耳野健二訳『事実性と妥当性：法と民主的法治国家の討議理論にかんする研究』上・下, 未来社.)
Habermas, J., & N. Luhmann, 1971, *Theorie der Gesellschaft oder Sozialtechnologie*, Suhrkamp. (=1987, 藤沢賢一郎・山口節郎・佐藤嘉一訳『批判理論と社会システム理論——ハーバマス=ルーマン論争』木鐸社.)
Hahn, A., E. W. Eirmbter, & R. Jacob, 1992, "AIDS: Risiko oder Gefahr?", *Soziale Welt* 43(4):400-421.
Halfmann, J. & K. P. Japp, 1993, "Modern social movement as active risk observers: a syetems-theoretical approach to collective action", *Social Science Information* 32(3):427-446.
花田達朗, 1996,「公共圏とマスメディアのアムビヴァレンツ——ハーバーマスにおける非決定論」『岩波講座現代社会学22 メディアと情報化の社会学』岩波書店, 133-156.
長谷川公一, 1996,『脱原子力社会の選択』新曜社.
———, 2003,『環境運動と新しい公共圏——環境社会学のパースペクティブ』有斐閣.
Heitmeyer, W., hrsg., 1997, *Bundesrepublik Deutschland: Auf dem Weg von der Konsens- zur Konfliktgesellschaft*, Suhrkamp.
Hellmann, K-U., 1996, *Systemtheorie und Neue Soziale Bewegungen: Identitätsproblem in der Risikogesellschaft*, Westdeutscher Verlag.

Hellmann, K-U., & R. Koopmans, hrsg., 1998, *Paradigmen der Bewegungsforschung: Entstehung und Entwicklung von neuen sozialen Bewegungen und Rechtsextremismus*, Westdeutscher Verlag.

Hijikata, T. & A. Nassehi, hrsg., 1997, *Riskante Strategien: Beiträge zur Soziologie des Risikos*, Westdeutcher Verlag.

平川秀幸, 1999,「リスク社会における科学と政治の条件」『科学』3:211-218.

———, 2001,「科学・技術と公共空間――テクノクラシーへの抵抗の政治のための覚書」『現代思想』29(10):195-207.

———, 2002,「リスクの政治学――遺伝子組み替え作物のフレーミング問題」小林傳司編『公共のための科学技術』玉川大学出版部, 109-139.

平島健司, 1994,『ドイツ現代政治』東京大学出版会.

広田すみれ・増田真也・坂上貴之, 2002,『心理学が描くリスクの世界――行動的意思決定入門』慶應義塾大学出版会.

藤原静雄, 1999,「環境情報の公開とリスク・コミュニケーション」『増刊ジュリスト 5 環境問題の行方』有斐閣, 70-75.

福井康太, 1996,「リスクの社会理論と法――ニクラス・ルーマンの“Soziologie des Risikos”を手がかりとして」『九大法学』72:1-45.

———, 2002,『法理論のルーマン』勁草書房.

舩橋晴俊, 1989,「現代の市民的公共圏と行政組織――自存化傾向の諸弊害とその克服」青井和夫・高橋徹・庄司興吉編『現代市民社会とアイデンティティ』梓出版社, 134-159.

池田寛二, 1999,「環境危機とモダニティのゆくえ」『情況』10:6-23.

石戸教嗣, 2000,『ルーマンの教育システム論』恒星社厚生閣.

石田徹, 1992,『自由民主主義体制分析――多元主義・コーポラティズム・ディアリズム』法律文化社.

伊藤るり, 1993,「〈新しい社会運動〉論の諸相と運動の現在」『岩波講座社会科学の方法Ⅷ』岩波書店, 121-158.

Japp, K. P., 1988, “Neue soziale Bewegungen und die Kontinuität der Moderne”, *Soziale Welt*, Sonderband 4:311-333.

———, 1990, “Das Risiko der Rationalität für technik-ökologische Systeme”, J. Halfmann, & K. P. Japp, hrsg., *Riskante Entscheidungen und Katastropehnpotentiale*, Westdeutscher Verlag, 34-60.

———, 1993, “Die Form des Protests in den neuen sozialen Bewegungen”, D. Baecker, hrsg., *Probleme der Form*, Suhrkamp, 230-251.

———, 1993a, “Risiken der Technisierung und die neuen sozialen

Bewegungen", G. Bechmann, hrsg., *Risiko und Gesellschaft : Grundlagen und Ergebnisse interdisziplinärer Risikoforschung*, Westdeutcher Verlag, 375-402.

———, 1996, *Soziologische Risikotheorie : Funktionale Differenzierung, Politisierung und Reflexion*, Juvesta Verlag.

———, 1997, "Die Beobachtung von Nichtwissen", *Soziale Systeme* 3:289-312.

Jasanoff, S., 1986, *Risk Management and Political Culture*, Russell Sage Foundation.

———, 1989, "The Problem of rationality in American health and safty regulation", R. Smith, & B. Wynne, eds., *Expert Evidence : Interpreting Science in the Law*, Routledge, 151-183.

梶田孝道, 1998,『テクノクラシーと社会運動——対抗的相補性の社会学』東京大学出版会.

亀井利明, 1995,『危機管理と保険理論』法律文化社.

金森修・中島秀人編著, 2002,『科学論の現在』勁草書房.

春日淳一, 1996,『経済システム——ルーマン理論からみた経済』文眞堂.

河本英夫, 1995,『オートポイエーシス——第三世代システム』青土社.

———, 2000,『オートポイエーシスの拡張』青土社.

川本隆史, 1995,『現代倫理学の冒険——社会理論のネットワーキングへ』創文社.

川野英二, 1998,「『保険社会』と『リスク社会』の間に——社会学におけるリスク研究」『年報人間科学』19:147-163.

木村靖二編, 2001,『ドイツ史』山川出版社.

金尚均, 2001,『危険社会と刑法——現代社会における刑法の機能と限界』成文堂.

桐谷仁, 2002,『国家・ネオコーポラティズム・社会運動——制度と集合行動の比較政治学』東信堂.

Knight, F., 1921, *Risk, Uncertainty and Profit*, Houghton Mifflin. (=1959, 奥隅栄喜訳『危険, 不確実性及び利潤』文雅堂銀行研究社.)

Knodt, E. M., 1995, "Forward", Luhmann, *Social Systems* (translated by J. Bednarz, & D. Baecker), Stanford UP., x-xxxvi.

Kocka, J., 1973, "Management und Angestellte in Unternehmnen der industriellen Revolution", R. Braun, W. Fischer, H. Großkreutz, & H. Vollmann, hrsg., *Gesellschaft in der industriellen Revolution*, Kiepenheuer : 162-201.

河野勝, 2002,『制度』東京大学出版会.

国立国会図書館調査及び立法考査局社会厚生課, 1982,「西ドイツにおける医薬品承認制度及び医薬品副作用被害救済制度の運用状況」『レファレンス』380:81-123.

小林傳司編, 2002,『公共のための科学技術』玉川大学出版部.

小松丈晃, 1996,「ダブル・コンティンジェンシーの論理」『社会学研究』63:91-107.

———, 1997,「コミュニケーションにおける『理解』の問題」佐藤勉編著『コミュニケ ーションと社会システム——パーソンズ・ハーバーマス・ルーマン』恒星社厚生閣, 291-309.

———, 1997a,「近代社会における個体性の問題——ルーマンの『個人』概念を手がかりに」『社会学研究』64:73-95.

———, 1998,「〈リスク〉の社会理論——ルーマンの社会学的リスク論の射程」『社会学年報』27:87-106.

———, 1999,「近代的時間とリスク——時間次元と社会的次元の緊張関係」『社会学研究』66:21-45.

———, 2000,「非知のコミュニケーション——エコロジーのシステム理論」『社会学研究』67:59-89.

———, 2000a,「リスクとシステム信頼——批判的リスク論の可能性」『社会学年報』29:67-92.

Königswieser, R., M. Haller, P. Maas, & H. Jarmai, hrsg., 1996, *Risiko-Dialog : Zukunft ohne Harmonieformel*, Deutcher Instituts-Verlag.

Koopmans, R., 1998, "Konkurrierende Paradigmen oder friedlich ko-existierende Komplemente? Eine Bilanz der Theorie sozialer Bewegungen", K-U. Hellmann & R. Koopmans, hrsg., *Paradigmen der Bewegungsforschung*, Westdeutscher Verlag, 215-231.

Kriesi, H., 1993, *Political Mobilization and Social Change. The Dutch Case in Comparative Perspective*, Avebury.

Krücken, G., 1997, "Risikotransformation. Voraussetzungen, Strukturen und Folgen der politischen Regulierung von Arzneimittelgefahren", P. Hiller, & G. Krücken, hrsg., *Risiko und Regulierung : Soziologische Beiträge zu Technikkontrolle und präventiver Umweltpolitik*, Suhrkamp, 116-146.

———, 1997a, *Risikotransformation : Die politische Regulierung technisch-ökologischer Gefahren in der Risikogesellschaft*, Westdeutcher Verlag.

久保文明, 1997,『現代アメリカ政治と公共利益——環境保護をめぐる政治過程』東京大学出版会.

Kuhm, K., 2000, " Exklusion und räumliche Differenzierung", *Zeitschrift für Soziologie* 29:60-77.

Ladeur, K.-H., 1987, "Jenseits von Regulierung und Ökonomisierung der Umwelt : Bearbeitung von Ungewißheit durch (selbst-)organisierte Lernfähigkeit", *Zeitschrift für Umweltpolitik und Umweltrecht* 1:1-22. (=1993, 村上淳一訳「規制主義と経済分析主義を超えて」『岩波講座社会科学の方法Ⅵ 社会変動のなかの法』岩波書店, 89-128.)

Lau, C., 1989, "Risikodiskurse : Gesellschaftliche Auseinandersetzungen um Definition des Risikos", *Soziale Welt* 40:418-436.

———, 1993, "Einzelbesprechung : NIKLAS LUHMANN, Soziologie des Risikos", *Soziologische Revue* 16:158-159.

Lind, E., & T. R. Tyler, 1988, *The Social Psychology of Procedual Justice*, Plenum Press. (=1995, 菅原郁夫・大渕憲一訳『フェアネスと手続きの社会心理学——裁判, 政治, 組織への応用』ブレーン出版.)

March, J. G., & H. A. Simon, 1958, *Organisations, John* Wiley & Sons. (=1977, 土屋守章訳『オーガニゼーションズ』ダイヤモンド社.)

丸山仁, 1988,「西独政党システムと「緑の党」(一)」『名古屋大学法政論集』122:137-201.

———, 1991,「新しい社会運動と『緑』の政党——グリーン・ポリティクスの方へ」『名古屋大学法政論集』136:1-44.

丸山正次, 2001,「リスク社会における不安と信頼——U. ベック, A. ギデンズの視点を中心にして」『山梨学院大学 法学論集』47:47-78.

正村俊之, 1995,『秘密と恥——日本社会のコミュニケーション構造』勁草書房.

松本三和夫, 2002, 『知の失敗と社会——科学技術はなぜ社会にとって問題か』岩波書店.

Maturana, H. R. & F. J. Varela, 1980, *Autopoiesis and Cognition : The Realization of the Living*, D. Riedel Publishing. (=1991, 河本英夫訳『オートポイエーシス——生命システムとはなにか』国文社.)

———, 1984, *El Arbol del Conocimiento*, Editorial Universitaria. (=1987, 菅啓次郎『知恵の樹』朝日出版社.)

Melucci, A., 1989, *Nomads of the present : social movements and individual needs in contemporary society*, Hutchinson Radius. (=1997, 山之内靖・貴堂嘉之・宮崎かすみ訳『現在に生きる遊牧民——新しい公共空間の創出に向けて』岩波書店.)

Merton, R. K., 1987, "Three Fragments from a Sociologist's Notebook :

Establishing the Phenomenon, Specified Ignorance, and Strategic Research Materials", *Annual Review of Sociology* 13:1-28.

水島和則，1995，「文化的再生産と社会変動——構造－行為関係からの再構成」宮島喬編，『文化の社会学——実践と再生産のメカニズム』有信堂，186-213.

毛利透，2002，『民主政の規範理論——憲法パトリオティズムは可能か』勁草書房.

Müller-Rommel, F., 1985, "Social Movements and the Greens. New Internal Politics in Germany", *European journal of political research* 13:53-94.

Münch, R., 1996, *Risikopolitik*, Suhrkamp.

村中知子，1996，『ルーマン理論の可能性』恒星社厚生閣.

村上淳一，1993，「議論と自己修正——ルーマン／ハーバーマース論争をめぐって」海老原明夫編『法の近代とポストモダン』東京大学出版会，425-443.

———，2000，『システムと自己観察——フィクションとしての＜法＞』東京大学出版会.

村上陽一郎，1998，『安全学』青土社.

中西準子，1995，『環境リスク論——技術論からみた政策提言』岩波書店.

中野敏男，1993，『近代法システムと批判』弘文堂.

Nassehi, A., 1993, *Die Zeit der Gesellschaft: Auf dem Weg zu einer soziologischen Theorie der Zeit*, Westdeutcher Verlag.

———, 1997, "Risikogesellschaft", G. Kneer, A. Nassehi & M. Schroer, hrsg., *Soziologische Gesellschaftsbegriffe*, W. Fink, 252-279.

———, 1997a, "Risiko-Zeit-Gesellschaft : Gefahren und Risiken der anderen Moderne", T. Hijikata & A. Nassehi, hrsg., *Riskante Strategien : Beiträge zur Soziologie des Risikos*, Westdeutcher Verlag, 37-64.

———, 1997b, "Inklusion, Exklusion——Integration, Desintegration. Die Theorie funktionaler Differenzierung und die Desintegrationsthese", W. Heitmeyer, hrsg., *Bundesrepublik Deutschland : Auf dem Weg von der Konsens-zur Konfliktgesellschaft*, Suhrkamp, 113-148.

Nassehi, A. & G. Nollmann, 1997, "Inklusionen. Organisationssoziologische Ergänzungen der Inklusions-/Exklusionstheorie", *Soziale Systeme* 3:393-411.

National Research Council(Committee on Risk Perception and Communication, Commission on Behavioral and Social Sciences and Education, Commission on Physical Sciences, Mathematics, and Resources), ed., 1989, *Improving risk communication*, National Academy Press. (=1997, 林裕造・関沢純訳『リスクコミュニケーション——前進への提言』化学工業日

報社.)

Neidhardt, F., 1985, "Einige Ideen zu einer allgemeinen Theorie sozialer Bewegungen", S. Hradil, hrsg., *Sozialstruktur im Umbruch. Karl Martin Bolte zum 60. Geburtstag*, Leske + Budrich, 193-204.

Neidhardt, F. & D. Rucht, 1991, "The Analysis of Social Movements : The State of the Art and Some Perspectives for Further Research", D. Rucht, ed., *Research on Social Movements. The State of the Art in Western Europe and the USA*, Westview Press, 421-464.

Offe, C., 1985, "New Social Movement. Challenging the Boundaries of Institutional Politics", *Social Research* 52(4):817-869.

重田園江, 2000,「リスクを細分化する社会」『現代思想』28(1):142-154.

小野耕二, 1981,「ニクラス・ルーマンにおける政治システム論の形成過程」『名古屋大学法政論集』89:1-75.

———, 1982,「ニクラス・ルーマンの現代政治認識」『名古屋大学法政論集』92:1-67.

小野隆弘, 1994,「80年代ドイツ社会国家における『労働』と『生活』の境界変容——ウルリッヒ・ベックにおける個人化テーゼと制度理解」岡村東洋光・佐々野謙治・矢野俊平編『制度・市場の展望』昭和堂, 426-469.

Opp, K-D., 1998, "Die Perspektive der Ressourcenmobilisierung und die Theorie kollektiven Handelns. Eine Anwendungs zur Erklärung der Ökologiebewegung in der Bundesrepublik", K-U. Hellmann & R. Koopmans, hrsg., *Paradigmen der Bewegungsforschung*, Westdeutscher Verlag, 90-108.

Parsons, T., & N. J. Smelser, 1956, *Economy and Society : a study in the integration of economic and social theory*, The Free Press. (=1958-1959, 富永健一訳『経済と社会——経済学理論と社会学理論の統合についての研究』岩波書店.)

Perrow, C., 1984, *Normal Accidents : Living with High Risk Technologies*, Basic Books.

Popitz, H., 1968, *Über die Präventivwirkung des Nichtwissens : Dunkelziffer, Norm und Strafe*, J. C. B. Mohr.

Rasch, W., 2000, *Niklas Luhmann's Modernity : The Paradoxes of Differentiation*, Stanford UP.

Raschke, J., 1986, "Zum Begriff der sozialen Bewegung", R. Roth & D. Rucht, hrsg., *Neue soziale Bewegungen in der Bundesrepublik Deutschland*,

Campus, 19-29.

Ravetz, J. R., 1986, "Usable knowledge, usable ignorance", W. C. Clark, & R. E. Munn, eds., *Sustainable Development of the Biosphere*, Cambridge UP, 415-432.

Renn, O., 1992, "Concepts of Risk : A Classification", S. Krimski, & D. Golding, eds., *Social Theories of Risk*, PRAEGER, 53-79.

Renn, O. & D. Levine, 1988, "Trust and Credibility in risk communication", H. Jungermann, R. E. Kasperson, & P. M. Wiedemann, eds., *Risk Communication,* Julich : KFA.

Rucht, D., 1994, *Modernisierung und neue soziale Bewegungen. Deutschland, Frakreich und USA im Vergleich*, Campus Verlag.

斎藤純一, 2001,「社会の分断とセキュリティの再編」『思想』925:27-48.

酒井隆史, 2001,『自由論――現在性の系譜学』青土社.

佐藤勉, 1997,「パーソンズとハーバーマスからルーマンへ」佐藤勉編『コミュニケーションと社会システム――パーソンズ・ハーバーマス・ルーマン』恒星社厚生閣, 1-30.

Scharpf, F. W., 1989, "Politische Steuerung und Politische Institutionen", *Politische Vierteljahresschrift* 1:10-21.

Schneider, L., 1962, "The Role of the Category of Ignorance in Sociological Theory : An Exploratory Statement", *American Sociological Review* 27 (4):492-508.

Schulze, G., 1992, *Die Erlebnisgesellschaft : Kultursoziologie der Gegenwart*, Campus.

Schütz, A. & T. Luckmann, 1979, *Strukturen der Lebenswelt*, Suhrkamp.

Scott, A., 1990, *Ideology and the New Social Movement*, Unwin Hyman.

清水太郎, 1993,「観察されえないものの観察――ルーマンにおける『時間』の概念について」『現代思想』21-10:91-108.

Short, J. F., 1984, "The Social Fabric at Risk", *American Sociological Review*, 49:711-725.

Simmel, G., 1922, *Philosophie des Geldes*, 4Aufl., Duncker & Humblot. (=1981, 元浜清海・居安正・向井守訳『ジンメル著作集 2 貨幣の哲学(分析篇)』白水社.)

Slovic, P., 1992, "Perception of Risk : Reflections on the Psychometric Paradigm", S. Krimsky, & D. Golding, eds., *Social Theories of Risk*, PRAEGER, 117-152.

Smithson, M., 1989, *Ignorance and Uncertainty. Emerging Paradigms*, Springer.

Snow, D. A., E. B. Rochford, Jr., S. K. Worden & R. D. Benford, 1986, "Frame Alighnment Processes, Micromobilization, and Movement Participation", *American Sociological Review* 51:464-481.

成元哲，1998，「『リスク社会』の到来を告げる住民投票行動——新潟県巻町と岐阜県御嵩町の事例を手がかりに」『環境社会学研究』4:60-75.

Stichweh, R. 1994, "Fremde, Barbaren und Menschen. Vorüberlegungen zu einer Soziologie der 〉Menschheit〈", P. Fuchs, & A. Göbel, hrsg., *Der Mensch : das Medium der Gesellschaft?*, Suhrkamp, 72-91.

———, 1997, "Inklusion/Exklusion, funktionale Differenzierung und die Theorie der Weltgesellschaft", *Soziale Systeme* 3:123-136.

———, 1998, "Raum, Region und Stadt in der Systemtheorie", *Soziale Systeme* 4:341-358.

———, 2000, "Systems Theory as an Alternative to Action Theory? The Rise of 'Communication' as a Theoretical Option", *Acta Sociologica* 43: 5-13.

Tacke, V., 2000, "Das Risiko der Unsicherheitsabsorption. Ein Vergleich konstruktivistischer Beobachtungsweisen des BSE-Risikos", *Zeitschrift für Soziologie* 29(2):83-102.

高城和義，1986，『パーソンズの理論体系』日本評論社.

———，1992，『パーソンズとアメリカ知識社会』岩波書店.

高橋徹，1983，「後期資本主義社会における新しい社会運動」『思想』737:2-14.

高橋秀寿，1997，『再帰化する近代——ドイツ現代史試論』国際書院.

高橋正徳，1991，「ドイツにおける協働的環境保護」『現代行政法の理論——室井力先生還暦記念論集』法律文化社，148-176.

高橋信隆，1999，「環境保全の「新たな」手法の展開」『増刊ジュリスト5 環境問題の行方』有斐閣，48-52.

高橋徹，2002，『意味の歴史社会学——ルーマンの近代ゼマンティク論』世界思想社.

寺田良一，1998，「環境 NPO（民間非営利組織）の制度化と環境運動の変容」『環境社会学研究』4:7-23.

———，1998a，「環境運動と環境政策」舩橋晴俊・飯島伸子編『社会学講座 12 環境』東京大学出版会，133-162.

戸部真澄，2002，「ドイツ環境行政法におけるリスク規制」（上）（中）（下）『自治研

究』78(7):105-120, 78(10):113-129, 78(12):122-137.
戸田清, 1994,『環境的公正をもとめて』新曜社.
東京海上火災保険株式会社編, 1992,『環境リスクと環境法:米国編』有斐閣.
坪郷實, 1985, 1986,「西ドイツ『緑の党』の支持者像について」(上)(下)『北九州大学法政論集』13(2):129-150, 13(4):49-93.
———, 1989,『新しい社会運動と緑の党——福祉国家のゆらぎの中で』九州大学出版会.
潮木守一, 1992,『ドイツの大学——文化史的考察』講談社.
脇田健一, 1995,「環境問題をめぐる状況の定義とストラテジー——環境政策への住民参加/滋賀県石けん運動再考」『環境社会学研究』1:130-144.
———, 2001,「地域環境問題をめぐる"状況定義のズレ"と"社会的コンテキスト"——滋賀県における石けん運動をもとに」『講座環境社会学第2巻 加害・被害と解決過程』有斐閣, 177-206.
———, 2002,「コミュニケーション過程で発生する「状況の定義のズレ」」『都市問題』93(10):57-68.
Weber, M., 1913, "Über einige Kategorien der verstehenden Soziologie.", Weber, 1922, *Gesämmelte Aufsätze zur Wissenschaftslehre*. (=1990, 海老原明夫・中野敏男訳『理解社会学のカテゴリー』未来社.)
———, 1919, "Wissenschaft als Beruf", Weber, 1922, *Gesämmelte Aufsätze zur Wissenschaftslehre*. (=1980, 尾高邦雄訳『職業としての学問』岩波文庫.)
Wehling, P., 2001, "Jenseits des Wissens? Wissenschaftliches Nichtwissen aus soziologischer Perspektive", *Zeitschrift für Soziologie* 30(6):465-484.
Weick, K. E., 1979, *The Social Psychology of Organizing*, McGraw-Hill. (=1977, 遠田雄志訳『組織化の社会心理学』文眞堂.)
Weiß, J., 1977, "Legitimationsbegriff und Legitimationsleistung der Systemtheorie Niklas Luhmanns," *Politische Vierteljahresschrift* 1:63-80.
Werber, N., 1998, "Raum und Technik", *Soziale Systeme* 4:219-232.
———, 1999, "Die Zukunft der Weltgesellschaft. Über die Verteilung von Exklusion und Inklusion im Zeitalter globaler Medien", R. Maresch, & N. Werber, hrsg., *Kommunikation-Medien-Macht*, Suhrkamp, 414-444.
山岸俊男, 1998,『信頼の構造——こころと社会の進化ゲーム』東京大学出版会.
山口光恒, 1998,『現代のリスクと保険』岩波書店.
山口節郎, 1983,「労働社会の危機と新しい社会運動」『思想』737:15-36.
———, 1987,「支配の正当化とその基礎づけの問題——ヴェーバー・ルーマン・ハーバマス」見田宗介・宮島喬編『文化と現代社会』東京大学出版会,

114-81.
———, 1995,「正統性——手続きからかユートピアからか」『岩波講座現代思想 16 権力と正統性』岩波書店, 109-142.
———, 2002,『現代社会のゆらぎとリスク』新曜社.
山本長史・大竹准一, 2000, 「リスクコミュニケーションの場面の構造化と課題抽出——主体ごとのコンテキストに着目した試み」『日本リスク研究学会誌』12(1):59-66.
山之内靖, 2003, 「総力戦体制からグローバリゼーションへ」山之内靖・酒井直樹編『総力戦体制からグローバリゼーションへ』平凡社, 29-78.
吉川肇子, 1999, 『リスク・コミュニケーション——相互理解とよりよい意思決定をめざして』福村出版.
吉原賢二, 1975,『私憤から公憤へ——社会問題としてのワクチン禍』岩波新書.